Paul Bühre

Das Jahr nach dem Abi

Paul Bühre

Das Jahr nach dem Abi

An alle Leute, die noch keinen Plan haben oder denken, sie hätten einen

ullstein extra

FSC
www.fsc.org
MIX
Papier aus verantwortungsvollen Quellen
FSC® C083411

Ullstein extra ist ein Verlag der Ullstein Buchverlage GmbH
www.ullstein-extra.de

ISBN 978-3-86493-063-8

Mit Illustrationen von Paul Bühre

Gesetzt aus der Berling Nova und Trade Gothic
Satz: LVD GmbH, Berlin
Druck und Bindung: CPI books GmbH, Leck
Printed in Germany

Für Heidrun, Robert und Oscar

Inhalt

1	Hallo Welt!	Seite 9
2	Der Plan	Seite 17
3	Die supergeile Zwischenzeit	Seite 23
4	Der Abi-Ball	Seite 31
5	Padawan	Seite 36
6	Was heißt hier eigentlich Kung-Fu?	Seite 47
7	Die Brüder	Seite 52
8	Gut gegen Böse	Seite 59
9	Das Geheimnis der Schuhalien	Seite 64
10	Krank	Seite 72
11	Ein neues zu Hause	Seite 78
12	Da Hong Quan – Form Zwei	Seite 83
13	Kämpfen	Seite 88
14	Die Neue	Seite 96
15	Das Chi-Gespenst	Seite 101
16	Nusskuchen	Seite 106
17	Neuer Wind	Seite 111
18	Ferien in Shanghai	Seite 116
19	Krankenhaus auf Chinesisch	Seite 121
20	Abschied von Dengfeng	Seite 128

21 Hongkong Seite 135
22 Indien Seite 143
23 »You can learn many things from children« Seite 154
24 Roshani Seite 168
25 Barfuß in der Radiologie Seite 173
26 Sind Gabeln glücklich? Seite 180
27 Fighting Dirty Seite 186
28 Indisches Bodybuilding Seite 193
29 Ostern ohne Hasen, aber mit Jesus Seite 200
30 Die oberste Befehlshaberin Seite 206
31 Dancing Queen Seite 213
32 Lästig Seite 220
33 Boxenstopp Seite 233
34 Lehrling Seite 242
35 Deadliest Catch Seite 251
36 Holzzwiebeln Seite 255
37 Father and Son Seite 261
38 Der rostrote Gipfel Seite 269
39 Entkommen Seite 278
40 Back to Berlin Seite 283
41 Retrospektivisches Gedankenknäuel Seite 289
42 Der Anfang Seite 293

Danksagung Seite 301

1

Hallo Welt!

Meine Eltern und mein Bruder haben mich zum Flughafen gebracht, mein Gepäck ist aufgegeben. Beim Check-in hat mich der Typ von China Airlines, der meinen Koffer entgegengenommen hat, noch mit seinem Chinesisch verunsichert. Ich verstand kein Wort, obwohl ich drei Wochen intensiv Chinesisch-Unterricht gehabt hatte. Meine Mutter wollte mich ermutigen, indem sie sagte, dass er ja auch keinen Ton verwendet habe. Bevor ihr jetzt denkt: »Hä? Was denn für einen Ton?«, erkläre ich's kurz. Im Chinesischen gibt es vier Töne, streng genommen fünf, wenn man den unbetonten dazuzählt. Das heißt, jedes Wort gibt es in unterschiedlichen Tönen noch mal. Und jeder Ton gibt dem Wort dann eine neue Bedeutung. So kann »Darf ich Ihnen eine Frage stellen?« zu »Darf ich Sie küssen?« werden.

Danach haben wir ein letztes Foto zusammen gemacht und uns umarmt. Jetzt hocke ich an meinem Gate und warte auf das Flugzeug, das mich erst nach Amsterdam und von da nach China bringen soll. Neben mir sitzt ein dicker Mann in einem blauen Anzug. Während er einen Fruchtjoghurt in sich hineinmampft, unterhält er sich auf Deutsch mit einem kleinen Hipster-Chinesen mit rotem T-Shirt, brauner Cordweste und einer silbernen Fahrradkette um den Hals. In seinen Ohrläppchen stecken kleine goldene Ohrringe. Zu meiner Linken wird ein Mann mit grauen Haaren in einem blauen Hilfiger-Shirt von einer alten Dame im Rollstuhl vollgequatscht. Überall rennen kleine Kinder rum und schreien. Hin und wieder leiert ein Angestellter des Flughafens in seiner monotonsten Stimme Ansagen herunter. Mein Flug hat Verspätung. Und so kauere ich auf dem Boden, den Rücken gegen eine beleuchtete Werbeanzeige gelehnt, und komme endlich mal zum Nachdenken.

Die letzten Tage in Berlin waren stressig gewesen. Ich musste für die Reise einkaufen und mich verabschieden. Ich glaube, ich habe mich noch nie von so vielen Menschen verabschiedet. Ist irgendwie auch logisch, ich war ja noch nie wirklich weg von zu Hause. Ich habe ein paar sehr nette Briefe und Geschenke zum Abschied bekommen. Trotzdem kommt es mir vor, als sei ich extrem schlecht darin, mich zu verabschieden.

Wenn mich eine Kumpeline oder ein Kumpel gefragt hat, was ich in China vorhabe, spielte sich meist folgender Dialog ab:

Kumpel/Kumpeline: »Was machst du da eigentlich?«

Ich: »Ich gehe in eine Kung-Fu-Schule.«

K: »Krass Mann, dann bist du Karate Kid, wenn du wiederkommst, und kannst alle fertigmachen. Dann kann dir einfach keiner mehr was.«

I: »Na ja, mal gucken.«

K: »Und wie lange bist du da?«

Dann sage ich, dass ich erst mal vier Monate nach China will. Dass ich danach noch weiterreisen will, am liebsten für ein Jahr, aber noch nicht weiß wohin. Doch wer weiß, wie lange ich durchhalte. Am Ende werde ich krank oder verletze mich. Dumm, wenn ich allen von meinem superdurchdachten Plan erzähle, und dann komme ich schon nach einer Woche zurück.

Meistens geht das Gespräch dann so weiter:

K: »Ein Jahr, das ist ja voll lang. Kannst du schon Chinesisch?«

I: »Na ja, ich hatte jetzt ein bisschen Unterricht, aber es fällt mir noch extrem schwer, und irgendwie ist das Auswendiglernen schwieriger als in der Schule.«

K: »Sprechen da eigentlich manche Englisch?«

I: »Da, wo ich hingehe, sicher nicht.«

K: »Ist es dort dann Sommer?«

I: »Nee, da ist es richtig kalt.«

K: »Fuck. Für mich ist Wärme voll wichtig. Weißt du schon, wie das Training da ist? Hast du überhaupt schon mal Kung-Fu gemacht?«

I: »Nein, hab ich noch nie gemacht, ich dachte, das wäre irgendwie Schummeln, wenn ich schon vorher was kann. So lerne ich dann direkt von der Quelle und habe hoffentlich noch eine krassere Erfolgskurve beim Lernen.«

Es war komisch, über etwas zu reden, von dem ich selbst noch nicht so richtig einen Plan hatte. Außerdem hatte ich zwischendurch schon ein mulmiges Gefühl, meine ganze bekannte Welt zurückzulassen. Was würde sich alles in einem Jahr ändern, wen von meinen Freunden würde ich überhaupt wiedersehen? Würde Berlin dann noch mein Zuhause sein?

Trotzdem habe ich noch nie so gut geschlafen wie am Abend vor dem Flug. Auf der Autofahrt nach Tegel begann sich eine Art Leichtigkeit in mir auszubreiten, und ich musste grinsen vor lauter Vorfreude auf das Unbekannte und darauf, dass mein Leben endlich wieder in Schwung kommen würde.

Und jetzt sitze ich am Gate gegen das warme Werbeschild gelehnt und möchte am liebsten diesen Scheißflug schon hinter mir haben und da sein. Wo auch immer dieses »da« sein mag. Das Fernweh, das ich in dem ganzen Abreisestress verdrängt habe, ist wieder da. Die Langeweile, die sich in den Wochen nach dem Abi breitgemacht hat, ist verflogen. Natürlich wird das, was jetzt auf mich zukommt, nicht einfach. Vielleicht ist es sogar die größte Herausforderung, der ich mich bisher gestellt habe. Aber im Moment bin ich einfach nur glücklich, dass ich es wirklich mache. Ich gehe raus in die Welt, und Berlin kann mich erst mal.

Im Flugzeug sitzen der Dicke und sein chinesischer Begleiter wieder neben mir. Der Dicke natürlich in der Mitte. Er entschuldigt sich mehrmals und tut mir ein bisschen leid. Seine Arme muss er auf seinem Bauch ablegen, weil er sonst keinen Platz für sie hat. Den Flug nach Amsterdam verschlafe ich. In der Schlange am Gate für meinen nächsten Flug bin ich plötzlich in der Minderheit, alles ist voll mit Chinesen. Ich verstehe immer noch kein Wort. Vielleicht kommt das noch.

Aber ich habe erste Erfolge im Flieger:

1. Ich kann verstehen, dass das Essen Hühnchen enthält.
2. Bei Ansagen zur Ankunft verstehe ich die Uhrzeit.
3. Ich höre, wenn jemand eine Frage stellt. Das erkennt man nicht wie im Deutschen durch die Betonung, son-

dern durch die Silbe »ma« am Ende des Satzes. Also sehr einfach im Vergleich zum Rest.

Nach drei Filmen, zwei Flugzeugmahlzeiten und Rumhängen in einem komischen Dämmerzustand bin ich in China. Durch den Zoll komme ich ohne Probleme. Erst an der Gepäckausgabe kriege ich ein ungutes Gefühl. Mein Blick springt von Koffer zu Koffer. Wie sieht meiner noch mal aus? Denk nach, denk nach. Blau, kein Reißverschluss, groß ... ich warte.

Die Zahl der Wartenden wird kleiner und kleiner. Immer seltener kommen neue Gepäckstücke aus dem Schacht. Außer mir stehen noch acht weitere Fluggäste am Band, auf dem immer wieder dieselben Koffer vorbeiziehen. Irgendwas verhindert bei mir, dass ich jetzt emotional werde. Am Schalter treffe ich auch den Dicken und den kleinen Chinesen wieder. Sie sehen ziemlich verzweifelt aus. Ihr Gepäck scheint auch weg zu sein. Ich lasse meinen Personalausweis kopieren, gebe die Adresse der Kung-Fu-Schule an und verschwinde. Ich will nur noch den Anschlussflug nach Zhengzhou kriegen, der Hauptstadt der Provinz Henan im Herzen Chinas. Von da muss ich dann wahrscheinlich einen Bus oder ein Taxi nach Dengfeng nehmen, wo auch der riesige Shaolin-Tempel ist, zu dem Touristen aus China und der ganzen Welt kommen. Meine kleine Kung-Fu-Schule soll auch irgendwo dort sein.

Ich überlege, meine Mutter anzurufen, aber die würde sich nur Sorgen machen. Im Moment bin ich sogar froh, dass ich den schweren Koffer nicht ziehen muss, der mir hoffentlich in den nächsten Tagen vor die Tür geliefert wird. Und irgendwas musste ja schiefgehen, wäre sonst auch zu einfach gewesen. Im Geiste verabschiede ich mich schon von all den tollen Sachen in dem Koffer, dem elektrischen Rasierer, der warmen Sportunterzieh-Wäsche, meinen Gymnastik-Ringen. Fuck! Ich bin mir ziemlich sicher, dass ich das Zeug nicht wiedersehen werde.

Aus Frust über den miesen Start kaufe ich mir am Flughafen eine Hühnersuppe mit Wan Tans. Sie kostet 57 RMB (so um die 7 Euro), was in China unfassbar teuer ist, aber ich habe gerade einen immensen Verlust erlitten. Ich trinke die Brühe und esse die Wan Tans. Danach fühle ich mich nicht unbedingt besser, aber wenigstens habe ich keinen Hunger mehr.

Am Gate sitze ich neben einem anderen Europäer, dem einzigen weit und breit. Seine Haare sind geschoren, und er trägt »Fejus«, einfache Stoffschuhe mit dünner Sohle, die sich perfekt für Kung-Fu und Kampfsport eignen. Solche Fejus sind eine Art internationales Martial-Arts-Kennzeichen. Ich spreche ihn an und erfahre, dass er Holländer ist. Er ist schon zum zweiten Mal in China, findet aber manches immer noch ziemlich eigenartig. Ich erzähle ihm, wie irritiert die Chinesen am Zoll waren, als sie sahen, dass ich im Reisepass »Bühre« heiße, auf meinem Ticket aber »Buehre« steht. Es tut gut, mit jemandem zu reden, dem alles ähnlich fremd ist.

Nach der Landung in Zhengzhou werde ich schon von einem Fahrer und einem Schüler in einem rot-gelben Trainingsanzug erwartet. Die Schulfarben kenne ich von Bildern, die mir Franziska, eine Freundin meiner Mutter, geschickt hat. Sie hat mir bei der Suche nach einer geeigneten Schule geholfen. Ich bin wahnsinnig erleichtert. Ich hatte schon Szenarien im

Kopf, wie ich alleine durch einen chinesischen Flughafen irre und keiner mich versteht.

Die Begrüßung auf Chinesisch gelingt mir halbwegs, und auch den Namen des Schülers bekomme ich noch mit, sowie seine Frage nach meinem Gepäck. Nur antworten kann ich nicht. Glücklicherweise hat der Fahrer eine App, mit der man Englisch ins Chinesische übersetzen kann. Schweigend gehen wir den Rest des Weges durch den riesigen Flughafen. Total protzig und übertrieben groß. Entlang der Autobahn präsentiert sich China dagegen ziemlich desolat. Vereinzelte und verlassene Hochhäuser, turmhohe Kräne, die stillstehen, riesige Werbetafeln für Alkohol. Ich war schon zwei Mal in China, und trotzdem erstaunt mich diese Hässlichkeit jedes Mal aufs Neue. Draußen regnet es, was den Eindruck noch verstärkt. Während der Fahrt suche ich vergeblich nach einem Gurt, gebe irgendwann auf und schlafe ein.

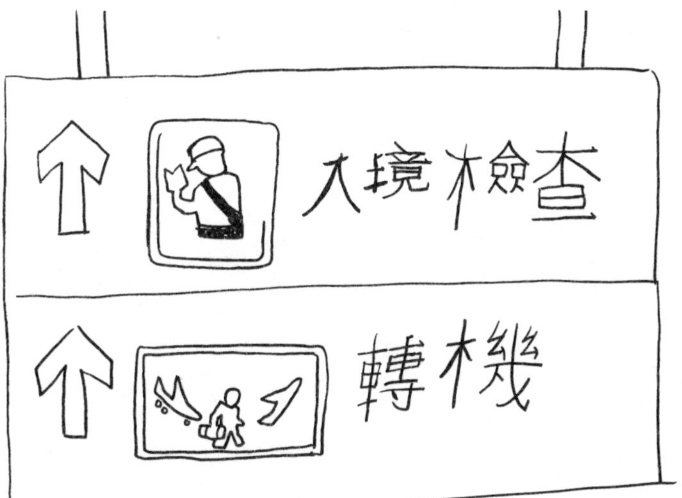

Als ich wieder aufwache, geht es einen steilen Feldweg hoch, das Auto röchelt und röhrt, was dem Fahrer aber völlig egal ist. Dann taucht eine Betonmauer auf, mit verblichenen Bildern von Kung-Fu-Kämpfern. Der Wagen hält, wir sind da. Ich bezahle den Fahrer und folge dem Schüler durchs Tor. Wir kommen auf einen großen Platz, der mit grauen Steinen gepflastert ist. Vereinzelt sitzen Schüler in rot-gelben Sportanzügen herum und reden, andere machen Übungen mit ihren Kampfstöcken.

Unglaublich, aber ich bin wirklich in China, in einer Kung-Fu-Schule! An dem Ort, von dem ich geträumt habe, seit ich mit 13 *Batman Begins* gesehen habe. Es ist wirklich krass, plötzlich da zu sein, wo ich immer sein wollte. Es fühlt sich irgendwie unwirklich an: die Berge um mich herum, der fremde Geruch, die neugierigen Blicke der Schüler ... Ich bin plötzlich von null auf hundert. Es ist wie ein Schock. Aber ein positiver. Ich bin so glücklich wie lange nicht mehr. Auch wenn ich noch keine Ahnung habe, was auf mich wartet. Es kann nur besser werden als das, was ich zurückgelassen habe.

2

Der Plan

Zwei Monate zuvor. Ich sitze in Berlin, und meine Schulzeit geht langsam zu Ende. In vier Wochen werde ich keinen Unterricht mehr haben. Die Gesetze der Schule, die mich all die Jahre eingeengt haben, werden zusehends schwächer. Ich kann kaum glauben, dass Schule etwas Endliches ist. Dass ich 95 Prozent meiner Mitschüler wahrscheinlich nie wiedersehen werde, ist komisch. Die Schule verbindet einen, wenn auch lose. Früher dachte ich, dass ich mich freuen würde, den Chaotenhaufen hinter mir zu lassen, aber irgendwie sind mir viele dieser Leute ans Herz gewachsen. Der Typ, der in Mathe nie seine Hausaufgaben gemacht hat und immer sieben Minuten zu spät zum Unterricht kam. Das Mädchen, das jede Woche eine neue Haarfarbe ausprobiert hat, und der Junge, der in Englisch nie was gesagt hat.

Und jetzt wird die Schule also der Freiheit Platz machen. Es wird – außer meinen Eltern – niemanden mehr geben, der mir sagt, wie ich mein Leben zu leben habe. Wobei: Was das angeht, sind noch nicht mal meine Eltern besonders hilfreich. Sie sagen nur, finde etwas, das deine Leidenschaft ist, etwas, das dich glücklich macht. Genau das erscheint mir schier unmöglich. Es gibt so viele Orte, die ich sehen will. Es gibt so viele Dinge, die man machen kann. So viele Jobs: Künstler,

Kameramann, Drehbuchautor, Grafikdesigner, Schreiner ... Gleichzeitig geht ja gerade auch die Erde den Bach runter. Tierarten sterben aus, die Ozeane sind voll mit Plastik, die Erde erwärmt sich und so. Muss nicht irgendwer mal was dagegen tun und uns alle retten?

Manche meiner Freunde wollen sofort nach der Schule ihr Medizinstudium aufnehmen. Andere wollen einfach in Berlin chillen. Bei der Entscheidung spielen Eltern und Freunde eine wichtige Rolle. Manche hängen sich einfach an ihre Freunde ran und bewerben sich an derselben Universität oder planen schon gemeinsam WGs. Es gibt auch Eltern, die wollen, dass ihre Kinder in ihre Fußstapfen treten und ihr Geschäft übernehmen. Das wollen meine Eltern nicht für mich. Zumal sie kein Geschäft haben. Mein Vater Robert arbeitet in einer Werbeagentur, meine Mutter Heidrun als Coach für Führungskräfte. Robert will auf gar keinen Fall, dass ich in die Werbung gehe, weil es ein hartes Geschäft ist und man zu wenig Zeit für seine Familie hat. Meine Mutter hat immer wieder Fantasien, dass ich Arzt oder Superanwalt werde. So ähnlich wie damals, als sie *Billy Elliot* gesehen hatte und mich zum Ballettunterricht quasi gezwungen hat. Sie findet es auch toll, wenn man seinen Beruf überall auf der Welt ausüben kann, weil man dann ja so wunderbar frei ist. Theoretisch mag das ja sein, aber vielleicht will man ja auch einfach mal wo bleiben.

Viele meiner Freunde lassen sich davon verunsichern, dass sie in der Schule, abgesehen von Sport, nie ein »echtes« Lieblingsfach hatten. Für mich hat die Schule zu wenig mit der Arbeitswelt zu tun, als dass ich meinen Lieblingsfächern bei der Berufswahl viel Bedeutung beimessen würde. Meist waren die Lehrer dieser Fächer einfach menschlich – oder motiviert.

Und was will ich? Ich will jetzt erst mal auf eine Kung-Fu-Schule und krass werden wie Batman. Was vielleicht kein richtiger Plan ist, sondern ein bisschen kindisch. Eine Art Traumvorstellung. Aber genau deswegen ist es mir so wichtig, dass ich sie mir erfülle. Vielleicht will ich damit auch mit der Superhelden-Phase abschließen. Wobei ich andererseits hoffe, dass sie nie aufhört. Es macht einfach zu viel Spaß, zu meinen Helden aus den Comicheften hochzugucken. Sport war mir immer wichtig, also will ich auch meine Grenzen im Sport finden. Außerdem: Training macht meinen Kopf frei. Ich hatte während meiner Schulzeit öfter mal depressive Phasen. Komischerweise immer in den Ferien, wenn ich mich in meinem Zimmer abschotten konnte und keine Pflichten hatte. Wenn Schule war, hatte ich umgekehrt manchmal das Gefühl, dass mich der Alltag gefangen hält, dass Tage in Wochen übergehen, ohne dass etwas passiert. Ich fliehe dann mental in Bücher oder Serien. Ich will verstehen, wie ich mein Leben strukturieren kann, ohne dass es dabei scheiße, langweilig und grau wird.

Ich habe in den letzten Weihnachtsferien meinen Bruder Oscar in Südafrika besucht und war mit ihm surfen. Für mich war der Surf-Lifestyle etwas Angenehmes und Neues. Zum Strand gehen, surfen, sich dann in den Schatten setzen und etwas essen. Dann wieder surfen und irgendwann nach Hause laufen. Ich dachte immer, ich brauche Struktur, aber irgendwie war das genau das Richtige für mich. Das ist auch so eine Frage, die ich gerne beantworten würde: Was macht mich glücklicher, Struktur oder Chillen?

Auf jeden Fall will ich nicht zu Hause rumsitzen und immer in derselben Suppe rumgammeln. Ich will Abenteuer erleben. Was sich aus meinem Kinderzimmerbett heraus leichter sagen lässt, als es sich in Wirklichkeit vermutlich anfühlen wird. Aber ich habe keine Angst davor, mich schmutzig zu machen, ich will mich auch nicht ewig schonen. Ich habe echt extrem oft Fernweh in letzter Zeit, und ich will mich weiterbilden. Neue Dinge lernen, Sprachen zum Beispiel. Bis jetzt kann ich ja nur Latein und Griechisch. Na gut, und Englisch kann ich auch. Aber ich glaube, dass eine neue Sprache mir helfen könnte, mich weiterzuentwickeln. Und darum geht es mir.

Ich will nicht stehen bleiben. Ich brauche Einflüsse von außen. Neue Menschen kennenlernen, neue Fertigkeiten lernen. Ich fühle mich immer noch so ahnungslos wie in der fünften Klasse. Nur weil ich eine Funktion ableiten und Nullstellen berechnen kann, komme ich mir noch lange nicht lebenstauglich vor. So blöd es sich auch anhört, über alldem steht die Frage: Wer zur Hölle bin ich eigentlich?

Eine Antwort darauf hab ich noch nicht. Dafür noch ein paar mehr Fragen:

Wie will ich später leben?
Wie leben andere Menschen?
Was macht mich glücklich/zufrieden?
Was macht Menschen überhaupt glücklich/zufrieden?
Womit will ich Geld verdienen?

Ich hoffe, dass ich auf meiner Reise eine Antwort auf die eine oder andere Frage finden werde. Dass mir die Auszeit hilft, mich zu orientieren. Ich meine, alles ist möglich, aber genau das ist das Problem.

Soll ich tatsächlich meinem ganz großen Traum folgen und versuchen, Drehbücher zu schreiben, in die Filmbranche zu gehen? Aber kann ich das einfach so? Wo kann ich das lernen? Wie soll ich da einen Fuß in die Tür bekommen, ich kriege ja nicht gleich die Chance, meine eigene Serie zu schreiben. Das ist ein langer Prozess. Und wirklich Geld sieht man da auch erst mal nicht.

Verschiedene Erwachsene, zum Beispiel meine Eltern, sagen auch, ich soll ein Handwerk lernen. Handwerk, das ist immer gefragt, das kann einem keiner wegnehmen. Außer die bösen Roboter aus der Zukunft. Ich mag es, mit handfesten Materialien zu arbeiten. Dinge herzustellen oder zu reparieren. Es macht einfach Sinn. Wenn überhaupt, dann interessieren mich aber vor allem Handwerksberufe, die es vielleicht bald nicht mehr gibt, wie Uhrmacher oder Buchrestaurator.

Oder, fällt mir gerade ein, soll ich lieber auf einem Fischkutter arbeiten und auf dem riesigen Meer fahren, dem Wind und dem Wetter komplett ausgeliefert? Solange ich nicht seekrank werde, finde ich das echt eine gute Idee. Wobei mir auch viele Sachen mit festem Boden unter den Füßen einfallen würden. Weil ich in Berlin aufgewachsen bin, reizt mich das Leben auf dem Land. Wenn man auf einem Bauernhof lebt, hat man immer was zu tun. Tiere füttern, Mist schaufeln, viel draußen sein ... Bei einem Hilfsprojekt würde ich auch gerne mitarbeiten. Ich glaube, dass es mich glücklich machen würde, anderen Menschen zu helfen, gebraucht zu werden. Und es ist mir wichtig, dass ich etwas verändern kann und meine Arbeit wirklich sinnvoll ist. Ich will nicht irgendwo rumhängen, wo ich nichts ausrichten kann. Nein, ich will mich voll in eine Sache reinhängen und etwas erreichen. Ich bin bereit für die Abenteuer, die da draußen auf mich warten. Sie sollen mir helfen, Antworten auf all meine Fragen zu finden.

3

Die supergeile Zwischenzeit

Die ersten Wochen ohne Schule tun mir gut. Jeden Morgen stelle ich mir den Wecker auf acht Uhr und schlafe dann in dem Wissen, dass andere Menschen jetzt in der Schule sitzen, beruhigt weiter. Hin und wieder treffe ich mich mit Freunden. Aber irgendwann treibt mich meine Inaktivität in den Wahnsinn. Wenn ich mich dann doch mal zu irgendetwas aufraffe, bringe ich es nicht zu Ende. An einem Freitag bin ich mal für eine Stunde zu einer Kletterhalle gefahren, um nach einer halben Stunde frustriert aufzuhören. Auf meinem Schreibtisch häufen sich Farben, altes Tuschwasser, angefangene Bilder. Mein Sofa ist bedeckt mit Wäsche, auf dem Boden meines Zimmers liegen Bücher. Neben meinem Bett stehen mindestens fünf Tassen mit Kaffee- oder Teeresten. Das Zimmer meines Bruders, der immer noch in Südafrika ist, sieht auch nicht besser aus. Die Vorhänge sind zugezogen, eine Bettdecke ist auf dem Boden vor dem Fernseher ausgebreitet, auf dem Schreibtisch liegen eine Playstation 3 und zwei Spiele. Die letzten Tage waren ein Nebel aus Zocken, Seriengucken und hin und wieder Essen. Ich fühle mich wie eine Made, der es nicht gut geht. Ich habe einerseits Lust, mich mit Menschen zu treffen, andererseits will ich allein sein.

Meine Lieblingsserie im Moment ist *Parks and Recreation.* Die Folgen sind nur zwanzig Minuten lang und nicht besonders anspruchsvoll. Es geht um eine Abteilung der Stadtverwaltung, die sich um die Parks in einem kleinen Dorf im US-Bundesstaat Indiana namens Pawnee kümmert. Meine Lieblingsfigur ist Ron Swanson, der Boss der Abteilung, der komplett gegen die Regierung ist und sie am liebsten abschaffen lassen würde. Er hat einen prägnanten Schnurrbart, buschige Augenbrauen und einen durchdringenden Blick. Er isst gerne Steaks, Bacon und Eier, trinkt Whiskey, verabscheut Büroarbeit, liebt es, Dinge aus Holz herzustellen, redet nie über seine Gefühle und geht sozialer Interaktion generell aus dem Weg. Letzteres wird mir häufig vorgeworfen. Durchaus zu Recht.

So ziemlich alles langweilt mich. Hurra. Heute ist übrigens Sonntag. Glaube ich zumindest. Am Mittwoch kriegen wir unsere Noten. Und am Donnerstag kommt mein kleiner Bruder wieder aus Südafrika. Yippie. Yeah. Yey. Dann muss ich meinen Herrschaftsbereich wieder einschränken, das wird mir nicht leichtfallen. Ich hatte ein ganzes Jahr lang zwei Zimmer und ein Bad für mich!

Irgendwann sind dann auch Abi-Ball und Abi-Fahrt. Ich kann nicht sagen, auf was ich weniger Lust habe, wahrscheinlich auf die Fahrt, weil die eine ganze Woche dauert. Ich finde es schon gut, dass man sich noch mal sieht. Aber so eine große Gruppe kann megaanstrengend sein, und ich bin nicht so der Fan von Feiern und Saufen.

Für Montag nehme ich mir vor, wieder ein strukturierteres Leben zu führen. Nächste Woche wird's besser, sage ich mir! Ich werde all die kleinen Dinge erledigen, die sich zu einem riesigen Berg aufgehäuft haben, den ich mit schlechtem Gewissen vor mir herschiebe:

- meine Führerscheinprüfung
- Reiseplanung, Sachen einkaufen, die ich für die Reise brauche
- Impfungen
- Visum für China

Immerhin habe ich die Kung-Fu-Schule für mein erstes Abenteuer in China schon gefunden. Dafür hatte ich einen Meister auf WeChat, das chinesische Pendant zu WhatsApp, angeschrieben, von einer Schule, die mir gefiel. Er meinte, wenn ich nur für vier Monate Kung-Fu machen wolle, sei ich bei ihm falsch. Es gehe bei Kung-Fu nicht darum, neue Erfahrungen zu sammeln. Kung-Fu sei eine Lebensweise und Philosophie, er würde Kung-Fu jetzt schon 39 Jahre machen und immer noch etwas Neues lernen. Ich solle mir noch mal überlegen, ob ich das wirklich wolle. Als ich mich für seine Hilfe bedankte, schickte er mir ein GIF von einem Kung-Fu-Panda, der mir fröhlich Tschüss winkte.

Ich hatte am Anfang gedacht, dass ich unbedingt eine ursprüngliche, vielleicht sogar tempelähnliche und von der Zivilisation abgeschnittene Kung-Fu-Schule finden muss. So ein richtiges Kloster oben auf einem Berg drauf. Hab aber schnell gemerkt, dass es so was nicht mehr gibt. Oder ich hab es einfach nicht gefunden, und irgendwann war es mir auch egal, Hauptsache weg. Und irgendwie hat eine normale Kung-Fu-Schule immer noch genug Abgefahrenes und Neues, wenn man sein Leben bisher in Berlin verbracht hat. Außerdem wäre ich in so einem Kloster allein wahrscheinlich wahnsinnig geworden.

Andere Schulen, die Homepages im Internet haben, waren vor allem auf Ausländer ausgerichtet und nicht so traditionell und klein, wie ich es mir vorgestellt hatte. Also fragte ich meine Mutter um Rat, weil die alles kann und alles weiß. Zufälligerweise war zur selben Zeit eine Freundin von ihr in China, und zwar in der Gegend, wo die ganzen Kung-Fu-Schulen sind. Franziska fand eine kleine, romantische Schule, die dem entsprach, was ich mir erhofft hatte: mit wenig Ausländern und einem traditionellen Kung-Fu-Stil. Als sie dann noch ein paar Fotos vom Meister schickte, war klar: Da will ich hin.

Aber noch hänge ich hier fest. In meinem Berliner Alltag.

Als der Montagmorgen kommt und ich mir Frühstück machen will, sehe ich, dass die Katze noch nicht gefüttert worden ist. In den Schalen sind nur noch Reste vom Abend. Das ist komisch, denn normalerweise macht das mein Vater, bevor er zur Arbeit geht. Für meine Eltern ist unsere Katze ein drittes Kind. Für mich ist Lucy ein dickes Vieh, das verfressen und faul ist und dazu immer im Mittelpunkt stehen muss. Das äußert sich darin, dass sie ...

... sich in die Hose von jedem krallt, der die Küche betritt, und ihn dann anklagend anguckt. Bei meinen Eltern hat sie damit Erfolg. Sie geben ihr etwas zu essen, egal ob sie davor schon was hatte oder nicht. Ich hingegen schubse sie aus dem Weg und ignoriere sie.

... anstatt die Katzenklappe zu benutzen, sich dumm stellt und vor der Terrassentür wartet, bis jemand sie ihr öffnet. Als ob ich von meinem Sofa aufstehen würde, um eine Katze reinzulassen. Hallo, wer denkt die eigentlich, wer sie ist? Aber meine Eltern hechten förmlich zur Tür.

... versucht Blickkontakt aufzubauen, um Schuldgefühle auszulösen. Das funktioniert bei meinen Eltern. Bei mir nicht. Wenn sie hungrig ist, soll sie sich doch eine Maus fangen. Ich dachte, das sei die Eigenschaft, die Katzen über Hunde stellt. Die Katze kann auch ohne den Menschen überleben. Der Hund nicht. Unsere Katze ist deshalb für mich nicht besser als ein Hund. Sie ist eine Katze, die schlecht darin ist, eine Katze zu sein.

... sich weigert, aus Schüsseln zu essen, in denen sich noch Reste von altem Essen befinden. Mich interessiert das nicht im Mindesten. Wenn sie wirklich hungrig wäre, würde sie daraus essen, so meine Logik. Meine Eltern dagegen bringen ihr eine frisch ausgespülte Schale, und wenn sie selbst dann nichts frisst, gleich eine andere Sorte Futter.

Widerwillig gebe ich ihr an diesem Montagmorgen ein wenig Trockenfutter, damit sie sich nicht dauernd in meinen Weg stellt, und frühstücke danach selbst. Auf dem Tisch liegt eine Zeitung, die ich lustlos durchblättere. Sie ist voller Themen, die mich nicht interessieren. Also ziehe ich mich in mein Zimmer zurück und vergrabe mich in meinem neuen Fantasy-Buch. Die Abenteuer der Hauptfigur, ein Assassine, frustrieren mich bald, weil sich drei Frauen (natürlich alle wunderschön) in kurzen Abständen an ihn ranmachen, ohne dass er auch nur einen Finger dafür krümmen muss. Im Gegenteil: Er rasiert sich nicht, stinkt, hat eine gebrochene Nase und wirkt nicht besonders erfreut über Kontakte mit anderen

Menschen. Er ist sogar ausgesprochen barsch und unhöflich. Das Schlimmste aber ist: Er schläft mit keiner dieser Frauen (weil er noch eine schwangere Freundin hat). Außerdem ist keine dieser Frauen an ihm als Person interessiert, sondern nur an ihm als Mann.

Mann, dass das so einfach ist! Hätte ich nicht gedacht. Ab heute höre ich auf zu duschen, trage nur noch ein und dieselbe Hose und gebe mich so, als wäre ich allergisch gegen Mädchen. Für die, die es jetzt so brennend interessiert: Ja, Paul hat mittlerweile die eine oder andere sehr erfreuliche nähere Bekanntschaft mit einem Mädchen gemacht. Mehr muss darüber an dieser Stelle nicht gesagt werden.

Eine Sache muss ich mir aber von der Seele schreiben, nämlich, wenn dich (ja, genau du! Musst gar nicht so gucken) jemand nach deiner Nummer fragt und du sie ihm gibst, dann kann ich verstehen, dass du das vielleicht nur getan hast, damit er dich in Ruhe lässt (wobei, wäre man wirklich schlau, hätte man vielleicht die Nummer seiner Erzfeindin bereit). Und wenn dich der Junge dann fragt, ob du Lust hast, dich zu treffen, warum sagst du dann zu? Machst Zeit und Ort aus, um im letzten Moment abzusagen und nie wieder zu schreiben? Ich bin kein Roboter! Auch kein WhatsApp-Profil! Ich bin ein echter Mensch. Mit Gefühlen und so. Warum fällt es vielen Menschen so schwer, einfach ehrlich zu sein?

So habe ich jedenfalls gelernt, wie doll es wehtun kann, wenn der andere nicht so fühlt wie man selbst. Wobei, vielleicht ist wehtun das falsche Wort. Einfach wie bescheuert man sich dann fühlt. Wie der größte Idiot. Andersrum ist es auch nicht besser. Ich habe leider auch schon die Erfahrung gemacht, wie sehr man jemanden verletzen kann, wenn man weniger verliebt ist als der andere. Ich versuche einfach nur ehrlich zu mir selbst und zu anderen zu sein.

Also ich finde, das Verliebtsein bringt sowohl Positives als auch Negatives mit sich. Ich bin dann auf jeden Fall happy, eine klare Mission zu haben, neben der alles andere unwichtig erscheint. Womit wir auch schon zum nächsten Problem kommen: Man muss einfach wissen, wann man alles versucht hat und es keinen Sinn mehr macht, weiterzumachen. Manche merken das von allein, andere müssen es vom Gegenüber hören, damit sie es verstehen. Und das kann ganz schön hart sein. Aber ja, das Leben geht weiter.

Zum Glück gibt es ein Mädchen, für das ich genau dasselbe empfinde wie sie für mich: meine beste Freundin Claire. Wir kennen uns schon seit der ersten Klasse, und das ist auch gut so. Wir haben zusammen unsere »Harry Potter«- und »Herr-der-Ringe«-Phasen durchlebt und jetzt unsere Serienphase. Claire ist einfach super. Sie wohnt in der Nähe, deswegen frühstücken wir häufig zusammen.

Natürlich fiebern in der supergeilen Zwischenzeit alle auf den Abi-Ball. Meine Mutter sagt, ich muss hingehen. Weil ihr das wichtig ist. Ich kann das nachvollziehen. Sie hatte ja nie einen, weil sie nach der Zehnten arbeiten musste. Trotzdem, für mich ist Abi-Ball gleich Horror. Er ist komplett overhyped. Und wenn man zu hohe Erwartungen an etwas hat, kann man nur enttäuscht werden.

Beim Abi-Ball sind meine Eltern im selben Raum wie meine Freunde. Unterschiedliche Glaubensrichtungen. Muss ich das wirklich erläutern? Für Jungs heißt Abi-Ball: Anzug an und saufen. Für die Mädchen heißt es was anderes. Sie wollen so hübsch aussehen wie Cinderella oder Natalie Portman. Dieses ganze Herausputzen ist mir irgendwie unangenehm. Sie wollen sich später, wenn sie alt und runzlig sind, Fotos vom Abi-Ball angucken und ihrer verlorenen Jugend hinterherträumen.

Für manche wird dieser Abend der optimale Zeitpunkt sein, ihrer Flamme ihre Liebe zu gestehen, wie in einem Highschool-Film. Schließlich hat man sich ja schick gemacht. Was kann da schon schiefgehen? Eine ganze Menge. Ich jedenfalls hege den unangenehmen Verdacht, dass Tränen fließen werden. Und ich mag es nicht, wenn Leute traurig sind.

Ich habe keine Flamme beim Abi-Ball, also auch keine Mission. Ich habe keine Lust, die Nacht durchzutanzen oder durchzusaufen, und das wird man mir übel nehmen. Ich schätze nun mal Schlaf mehr als alles, was Alkohol mir bieten könnte.

Also: Sind meine Befürchtungen so absurd? Eben.

4

Der Abi-Ball

Wie es wirklich war? Nun, es war übel, aber nicht so übel, wie ich gedacht hatte. Es war cool, seine Freunde in Anzügen zu sehen und sich mit ihnen über die drückenden Tanzschuhe zu beschweren oder die Bruthitze in einem Anzug.

Die Veranstaltung war riesig. Die vielen fremden Gesichter und Stimmen, überhaupt die Masse an Menschen waren zeitweise ziemlich überwältigend. Ich unterhielt mich mit Lehrern und Eltern von Freunden. Es wurde viel getanzt, zu mittelmäßiger Musik. Draußen gab es eine Ecke, in der rumgemacht wurde, und eine, in der gekotzt wurde. Wie das halt so ist.

Mit einer Befürchtung schien ich aber genau ins Schwarze getroffen zu haben: Im Laufe des Abends fragten mich mehrere Freunde, ob jetzt der Moment gekommen sei, ihrer Julia die Liebe zu gestehen oder überhaupt zum ersten Mal mit ihr zu reden. Das kann doch nicht euer Ernst sein! Dafür hattet ihr zwei Jahre Zeit, verdammt! Jetzt, wo sie nichts mehr zu verlieren hatten, fassten sie sich doch noch ein Herz. Ich versuchte, sie vorsichtig über die Dummheit ihres Tuns aufzuklären. Wenn sie sich nicht davon abbringen ließen, ermunterte ich sie, ihr Bestes zu geben. Danach hatte ich ein schlechtes Gewissen.

Worauf ich wirklich Bock hatte, war, meine Rede zu halten. Zwei Mädchen aus meinem Jahrgang von irgendeinem der tausend Abi-Komitees hatten mich darum gebeten, und wer bin ich, eine solche Bitte auszuschlagen?

Ich hatte ganz locker angefangen, was zusammenzuschreiben. Zuerst wollte ich eine Art Rache-Rede halten, aber die war so peinlich und erbärmlich, dass ich vor Scham beinahe gestorben wäre. Ich bin eh niemand, der sich jede Gemeinheit, die ihm angetan wurde, merken kann. Also verwarf ich die Ideen meines trotzigen Baby-Ichs und schrieb eine neue Rede, die ich jeden Tag überflog und verbesserte, bis ich eine ziemlich harmlose kurze Rede beisammenhatte, mit der ich niemandem auf die Füße treten würde. Das Resultat verlas ich in einem riesigen Saal, vor Lehrern, Schü-

lern, Eltern, Verwandten – gefühlt vor ganz Berlin. Und hier ist sie:

»Ich habe lange überlegt, wie ich meine Rede schreiben soll. Okay, vielleicht nicht lange, aber ich habe schon drüber nachgedacht, bevor ich losgeschrieben habe.

Ich dachte erst, ich würde alles aufzählen, was ich in der Schule gelernt habe. Dann dachte ich, dass ich mich bei all den Lehrern rächen sollte, die mir unrecht getan haben. Aber ich bin zu dem Schluss gekommen, dass alles nur halb so schlimm war.

Es gibt Kinder auf der Welt, die nicht zur Schule gehen können, weil auf ihre Schule eine Bombe geworfen wurde oder weil es nie eine Schule gab. Ich musste zur Schule gehen.

Das schreibt in Deutschland das Gesetz vor. Dafür bin ich jetzt im Nachhinein nicht unbedingt dankbar, aber so ist es halt. Ich will überhaupt nicht undankbar sein, aber wenn man ganz ehrlich ist, kann man gar nicht wirklich begreifen, was es heißt, zur Schule gehen zu dürfen. Dass Schule ein Privileg sein kann, ist in Deutschland einfach schnell vergessen.

Vielleicht verstehe ich später, wozu das alles hier gut war, auch wenn ich da schon so eine Ahnung habe.

Zum Glück hatte ich Menschen, die mir zur Seite standen. Meine Leidensgefährten, meine Mitschüler. Und nicht alle Lehrer waren gemein. Es waren zwar auch nicht alle nett, aber doch die Mehrheit. Und hier muss es noch einmal gesagt werden. Auch wenn es mir wirklich schwerfällt und es wahnsinnig klingt: Lehrer sind auch nur Menschen. Mal haben sie einen guten Tag, man hat ausgeschlafen, was weiß ich, und mal nicht. Ist ja bei uns Schülern auch nicht anders gewesen. Also: Ich nehme niemandem etwas übel. Zu den Lehrern, die korrekt waren: Danke für eine tolle Zeit und für die Energie, die ihr in uns unmotivierte Zombies investiert habt. Ich persönlich weiß euer Opfer zu schätzen. Ich weiß, es war fast nie einfach mit unserem Jahrgang. Das ist es ja nie. Aber bei uns halt besonders. Für all den Mist, den wir abgezogen haben – es tut uns wirklich leid!

Nun zum wichtigsten Teil: den Helden, die jetzt heute hier stehen, die ihre Schulzeit abgesessen haben. Ich bin mir bei unserem Jahrgang sicher, dass wir für Großes bestimmt sind. Etwas ganz Besonderes, jeder Einzelne dieses Jahrgangs. Und für jeden wird es etwas anderes sein. Das ist das Tolle am Leben. Wir werden die Welt bereisen oder zu Hause bleiben.

Eine Ausbildung anfangen, studieren, arbeiten, faulenzen, schlafen, essen, atmen, picknicken, heiraten, saufen, kiffen, uns scheiden lassen, weinen, lachen und irgendwann sterben. Ich hoffe, dass wir alle sehr alt werden und bis dahin viel geküsst haben und wenig Gründe zum Traurigsein hatten.

Ich hätte nicht gedacht, dass mich das hier mitnimmt. Das tut es auch nicht. Hab euch trotzdem lieb. Jeden Einzelnen von euch Knallerbsen. Ihr habt euch die Freiheit tapfer erkämpft. Denkt dran, das Leben ist kurz, also fangt am besten schnell damit an, dann ist es vielleicht nicht ganz so kurz. Weiß es ja selbst nicht besser, wollte das nur gesagt haben, damit sich am Ende keiner bei mir beschwert.«

Darauf folgte natürlich ein tosender Applaus, und ich versuchte so schnell wie möglich vom Podium zu verschwinden. Ich hatte meinen Job erledigt.

Claire musste schon um zwölf Uhr gehen, weil sie krank war und mit Medikamenten gedopt. Sie hat nicht wirklich was verpasst, denn um vier Uhr morgens war die Veranstaltung auch schon vorbei. Die meisten waren bis dahin bereits hinterm Mond und rausgeworfen worden oder einfach so gegangen. Ich brachte eine Freundin im Taxi nach Hause, wobei wir zwischendurch ein paarmal anhielten, weil sie sich übergeben musste. Nachdem ich dem Taxifahrer geholfen hatte, seine Tür sauber zu machen, lief ich gut gelaunt in Jackett und allem nach Hause. Die Sonne ging schon auf. Endlich frei, das Kapitel Schule war abgeschlossen.

5

Padawan

Hinter mir liegt mein altes Leben – Freunde, mein Zuhause, meine Familie – und vor mir die graue Mauer der Kung-Fu-Schule. Mein Herz schlägt aufgeregt. Bin ich wirklich schon da? War das so einfach? Wird sich nun alles plötzlich verändern?

Ein Chinese in meinem Alter führt mich in ein Zimmer, das sehr offiziell aussieht, und bittet mich zu warten. Bevor er geht, bringt er mir noch ein Glas warmes Wasser. Das kenne ich schon. Es ist nicht so heiß wie Tee, aber wärmer als das, was Gästen in Deutschland serviert wird. Kurz darauf kommt eine Schülerin herein. Sie heißt Clara, ist blond, etwas dicker und trägt eine Brille. Auch wenn ich nicht gleich an meinem ersten Tag einer Deutschen begegnen wollte, bin ich doch sehr erleichtert, jemanden zu treffen, der sich hier auskennt und mich versteht. Unter einer Kung-Fu-Schülerin hatte ich mir allerdings jemand anderen vorgestellt. Irgendwie durchtrainierter und einfach ... krasser?

Nach einer kurzen Führung durch das Gelände essen Clara und ich in der Kantine zu Abend. Danach treffen wir den Schulleiter und Meister. Er lädt uns beide auf eine Tasse Tee ein. Wobei »Tasse« eine brutale Verharmlosung ist. Sie ist so winzig, dass sie mit einem Schluck leer ist, das heißt, der

Meister schenkt mir mindestens zehn Mal neu ein. Er erzählt irgendwas, und Clara übersetzt das, was sie versteht. Für mich sind das zu viele Informationen auf einmal, aber ich bemühe mich trotzdem, alles wie ein Schwamm aufzusaugen. Der Meister zeigt mir Bilder seines Meisters und der vielen Meister vor ihm. Und er versucht, mir den Zusammenhang zwischen Kung-Fu, Yin und Yang, dem Herzen und dem Kopf zu erklären. Ich bin müde und überwältigt, und es kommt nicht besonders viel an. Es ist, als würde jemand einem frisch gelandeten Marsianer die Feinheiten der Abseitsregel im Fußball erklären, ohne dass dieser je ein Fußballspiel geguckt hat oder überhaupt eine Idee vom Leben auf der Erde hat. So fühle ich mich. Wie ein sehr unwissender, ungebildeter Alien.

Später stellt mich Clara noch Peter vor, einem 27 Jahre alten Hamburger. Noch ein Deutscher! Mein erster Eindruck von Peter: Ich habe Danny Rand aka Iron Fist in Person getroffen. Er hat einen massiven Bart, der ihn sehr alt und weise aussehen lässt, sein Blick ist ernst, und er wirkt ziemlich verschlossen. Von Clara erfahre ich, dass er gerne Mangas liest, Pokémon auf seinem Handy spielt und nicht sonderlich gesprächig ist. Na prima. Wir teilen uns ein Zimmer, in dem vier Hochbetten stehen. Claras Zimmer ist irgendwo anders.

Draußen ist es inzwischen dunkel. Ich liege in einem Stockbett aus rostigem Metall, das jedes Mal quietscht, wenn ich auch nur atme. Unter mir befindet sich statt einer Matratze eine Spanplatte. So gesehen ist die Schule schon ziemlich ursprünglich. Durch das Fenster höre ich die Grillen zirpen. Der Begriff zirpen klingt so harmlos, das hier hat eher was von einem Heavy-Metal-Konzert. Dass ich in meiner ersten Nacht lange nicht einschlafen kann, liegt aber auch am Jetlag. Und daran, dass ich es immer noch nicht fassen kann, wirklich hier zu sein.

Zu China habe ich schon immer eine besondere Verbindung gehabt. Wahrscheinlich wegen meiner Eltern. Seit ich mich erinnern kann, gehen wir in chinesische Restaurants, so wie andere Familien zum Italiener gehen. Mein Vater hat mindestens zehn chinesische Kochbücher, und meine Mutter hat Sinologie studiert. Dabei hat sie übrigens Franziska kennengelernt. Wir haben auch schon zwei Mal Urlaub in China gemacht. Mir hat es super gefallen, am Smog, dem Gedrängel, den Manieren, dem Müll habe ich mich nie gestört. Die Menschen sind einfach super, das Essen ist geil, und mehr brauche ich nicht.

Kung-Fu kannte ich bis jetzt nur aus Filmen und Comics. Und es sah immer so extrem cool aus, dass ich es irgendwann mal lernen wollte. Dazu kommt, dass ich von klein auf immer Sport gemacht habe. Es gibt noch heute wenig, was mir mehr Spaß macht als Bewegung. Ohne Sport bin ich ein depressiver Zombie, mit Sport bin ich ein Mensch. Außerdem ist da noch meine alte Faszination für Superhelden. Jede dieser Geschichten beginnt damit, dass ein unwissender Junge sein Zuhause verlässt und weit weg sein Training bei einem Meister aufnimmt. Warum sollte nicht auch das neue Kapitel in meiner Geschichte so beginnen?

Meine erste Bewährungsprobe als Superheld muss ich dann aber ganz banal bei zwei nächtlichen Exkursionen zur Toilette bestehen. Dabei treffe ich meinen ersten Widersacher: einen kleinen Hund. Zwischen Toilette und Zimmer-

tür verbeißt er sich immer wieder in meine Hacken. Beim zweiten Mal halte ich ihn mit Tritten auf Abstand. Ich weiß, der will nur spielen, aber ich mag die Hose. Ich hasse Hunde.

Als ich aufwache, ist es noch dunkel. Ich höre, wie die anderen draußen über den Hauptplatz joggen. Befehle werden gerufen, alles klingt ziemlich militärisch. Wenig später stehe auch ich auf dem Hof. Es ist Viertel vor sechs, und ein ausführliches Aufwärm-Programm beginnt. Der Meister nimmt mich öfter zur Seite, um mich zu korrigieren. Auch einige der Kinder – sieben, acht Jahre alt vielleicht – machen mir die Bewegungen richtig vor. Wenn die wüssten, was deutsche Kinder in ihrem Alter um diese Uhrzeit machen!

Um sieben gibt es Frühstück. Das Essen besteht aus Ei,

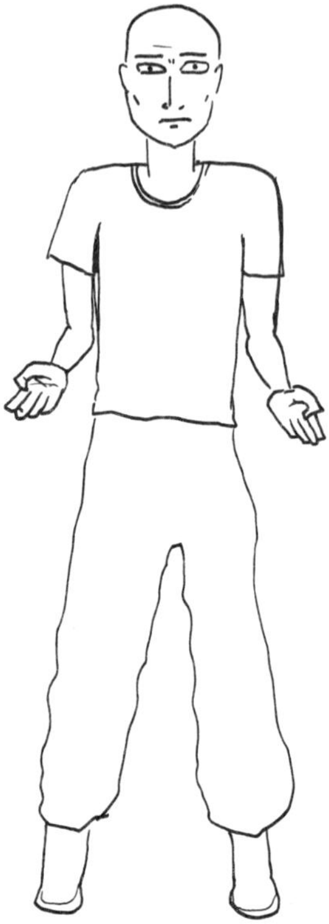

Kohl, Hefebrötchen und Tofu. Ich kriege es ganz gut herunter, allein die Schüssel mit der lauwarmen wässrigen Kürbissuppe lasse ich halb voll stehen. Auf meine Frage, was ihr Lieblingsessen hier ist, antworten Clara und Peter: »Hier? Nichts.« Ich habe Glück, dass ich so ziemlich alles essen kann.

Später haben wir freies Training. Zwei geduldige Schüler machen Clara und mir die Bewegungen vor. Peter, der schon seit zehn Jahren immer wieder hierherkommt, hat sich gleich nach dem Frühstück verzogen. Ich gebe mein Bestes, aber ich mache immer wieder etwas falsch, und wir müssen von vorne anfangen. Mal bin ich der Angreifer, mal der Verteidiger. Für beide Rollen gibt es Bewegungsfolgen, die von allen Schülern gleich ausgeführt werden. Nach der Übungseinheit müssen alle ihre Fertigkeiten vor einem Trainer zeigen. Clara und ich werden für unsere Mühen gutmütig belächelt.

Ich fühle mich nicht im Ansatz wie Karate Kid. Meine Beine sind nach dem ersten Training völlig durch, schon das Aufwärmen hat mich ins Schwitzen gebracht, was auch an den hohen Temperaturen liegt. Es ist September, aber die Sonne steht immer noch gnadenlos am Himmel und heizt mir ein. Zwischen den Übungen renne ich die ganze Zeit zu meiner Trinkflasche. Die Kinder haben nur eine Trinkpause, in der sie alle zusammen ein paar Schlucke nehmen dürfen. Das würde ich nicht überleben.

Meine Dehnung ist so scheiße, dass ich am liebsten sterben würde. Es tut verdammt weh, und es ist mir vor den ganzen kleinen Kindern peinlich. Und ich dachte, ich wäre gut vorbereitet. Das Einzige, mit dem ich keine Probleme habe, sind Liegestütze. Toll. Aber so ist es halt, wenn man bei null anfängt.

Weil der Meister nach Litauen gefahren ist, um dort irgendwo Kung-Fu zu unterrichten, wird mir am Nachmittag einer der älteren Jungen als »Personaltrainer« zugeteilt. Er soll mir die einfachsten Bewegungen und die erste Form, *Xiao Hong Quan*, beibringen. Eine Form verbindet verschiedene Elemente wie Würfe, Tritte oder Schläge gegen einen imaginären Gegner zu einer Choreografie. Ich stelle mich wie der letzte Idiot an. Ich bin noch todmüde vom Flug und kann mich nicht konzentrieren. Der Junge tut mir beinahe leid, weil er alles fünf Mal vormachen muss. Mal mache ich die Figur richtig, aber spiegelverkehrt, mal denke ich, ich mache sie richtig, aber er korrigiert mich. Am Ende der Stunde kann ich gerade mal ein Zehntel der Form, und die Hälfte habe ich bis zum Abend schon wieder vergessen.

Nach dem Training kaufe ich mir im Laden der Schule noch ein paar Sportklamotten, schließlich habe ich nur das, was ich am Körper trage. Mein Gepäck ist immer noch verschollen. Für 120 RMB bekomme ich eine leuchtend rote Jacke mit gelben Streifen, zwei rote Hosen, ein T-Shirt und ein Paar Schuhe. Nach dem Abendessen bin ich so müde, dass ich in mein Bretterbett falle und sofort einschlafe. Am nächsten Morgen wäre ich am liebsten tot. Alles tut weh, vor allem meine Füße und meine Beine. Ich ziehe meine Socken an, dieselben wie gestern, und widerstehe dem Impuls, an ihnen zu riechen. Die nackte Betontreppe zum Hof jagt bei jedem Schritt Schmerzen durch meine Beine. Dort laufen die Schüler in verschiedenen Gruppen schon über den Platz. Sie rufen Kommandos und marschieren. Für Chinesen ist das vollkommen normal, die kennen das nicht anders. Auch in normalen chinesischen Schulen gibt es Flaggen und Marschieren.

Peter, der inzwischen etwas gesprächiger ist, hat mir erzählt, dass manche der Kinder hier Waisenkinder seien, andere von ihren Eltern für ein Jahr auf die Schule geschickt würden, um Disziplin zu lernen. Einige wenige wollen später wirklich an Kung-Fu- oder Kickbox-Wettbewerben teilnehmen, die Mehrheit scheint in der Schule zu sein, weil die Eltern es so wollen. Ein Schuljahr dauert elf Monate, im zwölften Monat dürfen die Kinder zum Frühlingsfest, dem chinesischen Neujahr, nach Hause. Peter meint, in der Kickbox-Klasse gebe es einen Jungen mit einem gebrochenen Bein, der nicht einmal mit dieser Verletzung nach Hause dürfe. Manche der Kinder würden von den Trainern geschlagen, wenn sie etwas falsch machen oder sich etwas nicht trauen. An anderen Schulen, den größeren vor allem, müssten die Eltern der Kinder unterschreiben, dass sie das Leben des Kindes der Schule übertragen. Die Schule kann also mit den Kindern tun und lassen, was sie will. Das ist einfach krank. Die Schüler dürften die Schule manchmal auch nicht verlassen, um einfach mal ins Dorf zu gehen, das ist wie in einem richtigen Gefängnis. In den Gängen würden überall Kameras hängen, die alles 24/7 überwachen. Die gibt's bei uns auch.

An meinem dritten Morgen in der Kung-Fu-Schule wird mein Personaltrainer abkommandiert, die erste Faustform mit mir zu wiederholen. Er freut sich, weil er dabei entspannen kann. Wir gehen die Form wieder und wieder durch, und immer hat der Junge etwas auszusetzen. Er sagt dann einfach »no« oder schüttelt den Kopf und korrigiert mich. Mit der Zeit klingt er wie ein resignierter Rentner. Wenn ich die Form endlich einmal beende, sagt er »yes«, hebt den Daumen und lächelt. Ich fühle mich ein bisschen wie Luke Skywalker, der tollpatschige und dumme Bauernjunge, der vom weisen kleinen Meister Yoda trainiert wird.

Yoda gibt mir auch meinen Stundenplan, den der Meister vor seiner Reise angefertigt hat. So ungefähr sieht ein normaler Tag an der Schule aus:

5:30 Aufstehen
5:45 Training
7:00 Frühstück
8:00–11:00 Training
11:30 Mittagessen
12:45–16:20 Training
16:20–17:20 Pause
17:20–19:00 Training
19:00 Abendessen
20:00–21:00 Training
Das wird hart.

Am Nachmittag wird Clara von einem Fahrer abgeholt, ihre Zeit in der Kung-Fu-Schule ist schon zu Ende. Zum Abschied bekommt sie von der Besitzerin des Schulladens eine große Packung von den Schokoriegeln, die sie sich dort immer für einen Yuan gekauft hat. Das Design ist von Red Bull kopiert worden und der Inhalt von Snickers. Der Riegel schmeckt aber noch besser als das Original, weil die Kaumasse noch zäher und perverser ist. Ich find's schade, dass Clara abreist. Ich habe mich gerne mit ihr unterhalten, und sie hat sich um den nervigen Hund gekümmert. Tagsüber ist der immer angekettet, doch wenn es dunkel wird, lässt irgendwer ihn frei. Dummerweise ist der Lieblingsort des Köters (!) vor der Toilette. Er springt dann dauernd an mir hoch und versucht mir in meine Fersen oder meine Hand zu beißen. Clara meinte dann immer: »Er will halt spielen. Der ist doch den ganzen Tag angekettet.« Jetzt, wo Clara nicht mehr mit ihm »spielen« kann, wird er seine ganze Aufmerksamkeit vermutlich mir widmen. Und genauso kommt es auch: Manchmal schaffe ich es, mich unbemerkt auf die Toilette zu schleichen, und wenn ich die Tür zumache, höre ich plötzlich ein aufgeregtes Hecheln und das Kratzen von Krallen an der Tür. Der reinste Horrorfilm. Bei den Chinesen macht er das nie, blöder Rassist.

An meinem ersten Sonntag in China schlafe ich aus und schreibe einen Brief an Claire. Er ist leider nie bei ihr angekommen, aber er war ziemlich cool und sehr lang. Er ging ungefähr so:

Liebe Claire,

wie geht's, wie steht's? Ich bin jetzt schon eine Woche in der Kung-Fu-Schule, und es ist ziemlich fucking amazing! Wenn ich aufstehe, ist es meistens noch dunkel, das erste Training beginnt um 5:45. Wenn ich fertig bin, kann ich die Berge sehen, weil es dann langsam hell wird. Das Frühstück ist einfach, aber funktioniert, das Mittagessen ist ausgezeichnet. Finde ich zumindest.

Mein Gepäck ist leider verloren gegangen, ich weiß nicht, ob ich es je wiedersehen werde. Vor ein paar Tagen kam eine SMS von meiner Airline, dass der Koffer in Kürze eintreffen würde, das war's dann aber auch schon. Na ja, Hauptsache, mir geht's gut. Ich teile mein Zimmer mit Peter, der ist 27, kommt aus Hamburg, macht schon megalange Kung-Fu und ist megakrass. Er ist auch sehr lustig, in den Pausen denken wir uns häufig Geschichten aus oder zeichnen Comics. Obwohl eigentlich dauernd Training ist, komme ich hier viel mehr zum Zeichnen als zu Hause, und das ist gut so. Der Meister und die Kinder sind alle sehr nett und hilfsbereit.

Ein Junge – er ist sehr lässig und ein bisschen so wie Yoda – bringt mir gerade die erste Form bei, die ist ziemlich cool. Um neun Uhr abends falle ich völlig erschöpft ins Bett. Hoffe, Dir geht's gut.

Dein Paul

PS: Hast Du die letzten Folgen von »Game of Thrones« endlich geguckt?

SPOILER WARNING! SPOILER WARNING!

LAST WARNING!!!

Maaann, der Eisdrache ist ja mal so cool!!! Und John, joah meinetwegen. Wenn wir mal realistisch bleiben, hatte Jorah ja nie eine Chance, und Tyrion auch nicht.

6

Was heißt hier eigentlich Kung-Fu?

Irgendwann in meiner zweiten Woche trainiere ich mit Peter in einem Wäldchen, das noch zum Schulgelände gehört. Hier ist es ruhiger, und das ist sehr angenehm. An einem rostigen Gerüst hängen ein paar alte Sandsäcke, an denen man sich super abreagieren kann, wenn einen die Form gerade zu sehr frustriert. Und man hat einen tollen Blick auf die Berge hinter der Schule.

Peter: »Fuck, meine Beine, Alter, die sind fucking tot!« (unterbricht seine Form)

Ich: »Ja Mann, ich weiß, was du meinst, ich komm gar nicht so tief runter, wie ich soll, sonst fall ich hin.«

P: (schweigt)

I: »Wie lange machst du das eigentlich schon? Weil, du bist ja schon ziemlich krass.«

P: »Du musst mal die Kids sehen, wenn die sich richtig Mühe geben. Mir fehlt da komplett die Dehnung.«

I: »Fick dich, was soll ich denn dann sagen? Natürlich sind die krass, die machen das doch schon ihre ganze Kindheit lang.«

P: »Bei meinem ersten Mal hier war ich genauso alt wie du, das war direkt nach der Schule. Ich hab schon Kung-Fu in

Deutschland gemacht, und dann dachte ich: geil, frei, ab nach China. Und seitdem bin ich fast jedes Jahr hier, wenn ich genug Geld gejobbt habe.«

I: »Was bedeuten die Formen eigentlich, kann man die auch irgendwo anwenden?«

P: »Na ja, wir machen hier manchmal Kung-Fu-Sparring, so als Schaukampf, wenn Fremde hier sind. Aber dann ist das mehr so nach dem Motto: Ha! Hab dich berührt, jetzt bist du tot. Du kannst halt das wenigste wirklich ausprobieren, weil vieles Angriffe sind, die weiteres Kämpfen eigentlich unmöglich machen sollen. Also, früher hat man damit wirklich Leute getötet. Aber wer will heute noch in einem richtigen Kampf verrecken? Ich meine, viele der Tritte zielen entweder auf die Knie oder in die Eier. Wenn du das im Training richtig anwendest, gibt's 'nen bleibenden Schaden. Ich mach deswegen jetzt auch mehr Kickboxen, weil das eher wie wirkliches Kämpfen ist. Also, die Formen so für sich zu trainieren bringt schon sehr viel, aber dir muss klar sein, dass du das vielleicht nie einsetzen wirst.«

I: »Hab ich mir irgendwie gedacht, ich find die Formen aber trotzdem cool.«

P: »Bloß weil ich jetzt mehr Kickboxen mache, heißt das ja nicht, dass ich mit den Formen aufhöre. Außerdem kann man eine Form auf sehr viele verschiedene Arten machen und sich auf unterschiedliche Sachen konzentrieren. Zu Beginn lernst du die Bewegungsabfolge. Du versuchst, dir die einzelnen Bewegungen zu merken. Danach versuchst du, die Bewegungen flüssiger zu machen, deine Balance zu verbessern, die Dehnung, du wirst genauer. Irgendwann kann dein Körper dann das Prinzip von Kontraktion und Explosion umsetzen, ohne dass du groß darüber nachdenken musst. Und dann nutzt du auch die Kraft deiner Beine, Hüfte und die Rotation der Schultern effizienter. Sodass du mehr Energie und Kraft hast. Im Moment bist du noch sehr steif in deinen Bewegungen, versuch, dich mehr zu entspannen. Kung-Fu heißt auch, nur da Energie aufzubringen, wo es nötig ist. Die Atmung ist dabei wichtig, genauso wie der Blick, mit dem du deine Umgebung wahrnimmst. Bei unserem Meister kann man in jedem Augenblick spüren, wie präsent und konzentriert er ist. Ich krieg das immer noch nicht ganz hin.«

Ich bin echt glücklich, dass Peter hier ist. Ohne ihn wäre ich ziemlich aufgeschmissen. Er erzählt mir immer wahnsinnige Geschichten über die Leute, die hierherkommen. Irgendwie sind die schon alle sehr speziell. Sind Peter und ich wahrscheinlich auch. Jedenfalls hat er mir von Typen erzählt, die meinten, sie hätten die Kampfkunst erfunden, und die dann beim Aufwärmen kollabiert sind. Ein anderer, so ein dicker Typ, der Bruce-Lee-Fan war, hat nie trainiert, sich immer nur im Zimmer eingeschlossen und Pornohefte angeguckt. Wieder ein anderer wollte die Trainer zum Duell herausfordern und hat dann einen im Wrestling besiegt, weil er zwei Meter groß war und dreimal so schwer wie der Chinese. Und dann ist er, ohne zu bezahlen, abgereist, weil er hier ja nichts lernen könne. So ziemlich alles, was man sich vorstellen kann, ist hier schon passiert. Dieser Ort scheint nur Extreme anzuziehen. Extrem scheiße oder extrem cool. Oder extrem crazy. So wie Mark, ein 16-jähriger Chinese. Er umarmt mich manchmal sehr lange oder hält meine Hand und legt seinen großen Kopf auf meine Schulter und seufzt dann so, als wären wir ein altes Ehepaar. Irgendwie ist Körperkontakt hier normaler als in Europa. Mark kann sehr gut sehr müde gucken, was auch daran liegt, dass er den ganzen Tag von 5:30 bis spätabends trainieren muss. Er macht *Sanda,* chinesisches Boxen, und hält sich für den durchtrainiertesten King von allen. Auf seinem WeChat-Account hat er ein Bild von seinem Sixpack. Peter macht sich immer über ihn lustig, weil er so einen großen Kopf und einen vergleichsweise schmächtigen Körper hat. Meistens hat der »crazy boy«, wie ich ihn nenne, schlechte Laune. Weil seine Zigaretten alle sind oder er vom Trainer bestraft wurde, weil er so faul ist, oder Stockschläge auf den Po gekriegt hat, weil er beim Rauchen erwischt wurde. Aber wenn er mich sieht, ist er immer gut drauf.

Einmal gehen Peter und ich in den Bergen wandern. Die Sonne scheint. Wir sehen eine riesige Schlange, Spinnen, Tausendfüßler, Schmetterlinge, Frösche, Grillen und sehr viel Müll. Leider haben die Chinesen ein anderes Verhältnis zur Natur als wir. Überall liegen Plastikflaschen, Snackverpackungen und Red-Bull-Dosen herum. Wobei es natürlich auch in Deutschland Leute gibt, die auf die Natur keine Rücksicht nehmen.

Der Weg führt uns über ein paar Kletterpassagen, die nicht übel sind, wir müssen sogar durch einen kleinen, kalten Wasserfall, an dessen Ende sich ein richtiger Pool gebildet hat. Wir kommen auch an dem großen Shaolin-Tempel vorbei, wo Hunderte Schüler auf einem Platz trainieren. Es ist beeindruckend, wenn alle synchron die Form ausführen. So, als würde man vor einem einzelnen, gigantischen Monster stehen.

Ich kann mittlerweile immerhin die Grundform vollständig. Auch wenn ich hin und wieder die Reihenfolge durcheinanderbringe. Gestern musste ich sie meiner ganzen Gruppe und dem Trainer vorführen. Ich weiß immer noch nicht, ob ich ein Negativbeispiel war oder überhaupt irgendwas. Die Schüler haben zwar geklatscht, als ich fertig war, aber das machen sie bei mir fast immer. Der Trainer hat keine Miene verzogen, komplettes Pokerface. Danach hat er mit Yoda geredet: Ich soll jetzt die Abläufe auf Tempo bringen. Das ist ziemlich schwer und führt bei mir zu Koordinationsproblemen. Yoda findet das ziemlich witzig, ich nur bedingt. Tags darauf muss ich zum ersten Mal das Training morgens ausfallen lassen. Meine Fersen tun weh vom Springen und Rennen auf den Steinplatten. Insgesamt bin ich inzwischen ziemlich durch. Der Sonntag als Pause reicht mir nicht aus.

Nach dem Ende der zweiten Woche ist es Zeit für eine Zwischenbilanz: Kung-Fu hier ist auf jeden Fall anders, als ich es aus Actionfilmen kenne. Das Training ist hart für mich, weil es genau auf meine Schwachstellen zielt: Ausdauer, Laufen, Beine, Dehnung, Springen, Geduld. Das ist manchmal sehr frustrierend, weil ich es nicht gewohnt bin, in einer sportlichen Disziplin so zu verkacken. Vor allem nicht, wenn die anderen zwischen vier und zwölf Jahre alt sind.

7

Die Brüder

Irgendwann in meiner dritten Woche sitzen plötzlich zwei Neue in der Kantine. Kanadier, die in der Nacht angekommen sind. Sie sind sehr cool. Beide sind schwarz, der eine ist groß, der andere klein. Calvin, der Kleinere, ist 39 und hat Frau und zwei Kinder. Kareem ist 35, so groß wie ein Basketballer und ruhiger als Calvin. Sie sind das erste Mal in China und erzählen, dass sie hier sind, um durchtrainiert zu werden und eine Pause von Gras, Alkohol und Drogen zu machen. Dem schnellen gefährlichen Leben zu Hause für zwei Monate zu entkommen und dabei Kung-Fu zu lernen. Die beiden haben Proteinpulver dabei, von dem sie sich hier überwiegend ernähren wollen. Als hätten sie geahnt, dass ihnen das Essen in der Kantine sehr fremd sein würde. Sie essen beide kein Fleisch, außer weißem Hühnerfleisch. Das sei nicht so fettig und ungesund, meinen sie. Als Kareem versucht, der Frau an der Essensausgabe zu erklären, dass er kein Fleisch will – »No meat!« –, bringt das natürlich gar nichts. Erst als Peter die verwirrte Frau auf Chinesisch bearbeitet, begreift sie, worum es geht. Danach schüttelt sie fassungslos den Kopf, als wäre ihr Weltbild soeben explodiert. Peter hat sich schon häufiger Schlachten mit den Frauen von der Essensausgabe geliefert. Denn selbst bei ihm, der Chinesisch spricht, tun sie gerne das Gegenteil dessen, worum er sie gebeten hat.

Je mehr ich von den beiden Kanadiern erfahre, umso klarer wird, dass sie aus einer ganz anderen Welt kommen. Über ihre Jobs äußern sich beide eher vage. Kareem will ins Immobiliengeschäft einsteigen. Ansonsten wollen sie China nach Exportwaren abchecken, Solarpanels, E-Mopeds und so Zeug. Billig in China einkaufen, teuer in Kanada verkaufen. Dafür erzählen sie ziemlich offen, dass sie beide schon mal im Gefängnis waren. Daran hätten sie sofort denken müssen, als sie die Bretterbetten sahen und das vergitterte Fenster in ihrem

Zimmer. Weil Kareem im Knast in einer Ausgabe von *National Geographic* einen Artikel über den Meister gelesen hat, sind sie jetzt hier.

Ich finde es krass, dass sie das wirklich gemacht haben. Sie sind beide nicht unbedingt die Sportfanatiker oder haben Eltern, mit denen sie schon überall waren. Kareem kennt seinen Vater noch nicht mal. Für mich ist es selbstverständlich, mit Stäbchen zu essen, scharfe Gerichte machen mir nichts aus. Für sie ist das alles neu. Gleich an ihrem ersten Tag war da nicht nur die Sache mit der Essensausgabe, danach haben auch alle geglotzt, wie erfolglos die beiden mit ihren Stäbchen auf dem Teller herumgestochert haben. Cool fand ich, dass sie aufgestanden und zu den Gaffern rüber sind, um sich zeigen zu lassen, wie man es richtig macht.

Ich finde es voll mutig, einfach mal so nach China zu fliegen und dann gleich in eine Kung-Fu-Schule zu gehen. Klar, sie sind zu zweit. Wobei Peter und ich uns nicht sicher sind, ob sie Brother wie Bruder meinen oder Bro wie bester Freund. Überall auf der Welt können Menschen Englisch, und man mogelt sich so durch, aber hier in China ist das immer noch schwer. Es ist nicht allein die Sprache, die kann man lernen. Es ist die Art zu denken, ein ganz anderer Lifestyle. Einfacher, aber auch geselliger. Man isst zusammen, teilt alle Speisen, macht überhaupt selten etwas alleine. Nicht so wie im Westen, wo jeder sein eigenes Menü, sein eigenes Zimmer und vielleicht sogar sein eigenes Bad hat.

Am nächsten Tag lassen Peter und ich das Training ausfallen, um die Kanadier in die Geheimnisse der Schule und der Stadt einzuweihen. Vormittags machen wir eine kleine Wanderung zu den Ausläufern der Berge. Die beiden kommen schon relativ früh ins Schwitzen und reden die ganze Zeit davon, was für ein krasses Work-out Wandern doch ist. Peter und ich müssen uns ein Lächeln verkneifen.

Bei einer alten Imkerin machen wir Rast und trinken Blütenpollen-Tee. Hier oben gibt es jede Menge Imker, die Berghonig und andere Bienenprodukte verkaufen. Zu meiner Überraschung fahren Calvin und Kareem komplett auf das Bienenzeug ab. Peter soll die Imkerin fragen, ob sie außer dem Tee noch andere Propolis-Sachen hat. Die holt daraufhin etwas, das an vertrockneten Kot erinnert, aus ihrem Schuppen. Die Kanadier lassen sich davon nicht irritieren. Kareem meint, das sei voll der Energizer, da stecke die ganze Kraft der Bienen drin. Peter soll die Frau fragen, wann sie das Zeug einnehmen sollen, damit es den besten Effekt hat. Die Imkerin denkt darüber lange nach, mir scheint, dass sie sich die Antwort erst ausdenkt. Dann sagt sie, der Blütenpollen-Tee sei für den Morgen, das andere Zeug für den Abend. Wie auch sonst?, denke ich.

Später fahren wir noch mit dem Bus in die einzige kleine Stadt, die es in der Nähe gibt. Hier trainieren Schüler auf der Straße Kung-Fu, und es gibt viele Läden, in denen man sich ohne Probleme mit Schwertern eindecken kann. Wir durchforsten mehrere Supermärkte nach Schuheinlagen für Kareem und getrockneten Goji-Beeren für beide. Als uns Kareem am Abend ein Buch zeigt mit dem Titel *150 Healthiest Foods on Earth*, ist alles klar. Es enthält einen langen Artikel über Honig und Goji-Beeren. Peter, der das Buch durchblättert, stellt verblüfft fest, dass es einfach jedes bekannte Obst und Gemüse enthält.

Am nächsten Tag trainieren die Kanadier das erste Mal gemeinsam mit mir und Peter. Nach ein paar Minuten meint Calvin, er sei zu alt für diese Scheiße. Er sei es nicht gewohnt, so früh aufzustehen und so hart zu trainieren und den ganzen Tag kein Gras zu rauchen. Aber sie geben nicht auf, auch wenn sie häufig fluchen. Nebenbei versucht Peter geduldig, die vielen Fragen der beiden zu beantworten.

»Wie schaltet man den Gegner am besten aus?«

Tritt in die Eier.

»Wie lange muss man Kung-Fu machen, damit man es wirklich draufhat?«

Hängt von der Person ab.

»Kannst du jemanden mit Kung-Fu fertigmachen, hast du mal jemanden gekillt?«

Nein, ich habe noch nie jemanden mit Kung-Fu gekillt.

Mir tut Peter ein bisschen leid, aber er gibt sein Bestes und lässt sich nicht aus der Ruhe bringen. Nach dem Krafttraining, das Peter und ich uns zusammen überlegt haben und eigentlich nur auf uns zugeschnitten hatten, geben sich die Kanadier geschlagen. Weil wir ihnen sagen, dass dies eigentlich nur die erste Runde war, sind wir von da an die »Crazy Germans«. Peter, weil er Chinesisch kann und Kung-Fu, und ich, weil ich so jung bin.

Abends liegen wir zu viert in den Stockbetten in unserem Zimmer und unterhalten uns. Calvin erzählt, dass er zwei Jahre im Knast war, weil ein Cop ihm eine Waffe untergeschoben hatte. Wie hart es war und dass man da keine Schwäche zeigen darf, sonst wird man zu Hackfleisch verarbeitet. Man merkt ihm irgendwie an, dass er was durchgemacht hat. Trotzdem ist es merkwürdig, dass es ausgerechnet die beiden sind, denen die Betten zu hart sind und die rumjammern, weil es jetzt langsam kälter wird.

Die Geschichten, die Peter erzählt, meist über andere Menschen, die er kennengelernt hat, sind unglaublich. Schön, lustig, traurig, ernst, absurd und echt. Wie er einmal mit einer wunderschönen Chinesin im Kino war, die aber schrecklichen Mundgeruch hatte. Wie er ein anderes Mal in einem afrikanischen Gefängnis gelandet ist, ohne irgendwas getan zu haben. Oder wie er mit einem perversen Japaner an einer Kung-Fu-Schule war und der andauernd zum Masturbieren rausrannte. Manchmal arten die Gespräche etwas aus, weil

Calvin einen Lachkrampf kriegt und immerzu schreit: »Crazy Peter! Crazy Germans, fuck!«

Irgendwann haben wir so ziemlich jedes Thema abgearbeitet, und jeder ist eine Story losgeworden: über Gefängnisse in aller Welt, Area 51, Donald Trump, Diamanten, Conor McGregor vs. Floyd Mayweather, *sex and drugs* und was weiß ich. Wenn ich den anderen so zuhöre, weiß ich von manchen Dingen recht wenig. Egal. So langsam fühle ich mich hier richtig wohl. Wenn ich trainiere oder auf einem Hocker sitze und Pause mache, muss ich manchmal einfach grinsen. Ich schaue mich um und denke: Ich habe es wirklich geschafft! Ich bin rausgegangen in die Welt, und es ist so unfassbar geil! Ich habe das gemacht, was ich immer machen wollte. So muss sich Bilbo Beutlin aus Tolkiens *Der Hobbit* gefühlt haben, als er mit Gandalf und den Zwergen auf dem Weg zum Berg mit dem Schatz des Drachens war. Ich glaube, ich war schon lange nicht mehr so dankbar für etwas. Die Fragen, die mich in Berlin gequält haben, sind weg. Ich frage nicht mehr immerzu nach dem Sinn und warum ich hier bin und was ich hier soll. Ich bin einfach da, im Hier und Jetzt, und dankbar, dass es so ist.

Das schönste Gefühl ist es, abends im Dunkeln mit dem Taxi aus der Stadt zurückzufahren. Das Fenster ist offen, eine kühle Brise weht herein, die LED-Schriftzeichen der Läden leuchten in bunten Farben, und überall sind Leute unterwegs. Zu dritt oder viert sitzen sie auf ihren elektrischen Rädern und fahren zu ihren Zielen. Ich fühle mich dann so frei, dass ich platzen könnte. Die Welt ist voller Geheimnisse, ich werde sie nie alle kennen – und das ist gut so.

8

Gut gegen Böse

Vor einigen Tagen ist der Meister, der *Shifu*, zurückgekommen. Heute hat er mir das erste Mal etwas beigebracht. Das ist etwas ganz Besonderes. Selbst wenn er nur aus der Entfernung zuguckt, will man sein Bestes geben. Peter nennt das die *Shifu*-Power. Egal wie fertig man ist, man gibt noch mal alles. Der Meister hat eine unglaubliche Präsenz und strahlt gleichzeitig eine tiefe Entspanntheit aus, er ist wie eine ruhende Naturgewalt.

Das Wichtigste beim Kung-Fu und überhaupt bei allem im Leben ist, entspannt zu sein, sagt der Meister, um dann Kraft aufzuwenden, wenn es sinnvoll ist. Mich hat der *Shifu* mit wenigen Griffen so angeleitet, dass mein Körper automatisch die richtigen Bewegungen ausführte. Bei einem Schlag drehen Hüfte und Schultern nach innen, das Bein wird gebeugt und schnellt dann nach vorne. Durch das Öffnen der Brust schießt der Arm vor, die Muskeln sind entspannt, aber die Faust ist fest geschlossen. Der Kopf dreht mit in Richtung des Arms, der Blick verkörpert Aufmerksamkeit. Man nimmt seine Umwelt wahr. Wenn man es schafft, dies zu verinnerlichen, steigt die Effektivität, weil man weniger Energie aufwenden muss.

Es gibt theoretisch unendlich viele Formen im Kung-Fu.

Von den traditionellen Basisformen, die an meiner Schule unterrichtet werden, gibt es um die fünfzig. Aber das ist auch das Problem am Kung-Fu: Jede Schule hat ihren Meister, der seinen Stil für den effektivsten hält, den einzig wahren. Wobei an meiner Schule wirklich ein traditionelles Kung-Fu gelehrt wird. Das heißt: striktes Wiederholen der Formen, stundenlang, so wie die Mönche es früher gemacht haben. Außerdem wird der Fokus immer wieder auf die inneren Prozesse bei der Ausführung gelenkt: auf das *Chi*, das wiederum aus Dingen wie Konzentration, Aufmerksamkeit, Präsenz und Intention besteht. Glaube ich jedenfalls.

Viele andere Schulen gehen eher mit dem Trend und bieten modernes Kung-Fu an, auch *Modern Wushu* genannt. Modern Wushu ist eine Wettkampfsportart, bei der vor allem die Korrektheit und Ästhetik der Bewegungsabläufe bewertet werden. Es gibt auch mehr akrobatische Elemente, die das Ganze wie eine Turnkür oder einen Tanz aussehen lassen. Die Vorgänge im Inneren des Vorführenden sind dabei völlig unwichtig. Ebenfalls egal ist die Frage, ob er sich mit seinen Bewegungen überhaupt selbst verteidigen könnte. So ganz kann sich aber auch meine Schule nicht vor neuen Trends verschließen. Auch hier werden die Schüler inzwischen in Akrobatik unterrichtet, für die Shows und weil sich die meisten für die wirklich traditionellen Formen nur noch schwer begeistern lassen.

Klar sieht das alles dann cool aus, aber ich finde es trotzdem schade, dass es kaum mehr jemanden interessiert, wie die Formen früher aussahen und was eigentlich dahintersteckt. Es ist irgendwie ein Stück Geschichte, das zu verschwinden droht.

Einmal können wir den Wettkampf der verschiedenen Kung-Fu-Stile live miterleben. Meine Schule ist nach Dengfeng eingeladen, um dort gegen andere Schulen anzutreten. Peter, Calvin und ich fahren zur Unterstützung mit. Wir tuckern ewig durch den strömenden Regen, und dann sitzen wir Stunden in einer riesigen Halle, in der chinesische Fahnen von der Decke hängen und überall aufgeregte Schüler herumrennen. Sie tragen bunte Glitzeroutfits. Ich bin froh, dass unsere Schule schlichter auftritt, in Grau mit einem gelben Gürtel. Wir sind ja auch die Einzigen, die kein modernes Kung-Fu machen. Auf einer Matte führen immer drei Schüler verschiedener Schulen eine Form vor, die anschließend von den Kampfrichtern bewertet wird. Das moderne Kung-Fu sieht für Peter, Calvin und mich wie dummes Rumgezappel aus. Eine Tanzchoreografie mit nichts dahinter. Außerdem haben andere Schulen so blöde Sprechgesänge zum Anfeuern, noch schlimmer als Fußball-Ultras. Das nervt. Auf blauen Monitoren werden dann die Punktzahlen verkündet. Das Frustrierende ist, dass unser traditionelles Kung-Fu fast in jeder Runde schlechter bewertet wird.

Zuletzt sind die beiden Besten unserer Schule dran. Die Hoffnungsträger, von denen eine Medaille erwartet wird. Calvin feuert unsere Jungs aus Leibeskräften mit »Family!« an. Peter und ich rufen »Los geht's« auf Chinesisch oder so was. Unsere Jungs machen ihre Sache gut. Vor dem Wettkampf hatten wir ihnen die Aufregung ansehen können, jetzt merkt man nichts mehr davon. Beide liefern eine sehr flüssige und kontrollierte Form ab. Soweit ich das beurteilen kann. Einer der beiden schafft es zunächst sogar auf Platz zwei. Doch kurz vor Schluss bekommen zwei Schüler eine höhere Wertung und verdrängen unseren Favoriten vom Siegertreppchen. Nur weil sie modernes Kung-Fu machen. Wie gemein ist das denn? Ich fühle mich wie bei einem Fußballspiel, in dem Deutschland nacheinander zwei Schwalbenelfmeter aufgebrummt werden und aus einer verdienten Führung eine bittere Niederlage wird.

Peter hat von Anfang an gesagt, dass er nicht viel von diesen Wettkämpfen hält, und am Ende dieses Tages teile ich seine Meinung. Man kann modernes Kung-Fu nicht mit traditionellem messen, das ist wie mit den Äpfeln und den Birnen. Klar, beides sind Früchte, aber woran sollte man festmachen, welche jetzt besser ist? Das eine ist eine Sportart für Wettkämpfe, das andere ist eine Kampfkunst, die es schon megalange gibt und die eine Philosophie beinhaltet, eine Art zu leben.

Auf der Fahrt zurück sitzen wir neben den beiden, die unsere Schule als Letzte vertreten haben, im Bus. Es ist das Traurigste, was ich seit Langem erlebt habe. Der Regen prasselt immer noch auf das Dach, was die Trostlosigkeit verstärkt. Man sieht an den gequälten Gesichtern der Jungs, dass sie sich Vorwürfe machen, obwohl sie gar keine Schuld trifft. Ich kann mir in etwa vorstellen, wie sie sich fühlen, ich kann beim Sport auch sehr ehrgeizig sein und stinkwütend, wenn es nicht so klappt, wie ich mir das vorgestellt habe. Aber ich habe nach dem Wettkampf auch noch ein Leben, wenngleich ich manchmal nicht weiß, wie dieses Leben aussieht. Diese Kids hier leben für Kung-Fu, Kung-Fu ist ihr Leben. Und dann zeigt ihnen die Welt den Stinkefinger.

Unser Meister ist einer der letzten in China, der traditionelles Kung-Fu unterrichtet. Der große Shaolin-Tempel zehn

Kilometer weiter wird von einem korrupten fetten Abt regiert, der den Leuten viel Geld dafür gezahlt hat, dass sie ihn in diese Position gewählt haben, das weiß Peter vom Meister. Der Abt hat auch einen Shaolin-Tempel in Amerika bauen lassen, um noch mehr Geld zu machen. Das Tal, in dem die Schule liegt, soll auch bald plattgemacht werden, damit dort ein Touristen-Luxus-Kung-Fu-Hotelkomplex entstehen kann.

Das heißt, unsere Schule ist die letzte ihrer Art. Gut gegen Böse. So jedenfalls hat sich der Wettkampf angefühlt. Und wir haben verloren. So als hätte Voldemort Neville Longbottom umgebracht oder als hätte Jabba Han Solo getötet. Der Imperator kann meinetwegen Luke töten – aber Han Solo? Das wäre einfach ... falsch. Ich steigere mich da zu sehr rein, ich weiß. Aber so fühle ich halt. Nicht einmal, dass der Kanadier jeder Frau, an der wir vorbeifahren, »Hey Babe!« durchs Fenster zuruft, kann mich auf der Heimfahrt aufheitern.

9

Das Geheimnis der Schuhalien

An einem Nachmittag guckt sich der Meister mal wieder meine erste Form an. Er sagt, ich solle die langsame Kreisbewegung deutlicher ausführen und dabei mit dem Blick immer den Händen folgen. Ich solle nur durch die Nase atmen, um nicht zu viel Energie zu verbrauchen, und die Zähne aufeinanderbeißen, damit sie mir bei einem Kampf nicht rausgeboxt werden können. Außerdem soll das *Chi* dann besser fließen.

Ich bin sehr aufgeregt, wie immer, wenn er mir zuschaut, und alles ist viel anstrengender als sonst. Jeder Impuls für die Bewegung beginnt in den Beinen und wird durch die Hüftrotation auf den Schlag übertragen. Der *Shifu* sagt dann immer: »Circle, understand?« Das mit dem Verstehen klappt nicht immer gleich. Manchmal macht er einen kleineren Abschnitt der Form so lange vor, bis ich ihn exakt genauso nachgemacht habe. Ich brauche meistens ein, zwei Vorführungen, bis mir auffällt, was er anders macht als ich. Mal ist es sein Blick, mal macht seine Hand eine andere Bewegung, oder seine Füße sind anders ausgerichtet. Wenn ich es endlich richtig nachgemacht habe, sagt er: »*Hen hao*«, sehr gut, und lächelt. Das ist wirklich cool. Dann weißt du, dass du Fortschritte gemacht hast. Er sagt das nämlich nicht einfach so, nein. Manchmal lässt er mich einen Abschnitt drei Tage lang üben, bis er zufrieden ist. Deshalb hat sein Lob umso mehr Gewicht. Und was will man mehr, als zu wissen, dass das, was man macht, richtig ist?

Später kann dir außer dir selbst keiner sagen, ob du dein Leben richtig lebst. Deswegen sind diese Einfachheit und Klarheit für mich gerade extrem entspannend. Ich habe hier ein Stück weit die Verantwortung für mich abgegeben, ich muss nicht nach dem Sinn suchen, sondern nur einer Struktur folgen. Ich denke, das ist der Grund, warum manche Leute in ein Kloster gehen. Um die Verantwortung und die Zweifel, die ein normales Leben mit sich bringen, abzugeben an jemanden, der es besser weiß. Im Moment finde ich das ganz angenehm. Für immer könnte ich das sicher nicht.

Die erste Form kann ich jetzt flüssig vom Anfang bis zum Ende, ohne nachzudenken. Meine Beine haben sich vom ersten Schock erholt, und ich komme beim Dehnen schon so weit runter wie der schlechteste Chinese. Darauf bin ich stolz. Meine Knöchel haben Hornhaut bekommen und sind grau von den Liegestützen auf dem Boden. Ich kann inzwischen auch in die Sandsäcke hauen, ohne dass mein Handgelenk abknickt. Nein, ich will hier nicht weg, aus meiner kleinen, traditionellen Kung-Fu-Schule, der letzten ihrer Art.

Nach dem Training joggen Peter und ich zu einem kleinen taoistischen Tempel in den Bergen. Wir kommen an einigen Kung-Fu-Schulen vorbei mit vergilbten Shaolin-Postern an den Wänden und an verlassenen Häusern aus grauem Backstein, die bald eingeebnet werden, um Platz für das neue

Kung-Fu-Touristendorf zu machen. Ein Kung-Fu-Hotel für Superreiche gibt es bereits.

Auf dem Weg unterhalten wir uns über die Trainingsmethoden der legendären Shaolin-Mönche. Peter hat mal einen Dokumentarfilm über sie gesehen. Er fing an mit einer dröhnenden Stimme: »Tief in den Bergen des Song Shan trainieren sie, die legendären Mönche des SCHUHALIN!« Ich kriege einen Lachkrampf, dass ich kurz stehen bleiben muss. Aber Peter schwört, dass die in der Doku tatsächlich immer von Schuhalin-Mönchen gesprochen haben. Wenn die noch nicht mal den Namen richtig aussprechen können, wie kann man dann dem Rest der Doku vertrauen? Egal. Peter und ich jedenfalls überlegen den Rest des Weges, was die Schuhalin wohl von ihren Brüdern, den Shaolin, unterscheiden mag. Ich muss das jetzt nicht alles erzählen, aber es hat sehr viel mit Kotbändigung zu tun. Kreativer Blödsinn. Oder einfach nur Blödsinn, der einem einfällt, wenn man sich ablenken will.

Es regnet immer noch. Am Tempel angekommen, trainieren wir, um uns warm zu halten.

Ich: »Irgendwie mache ich mir die ganze Zeit Gedanken, wie ich nach der Reise aussehen werde. Vielleicht rasiere ich mir die Haare doch noch ab!«

Peter: »Sieht bestimmt cool aus!«

Ich: »Aber irgendwie will ich auch nicht so ein Pfosten sein, der der Welt sagt: ›Hey, guck mich an, ich bin ein echter Shaolin-Kämpfer, weil ich jetzt keine Haare mehr auf dem Kopf habe.‹ Andererseits wäre es ja voll traurig, wenn ich zurückkomme und immer noch genau gleich aussehe.«

Ich bin gerade mal einen Monat weg, und meine Welt ist völlig durcheinander. Meine Perspektive auf das Leben wurde durch drei geteilt und ist dann mit 23 multipliziert worden. Ich habe in der kurzen Zeit schon so vieles erlebt, was ich bisher nicht kannte. Dass China auf demselben Planeten liegt wie Deutschland, ist einfach absurd. Die kleinen Kinder, die hier vollkommen selbstverständlich um sechs Uhr morgens losmarschieren, die den ganzen Tag trainieren müssen und in den Pausen immer noch die Energie haben, Fangen zu spielen und zu lachen. Man könnte meinen, sie werden zu abgerohten Kampfmaschinen, aber am Ende des Tages basteln sie Drachen aus Plastiktüten oder Maschinengewehre aus Papier und rennen damit strahlend über den Hof. Sie haben so verdammt wenig und sind trotzdem so glücklich damit.

Jedenfalls passieren hier Sachen, die ich mir zu Hause nicht hätte ausdenken können. Weil die Erfahrungen so unterschiedlich sind, weil sie etwas mit einem machen, haben viele Leute, die im Ausland waren, auch das Bedürfnis, ihr Äußeres zu verändern. Ob ein Tattoo, ein Piercing, lange Haare, ein anderer Kleidungsstil: Ich kann das jetzt irgendwie besser verstehen, auch wenn meine erste Reaktion bei so was immer sein wird: Alter, wer hat dem denn in den Kopf gekackt? Denkt er jetzt, er ist der Super-Traveller-Crazy-Dude, nur weil er ein Jahr weg war und jetzt lange lila Haare mit einem Turban trägt?

Also, falls ich am Ende der Reise mit abrasierten Haaren, Kung-Fu-Outfit und Schwert auf dem Rücken im Flughafen erscheine, dann hoffe ich, dass mir irgendwer einen Arschtritt verpasst, der sich gewaschen hat.

Peter meint, es sei fast unmöglich, sich nicht auch äußerlich zu verändern, man werde ja auch älter und so. Solange man das jetzt nicht so künstlich herbeiführe, um einen be-

VERSCHIEDENE
DREADLOCKS
JOINT
VOLLBART
KETTE MIT MUSCHEL
TATTOO
DIE EINZIGE HOSE
SCHIFFBRÜCHIGER
NARBE, DIE
EISERNE FAUST
SCHUHALIEN™ WARRIOR

NACH "DER REISE"

stimmten Effekt zu erzielen, sei das schon okay. Das beruhigt mich. Dann muss ich meine Drachen-Tattoo-Designs noch nicht ganz verwerfen. Okay, Spaß beiseite, aber so ein ganz unauffälliges Nasen-Piercing …? Okay, okay. Ich schlaf noch mal drüber.

Irgendwie ist es gerade ganz cool hier oben mit Peter: die Berge im Nebel verborgen, die taoistischen Figuren im Tempel, der Regen. Es ist schön, einfach nur dazusitzen und zu quatschen.

Ich: »Voll kacke, dass du bald gehst. Mit den beiden kanadischen Superdivas komme ich den Berg hier ganz bestimmt nicht hoch.«

Peter: »Ich will eigentlich gar nicht nach Hause. Aber ich hab kein Geld mehr.«

I: »Freust du dich gar nicht auf daheim?«

P: »Doch, schon. Ich vermisse das Essen und meine Freunde in Hamburg, aber lange halte ich's zu Hause eigentlich nie aus. Einen Job suchen und Geld verdienen, das mach ich nur, damit ich wieder wegkann.«

I: »Wohin willst du als Nächstes?«

P: »Wahrscheinlich Afrika. Meine Mutter will immer noch, dass ich studiere oder wenigstens 'ne Ausbildung mache, aber ich seh das nicht ein. Da geht's doch nur darum, dass ich dann nicht mehr Kochgehilfe, sondern richtiger Koch bin oder Restaurant-Manager. So einen Job könnte ich nicht machen. Diese Manager-Typen machen nichts und kriegen fünfmal so viel wie die illegalen Helfer in der Küche. Das ganze System funktioniert doch so, dass Leute, die weniger machen, mehr Geld verdienen. Ich mach da nicht mit. Ich arbeite lieber mit den anderen unter Mindestlohn, als dass ich andere ausnutze.«

I: »Krass, dass du das durchziehst. Wirklich, da hab ich voll Respekt vor. Ich weiß nicht, ob ich das könnte.«

P: »Keine Ahnung. Ich kann einfach nicht anders.«

Als wir wieder vom Berg herunterkommen, ist es schon fast dunkel. Wir nehmen ein Taxi zu unserem Lieblings-Nudelladen. Als wir halten, will uns der Fahrer die fünf Yuan Wechselgeld nicht wiedergeben. Wir bleiben einfach sitzen, bis er uns zumindest drei Yuan wiedergegeben hat. Dann hauen wir ab und lassen ihm den Rest. Wir wollten jetzt nicht unsere krassen Skills als Kung-Fu-Kämpfer an einem armen, alten Taxifahrer ausprobieren.

10

Krank

Ich bin nur selten krank, aber wenn, dann richtig. So wie jetzt. Wenn ich versuche aufzustehen, dreht sich alles. Ich fühle mich schwach, kann mich auf nichts konzentrieren ... der totale Knock-out. Also schlafe ich. Der Yoda klopft einmal an meine Zimmertür und fragt, ob ich mit ihm trainieren komme. Ich muss verneinen und krieche zurück in meinen Schlafsack, wie das letzte Häufchen Elend. Das Zimmer kommt mir gerade vor wie mein persönliches Gefängnis. Der Betonboden, die vergitterten Fenster, die wackeligen Metallbetten ohne Matratze. Aber es könnte noch schlimmer sein, immerhin muss ich nicht kotzen oder bin ernsthaft verletzt. Ich bin nur unendlich schlapp. Die Kanadier wollen, dass ich ihre komische Bienenmedizin trinke, also trinke ich einen Becher, damit sie mich in Ruhe lassen. Kareem schenkt mir zur Aufmunterung noch eine Air-Jordan-Mütze.

Draußen wird es langsam kälter. Einige Kinder rennen immer noch in Flip-Flops herum, aber viele haben auch schon Jacken an. Am Abend kommt ein etwas angeheiterter Meister zu uns aufs Zimmer und zeigt uns ein Video, das ihn als 18-Jährigen im Shaolin-Tempel zeigt. 22 Jahre ist das her! Er erzählt, dass er aus ganz einfachen Verhältnissen kommt und schon als Junge in den Tempel gekommen ist. Inspiriert durch Kung-Fu-Filme habe er am Anfang eher die akrobatischen Elemente im Sinn gehabt. Aber durch die Arbeit mit seinem Meister im Tempel hat er dann angefangen, sich auf das traditionelle Kung-Fu zu konzentrieren. Später bekam er sogar Filmangebote, die er ablehnte, weil die gewünschte Kung-Fu-Darstellung seinem Verständnis widersprach. Nur ein Filmangebot nahm er an, um nach dem Tod seines Meisters seine eigene Schule aufmachen zu können, die das traditionelle Kung-Fu weitertragen sollte. Seitdem lebt *Shifu* hier zusammen mit seinem Vater und seiner Mutter, seiner Schwester, seiner Frau, seiner kleinen Tochter und seinem 15-jährigen Sohn.

In den nächsten Tagen kommt er jeden Abend, um zu gucken, wie es mir geht. Ich schlafe nicht gut und habe Fantasien von Essen, das ich hier nicht kriegen kann. Brötchen mit Käse, Tiefkühlpizza, Pesto, schwarze Schokolade, guter Kaffee, Kuchen. Ich hätte nie gedacht, dass ich mich nach Tiefkühlpizza sehnen würde. Das ist wohl meine Form von Heimweh. Auch wenn ich gar nicht nach Hause will. Ich habe sogar Albträume, in denen ich in meinem Kinderzimmer aufwache und mich frage: Okay, und jetzt?

Ich fühle mich nutzlos, weil ich nicht trainieren kann, und verspüre so etwas wie Einsamkeit. Vielleicht zum ersten Mal wird mir schmerzlich klar, wie weit entfernt ich von meiner Familie und meinen Freunden bin. Peter ist auf dem Absprung, die Kanadier streiten dauernd über irgendetwas, die letzte Auseinandersetzung war so heftig, dass Calvin in ein leeres Zimmer am Ende des Flures gezogen ist.

Die Tage ziehen sich in die Unendlichkeit, und »Mr. Pokémon« nervt. Eines der Kinder hat sich angewöhnt, durch das

Fenster in mein Zimmer zu lehnen und zu gucken, was ich so treibe. Ich bin selbst schuld, ich habe ihn einmal Pokémon auf meinem Handy zocken lassen, und jetzt ist er abhängig. Wenn er sieht, dass ich allein spiele, fängt er an Lärm zu machen. Zieht an der Gardine, macht komische Geräusche, klopft gegen das Fensterbrett. Ich tue dann so, als würde ich ihn nicht hören. Anfangs habe ich ihn noch gefragt, ob er reinwill, aber das wollte er nicht. Das wäre wahrscheinlich unhöflich, nach chinesischen Standards. Aber wenn ich ihm jetzt sage, dass er weggehen soll, runzelt er nur verwirrt die Stirn und schaut weiter durch das Fenster. Mann, ey, DU NERVST! Ich ziehe mir den Schlafsack über den Kopf und fühle mich mies.

Weil ich selbst zu platt zum Trainieren bin, habe ich Zeit, die Kinder im Hof beim Training zu beobachten. Heute hat einer der Trainer den Kindern mit seinem Schuh auf die Hand gehauen. Das sieht dann so aus: Er kommandiert einen Schüler zu sich, auf den er sich stützt, um das Gleichgewicht nicht zu verlieren. Dann zieht er einen seiner Schuhe aus und lässt die Schüler antreten. Diejenigen, die was falsch gemacht haben – eine Form nicht schnell oder flüssig genug ausgeführt –, kriegen dann was auf die Hand, die sie ihm offen hinhalten müssen. Manche ziehen sie im letzten Moment weg, sodass sie nicht die volle Wucht abkriegen. Wenn der Lehrer das merkt, kriegen sie noch einen Schlag, aber viele haben die Technik so perfektioniert, dass er es nicht checkt.

Am Anfang war ich schockiert. Inzwischen wundere ich mich über mich selbst. Ich denke: Wer bin ich, darüber zu urteilen, was richtig ist und was falsch. In Deutschland wurden Kinder vor fünfzig Jahren auch noch in der Schule geschlagen. Das mit dem Hauen haben meine Eltern mit ihren Eltern auch noch erlebt und die mit den ihren davor auch. Für die Kinder hier ist das völlig normal, die kennen es nicht anders. Ihre Trainer wurden als Kinder genauso hart erzogen, und weil sie es auch nicht anders kennen, geben sie es so weiter. Klar ist es nicht schön, das mit anzusehen. Aber dass jemand so richtig schlimm verprügelt wurde, habe ich hier noch nicht erlebt. Peter hat mir allerdings die eine oder andere Story erzählt über die größeren Schulen; dort sollen im Jahr etwa zehn Schüler totgeprügelt werden. Ich habe keine Ahnung, ob es wirklich zehn sind, aber dass so etwas überhaupt passiert, ist ja wohl Scheiße genug. Der Meister meint, ohne die Strafen würden die Kinder überhaupt nicht mehr trainieren. Außerdem könnten sie Angst und Wut und Schmerzen nutzen, um stärker zu werden. Er nennt das »Bitterkeit essen«. Die Fremden, die an seine Schule kämen, seien so viel motivierter als die einheimischen Kids. Ich finde das jetzt nicht so merkwürdig, schließlich sind die meisten von ihren Eltern geschickt worden. Nur wahnsinnige Idioten wie ich reisen einmal ans andere Ende der Welt, um Kung-Fu machen zu dürfen.

Außerdem: Wenn ich einen verkrüppelten Salto auf der Matte mache und mit Glück auf den Füßen lande, klatschen alle und gratulieren mir. Wenn die Kinder sich nicht trauen, auf dem Steinfußboden ein Rad ohne Hände zu machen, müssen sie zur Strafe Kopfstandüberschlag auf den Steinen machen. Come on, ist doch wohl klar, wer hier motivierter ist!

Wenn ich mir überlege, dass der Alltag nicht nur an einer Kung-Fu-Schule wie meiner ziemlich krass ist, sondern auch der an einer normalen chinesischen Schule, kommt mir meine eigene Schulzeit wie ein Witz vor. Hier wird zwölf Stunden am Tag stupide auswendig gelernt, da ist nichts mit Gruppenarbeit oder Lern-Parcours oder Workshops. Keine Referate, nur Frontalunterricht. Ich hätte nie im Leben gedacht, dass ich so was mal sagen würde: Ich hatte eine Kindheit und eine ziemlich geile dazu. Das weiß ich jetzt. Ich bin dankbar, dass meine Eltern immer für mich da waren und dass ich Chancen hatte, die ich gar nicht als solche erkannt habe. Für die Kinder hier, die unsportlich sind, die lieber zeichnen und schreiben würden oder gerne Musikinstrumente spielen, muss eine Kung-Fu-Schule die absolute Hölle sein.

Ich fühle mich endlich wieder etwas besser und wage mich wie der Mensch aus Platons Höhlengleichnis vorsichtig ins Licht der Sonne. Wie schön es doch ist, mal wieder draußen zu sein! Nach einer Woche beginne ich wieder zu trainieren. Offenbar hat mir die Pause gutgetan. Der Meister hat sich meine Form angeguckt und mich gelobt. Juhu! Am Ende war zwar wieder irgendwas mit dem Blick falsch, aber sonst passte alles.

Für die nächsten Tage gibt mir der Meister die Aufgabe, meine Form zwei Stunden am Stück zu üben. Das ist ziemlich hart. Ab und an kommt er vorbei und guckt mit unbewegter Miene zu. Am Ende sagt er: »Slowly.« Als er später noch einmal kommt, lächelt er mir wohlwollend zu. Dafür hat sich die Mühe gelohnt. Dieses stille Lob gibt mir die Energie weiterzumachen. Es zeigt mir, dass ich Fortschritte mache, und das fühlt sich gut an. Ich selbst kann das schlecht beurteilen, weil ich ja nicht weiß, wo die Reise hingeht. Kung-Fu ist das Reich des Meisters. Er selbst sagt immer, er könne nicht besonders gut scharf essen oder viel trinken. Dafür könne er Kung-Fu und das sei das Einzige, was für ihn zähle.

11

Ein neues zu Hause

Zu Hause in Berlin geht das Leben weiter. Karl, ein Freund aus der Schule, mit dem ich immer unglaublich wertvolle philosophische Diskussionen hatte, schreibt mir sehr detaillierte Berichte über WhatsApp. Gestern war er bei einem Fußballspiel von Hertha, heute ist er auf einem Geburtstag. Georg aus meiner Klasse war mit meiner Mutter im Zoo. Georg redet normalerweise nicht viel, aber mit Heidrun kann er das sehr gut. Sie hat so eine bestimmte Energie mit manchen Leuten, gegen die ich zum Glück immun bin. Hoffe ich. Er war anscheinend von den Zebras enttäuscht. Ich finde Zebras generell enttäuschend, ich meine, was machen die außer rumstehen? Ein Zebra ist einfach ein blödes Streifenpferd, weniger als ein Pferd und auch keine echten Streifen. Ach keine Ahnung, so schlimm sind sie auch nicht. Gibt ja noch Hunde. Irgendwie merke ich durch diese Bröckchen an Informationen, wie weit ich weg bin. Wie wenig ich wirklich mitbekomme, was bei den Menschen, die ich kenne, abgeht. Ist es das, was es heißt, sein eigenes Leben zu haben? Was mich am meisten verwirrt, ist, wie wenig ich – abgesehen mal von dem Tief, als ich krank war – an zu Hause gedacht habe, seit ich hier bin. Es sind einfach schon so viele Sachen passiert. Irgendwie habe ich ein schlechtes Gewissen, aber vielleicht musste ich wirklich mal so richtig weg von allem.

Kareem, mit dem ich mir inzwischen allein das Zimmer teile, wird immer gesprächiger. Wir quatschen ziemlich viel. Meistens über Frauen, Geld, worauf es ankommt im Leben. Kareem will später mal ein Stück Land haben und eine Bienenfarm betreiben. Dann können ihn die ganzen Leute in Toronto mal. Mir geht's ähnlich. Im Moment denke ich, ich will später einen Bauernhof oder eine kleine Hütte mit einem großen Garten irgendwo in den Bergen haben, und dann kann der Rest der Welt mich mal kreuzweise.

Vielleicht liegt dieses Einsiedler-Ding daran, dass ich hier viel mehr Zeit mit mir allein verbringe und gemerkt habe, wie sehr mir das abgegangen ist. In der Schule und auch danach war ich dauernd anderen Leuten ausgesetzt, ihrem Gerede und ihren Erwartungen. Immer habe ich mir Gedanken über irgendwelchen Kleinkram gemacht: Habe ich Lust, diese Person zu sehen? Mache ich heute irgendwas Sinnvolles? Ist mein Leben sinnvoll? Was mache ich nur mit meinen Leben, das kann es doch nicht sein?

Hier ist alles anders. Ich fühle mich wirklich ausgeruht, wenn ich morgens um 5:30 aufwache. Mein Kopf ist frei, und meine Gedanken sind meine, sie kreisen nicht um die Vorwürfe und Wünsche von anderen Menschen. Ich mache mir auch weniger Sorgen, was ich nach diesem Jahr mache. Wenn es auch nur halb so cool wird wie das, was ich gerade erlebe, bin ich glücklich.

Und damit habe ich eine erste Antwort auf eine der Fragen, die ich mir am Anfang gestellt habe. Reisen scheint mich glücklich zu machen. Früher war Reisen für mich immer nur

mit Stress verbunden, meistens wollten mein Bruder und ich einfach nur zu Hause sein. Ich mochte es, mit einer großen Tasse Tee in meinem Bett zu liegen, meine Comics zu durchstöbern, alte Legosachen rauszusuchen, in einen Fantasy-Roman abzutauchen. Oder mir an einem Regentag auf dem Holzboden meines Zimmers die Knie wund zu sitzen, während ich irgendwas malte oder klebte. Zusammen mit meiner Familie essen, von meinen Eltern angewiesen werden, manierlicher zu sein. Obwohl jeder weiß, dass Oscar die wahre Sau ist. Heidrun, die uns mit Fragen und Aufgaben bombardiert, Robert, der sich bemüht, eine Antwort zu finden. Das ist für mich zu Hause.

Und jetzt merke ich, dass ich mich auch an anderen Orten wohlfühlen kann. Zum Beispiel hier. Die Teestunden beim Meister, sein ernstes Gesicht, wenn ich trainiere und er mir zuguckt. Der lustige Moment, wenn wir beide merken, dass die Übersetzungs-App nichts taugt, die kleinen Kids, die um mich rumwuseln, wenn ich trainiere, und die gegen mich kämpfen wollen. Die Freundlichkeit und Geduld von allen. Die Art, wie der eine Chinese »Jason Statham« ausspricht. Der Moment, wenn die Berge sich nach fünf Tagen Nebel wieder blicken lassen. Die Schmerzen in den Knien und der Muskelkater in den Beinen beim Treppengehen, die Fußabdrücke der Chinesen auf meinem Toilettensitz (chinesische Toiletten funktionieren anders, man hockt sich über ein Loch, westliche Toiletten, wie wir in unserem Wohntrakt eine haben, stellen manche der Kinder deshalb vor ein Rätsel). Die seltenen Duschen, das tolle Essen bei den Muslimen in der Stadt, das einfache in der Kantine. Zu denselben Zeiten aufstehen, zu denselben Zeiten essen, das tägliche Training.

Diese Konstanten sind etwas Positives. Sie lassen mir Zeit für andere Dinge. Gerade weil ich nicht überlegen muss, womit ich meine Zeit verbringe, kann ich besser reflektieren und nachdenken. Und minimale Veränderungen bekommen so plötzlich eine größere Bedeutung.

Man könnte vielleicht denken, dass hier jeder Tag dem anderen gleicht. Aber das stimmt nicht. Dieses Gefühl hatte ich vor meiner Reise in Berlin. Hier ist jeder Tag auf seine Weise herausfordernd, und ich nehme ihn bewusster wahr, als ich früher die Tage wahrgenommen habe. Ich bin mehr in Kontakt mit mir und spüre mich, weil ich meinen Körper jeden Tag zu hundert Prozent nutze.

Das Motivierende an Kung-Fu ist, dass man nie fertig ist, nie alles gelernt hat und doch immer besser wird. Mit jeder Form eröffnet sich ein neuer Spielraum, eine neue Dimension mit mehr Möglichkeiten. Selbst der Meister trainiert weiter, weil es kein Limit gibt. Kein greifbares Ziel, nur eine Art Streben nach Perfektion. Manch einen mag so etwas frustrieren, aber für mich heißt es, dass man nie ausgelernt hat. Dass man immer weiter an sich arbeitet. Es bedeutet auch, sich selbst ein Versprechen zu geben: dass man nicht aufgibt, nicht stehen bleibt, sondern immer weiter stetig an sich arbeitet – egal, ob es am Ende eine Belohnung für all die Mühen gibt. Die direkte Übersetzung von Kung-Fu lautet übrigens: etwas durch harte Arbeit und Zeit Erreichtes.

12

Da Hong Quan – Form Zwei

Eines Nachmittags muss ich zum Meister ins Teezimmer und Kareem die erste Form vormachen. Der Meister sagt, dass ich das sehr gut machen würde. Aber wieder »slowly«. Mit den Armen macht er eine Kurve nach, die langsam und stetig leicht ansteigt und dann plötzlich explodiert. Ob ich die Explosion irgendwann hinbekomme, weiß ich nicht. Aber man darf ja träumen.

Dann trinken wir Tee und unterhalten uns mithilfe von Google Translate. Auch wenn das oft komische Resultate hervorbringt. Als ich den Meister frage, ob Facebook auf einem bestimmten Handy funktioniert, versteht Google: Ich würde gerne Kinder kriegen. Dafür habe ich meinen ersten Moment als Chinesisch-Übersetzer, als es mir gelingt, dem Meister zu erklären, dass Kareem Samsung-Handys mag.

Als ich am nächsten Tag wieder meine Form vorführe und mich bemühe, besonders auf das Tempo zu achten, meint der Meister plötzlich: »Quai, quai.« Nicht langsamer, sondern schneller? Das verwirrt mich sehr. Er merkt, dass ich es nicht so umsetzen kann, wie er es sich vorstellt, und meint, ich solle abends zum Training kommen und zugucken.

Ich gehe nie zum Abendtraining, weil:

- ich mit vollem Magen kein Kung-Fu machen kann
- es dunkel ist, na ja, es gibt Scheinwerfer, aber trotzdem
- ich normalerweise komplett am Ende bin und meine Knie und Sehnen zu sehr schmerzen

Als ich um sieben zum Trainingsplatz komme, stehen die ganzen Jungs schon in Zweierreihen auf dem Platz. Bei zehn Grad ohne T-Shirt. *Shifu* hat einen Stock dabei und ruft die ganze Zeit Kommandos. Irgendwie ist seine Stimme komisch, er klingt total heiser. Als er mich sieht, lässt er die Jungen eine Form machen. Alle machen die Form parallel und brüllen dazu Kraftschreie. Das ist ziemlich eindrucksvoll. Der Meister unterbricht sie immer sofort, wenn er an den Bewegungen etwas auszusetzen hat. Ich habe ein schlechtes Gewissen, weil es dann auch einen Stockhieb setzt. Ich habe das Gefühl, dass er sie nur schlägt, um mir zu zeigen, wie das hier läuft. Chinesen sind irgendwie manchmal sehr anders drauf. Danach trainieren die Jungs weiter, als wäre nichts gewesen. Alle lachen und machen Scherze, während sie Sit-ups machen und sich zur Abhärtung auf die Bäuche schlagen.

Plötzlich kommt noch der Vater vom Meister mit dessen kleiner Tochter auf den Platz. Die wuselt dann mit einem Lutscher im Mund auf allen vieren zwischen den ganzen schwitzenden Jungs herum. Der Opa hat sich auf einen Stuhl gesetzt und guckt zu. Das ist irgendwie ein tolles Bild. Und mir wird klar, was ich hier eigentlich sehen sollte: Zusammenhalt und Zugehörigkeit auf höchstem Level. Irgendwie will ich in diesem Moment dazugehören, mir den Respekt der Kinder hier erkämpfen, und gleichzeitig muss ich mir einge-

stehen, dass das unmöglich ist. Die Kinder trainieren jeden Tag von früh bis spät, sie machen nichts anderes. Ich darf die Schule nach Lust und Laune verlassen, ich bin freiwillig hier, und das ist der große Unterschied. Deshalb wird mich keiner der Lehrer hier genauso behandeln, wie die Kinder behandelt werden. Und weil ihnen der Unterschied zu mir immer wieder vorgeführt wird, werde ich nie wirklich dazugehören.

Ein paar Tage später wird mein Morgentraining vom Meister unterbrochen, der mir aufträgt, *Da Hong Quan*, die zweite Form, im Wäldchen neben der Schule zu üben. Auf dem Weg dorthin treffen wir auf den Hund. Der Meister versucht, ihn zu uns zu locken, indem er ihn bei seinem Namen ruft: »Fritz«. Den Namen hat er aus irgendeinem Grund zwei Engländern zu verdanken. Aber der Hund reagiert nicht. Erst als ich mit meinem ganzen deutschen Sprachkönnen »Fritz« rufe, dreht er sich um. Der Meister fordert mich auf, den Hund anzuketten, schließlich höre er ja auf mich. Leider folgt mir der blöde Hund nicht, also nehme ich ihn hoch und trage ihn bis zu seiner Kette. Das scheint ihm zu gefallen, denn er wehrt sich nicht und jault auch nicht rum wie sonst immer. Die Chinesen, die das sehen, finden das sehr lustig. Danach ist meine Jacke komplett vollgehaart. Ich frage mich immer noch, warum der Hund auf mich hört. Ich konnte nie besonders toll mit Hunden umgehen, weil ich sie nicht ausstehen kann. Hat er den chinesischen Akzent des Meisters nicht verstanden? An Autorität mangelt es der Stimme des Meisters ganz gewiss nicht. Vielleicht denke ich auch zu viel nach.

Im Wäldchen herrscht an diesem Tag eine wunderbare Atmosphäre. Die kleinen Bäume haben fast alle ihre Blätter verloren, die Sonne scheint, und es weht ein starker Wind. Ich glaube, ich habe den Herbst noch nie so deutlich erlebt.

Mit einem anderen Schüler übe ich die zweite Form. Diesmal fällt es mir viel leichter, die Figuren nachzumachen. So als hätte ich ein Grundvokabular für Kung-Fu gelernt und könnte mir daraus andere kompliziertere Formen erschließen. Nach dem Mittagessen üben wir weiter. Es macht wahnsinnig Spaß, nach sechs Wochen endlich etwas Neues zu lernen. Schon an diesem Nachmittag kann ich die zweite Form auswendig. Die ist gefühlt doppelt so cool wie die erste, aber auch komplexer in den Bewegungen, dafür aber nicht so lang und repetitiv. Als ich die Form später am Tag stolz dem Meister zeigen will, reagiert er unerwartet. Ich hätte sie, slowly, Stück für Stück lernen sollen, nicht in einem Rutsch. Na toll. Das ist aber auch das Coole am Meister: Er ist unberechenbar, man weiß nie, was er sagen wird. Außer slowly, das sagt er fast immer.

13

Kämpfen

Calvin und Kareem sagen, dass man sich in bestimmten Momenten schlagen muss, um nicht schwach auszusehen. Peter und ich dagegen können uns keine Situation vorstellen, in der wir uns prügeln müssen. Na gut, wenn man dadurch sein Leben retten kann, aber wann passiert das schon? Peter erzählt, dass er sich einmal gegen einen besoffenen Dude gewehrt hat, der einfach sehen wollte, was Peter so draufhat. Er hat versucht, ihn auszuhebeln und auf den Boden zu schmeißen, aber dann hat Peter ihm einfach ein paar saftige Schläge auf den Hinterkopf verpasst, und der Typ hat es sich anders überlegt und sich entschuldigt.

Ich hätte mich beinahe mal bei einer Party mit einem Typen geprügelt. Man konnte den nicht wirklich ernst nehmen, er war nicht gerade groß oder einschüchternd und meinte die ganze Zeit zu mir: »Was guckst du mich so an?! Hm!? Warum lachst du, hast du keinen Respekt vor mir, schwöre, pass auf!« Erst als ich ihm dreimal gesagt habe, dass niemand hier Stress will und dass ich ihn nicht ausgelacht habe, ist er abgezogen. Bei so einer blöden Klopperei kann einfach viel schiefgehen. Im Kampfsport gibt es Regeln, die dir Sicherheit geben, die dazu da sind, schlimme Verletzungen zu verhindern. Beim Rugby darfst du nur jemanden tackeln, der den Ball hat, und das auch nur bis zur Hüfte. Beim Boxen sind Ellbogen- und Hinterkopf-Schläge verboten, außerdem trägst du Boxhandschuhe. Wenn irgendein Idiot Stress mit dir sucht, vielleicht noch besoffen ist, gelten keine Regeln. Ich muss so etwas nicht haben.

Calvin meint, dass es ihm bei einer Prügelei um Respekt geht. Wenn irgendwer etwas Schlechtes über ihn oder seine Freunde oder seine Familie sagt, dann muss er kämpfen, weil Leute sonst denken würden, er wäre schwach und könne sich nicht wehren. Und dann kämen immer mehr Aasgeier, die auch ein Stück von dir haben wollten. Calvin zeigt uns die Narben auf seinen Knöcheln. Die stammten von den Zähnen, die er irgendwelchen Leuten im Gefängnis ausgeschlagen habe. »Wenn man im Gefängnis nicht kämpft und Stärke zeigt, ist man Hackfleisch«, sagt er.

Auf mich hat Kämpfen – sei es Boxen, Kung-Fu oder auch die Gladiatoren-Battles im Kolosseum, die man aus Hollywood-Streifen und Büchern kennt – schon immer eine Faszination ausgeübt. Auch wenn ich mit der Aggression, dem Blut, der Gewalt normalerweise nichts anfangen kann. Vielleicht ist es das Unzivilisierte, Archaische, das Wilde, das mich reizt, jener Teil des Menschen, den wir so häufig verleugnen oder unterdrücken. Trotzdem ist er da. Ich denke, es ist doch viel besser, wenn man diesen Teil kontrolliert, also nach gewissen Regeln rauslässt, als einfach nur in einer sinnlosen Gewaltexplosion. Wenn man es schafft, seine Impulse zu lenken, kann man viel über sich lernen.

In vielen Kulturen und Ländern der Welt ist der Kampfsport aber noch viel mehr. Er gibt Menschen Hoffnung. Vor allem dort, wo es wenig Arbeit und viel Kriminalität gibt, ist

Kämpfen eine ehrliche Alternative, um der Verzweiflung und der Ungerechtigkeit zu entkommen. Die Chance, sich aus eigener Kraft, mit Willensstärke, Zähigkeit und Besessenheit von den unsichtbaren und sichtbaren Fesseln des Systems, in das man geboren wurde, zu befreien. Vielleicht ist es genau das, was Kämpfen für mich so spannend macht. Es ist die Chance auf Transformation. Und genau danach suche ich gerade, nach einer Chance, mich zu verändern.

Ich hoffe zwar, dass ich nie in ein Gefängnis muss oder in eine Situation komme, in der ich richtig kämpfen muss. Aber zu wissen, dass ich mich verteidigen könnte, wenn ich es müsste, gibt mir ein gutes Gefühl. Deshalb habe ich auch beschlossen, mit dem *Sanda*-Unterricht anzufangen. Alle älteren Kids hier machen dieses chinesische Boxen, also Fäuste plus Tritte. Beim Kung-Fu gibt es kein Sparring, und irgendwie will ich schon gerne wissen, ob ich mich wirklich in einem Kampf verteidigen könnte. Außerdem brauche ich eine kleine Abwechslung, sonst macht mich das Kung-Fu-Training noch wahnsinnig. Ich schaffe es gerade nicht, einen Tag lang nur eine einzige Form zu machen. Das ist einfach zu frustrierend, auch wenn ich mir hundertmal sage, dass Kung-Fu eben Zeit braucht. Es braucht Zeit, bis der Körper die verschiedenen Prinzipien umsetzt. Es braucht noch mehr Zeit, bis man sie dann effektiv anwenden kann. Und um sie zu perfektionieren und zu verstehen, was Kung-Fu bedeutet, braucht es noch viel mehr Zeit. Der Meister hat erzählt, dass man früher allein die erste Form drei Jahre lang trainiert hat. Irre Vorstellung. Ich brauch schon nach ein paar Wochen eine neue Herausforderung und will etwas Neues lernen.

Beim Boxen werde ich von Schülern unterrichtet, die verletzt sind und deshalb nicht voll trainieren können. Sie zeigen mir, wie ich richtig zu kicken habe und wie ich durch das Eindrehen der Hüfte mehr Power hinter meine Schläge kriege. Außerdem schauen wir uns gemeinsam Übungskämpfe der anderen an, und einer erklärt mir dann, was die Kämpfer falsch machen. Zu schwach, zu unpräzise, zu wild drauflos oder so.

Ein paar Tage später habe ich meinen ersten Trainingskampf mit einem langen, dünnen Jungen. Nachdem wir ein paar Tritte ausgetauscht haben und ich auch schon einen kurzen Treffer landen konnte, kriege ich mit, wie sich ein paar der zuschauenden Schüler über meinen Sparringspartner lustig machen. Plötzlich geht es richtig zur Sache. Der Junge schaltet auf ernst und landet mindestens drei satte Treffer hintereinander, einen davon auf meiner Nase, die sofort anfängt zu bluten. Ich hasse meine Nase für so was. Immer lässt sie mich im Stich. Das war auch früher so. Schon in der fünften Klasse musste ich mitten im Unterricht raus, wenn sie plötzlich anfing zu bluten. Wenigstens hatte sie diesmal einen Grund dazu. Nach dem Kampf kriege ich trotzdem viel Lob von den anderen Schülern, auch wenn ich weiß, dass mein Gegner mir in Sachen Reichweite und Technik überlegen war. Ich war immer wieder wie ein Idiot ohne Deckung auf ihn zugelaufen. Seine Schläge waren zum Glück ziemlich schwach, aber wenn es gegen jemand anderen gegangen wäre, mit ein wenig mehr Wumms, dann gute Nacht. Von der reinen Kraft her mochte ich stärker gewesen sein, aber ohne Technik ist das nicht viel wert. Umso mehr bin ich motiviert, besser zu werden, schneller, präziser, schlauer, vorsichtiger ...

Seit ein paar Tagen ist unser kleines Grüppchen ziemlich geschrumpft. Peter ist zurück nach Deutschland, und Calvin ist Anfang der Woche nach Kanada abgehauen, weil er sich wieder mal mit seinem Bruder gestritten hat. Jetzt sind wir nur noch zu zweit, und ich kann mich immer noch nicht entscheiden, ob ich Kareem mag oder nicht. Irgendwas stört mich. Weil er nicht Peter ist? Dafür kann er ja nichts. Peter und ich haben uns gegenseitig motiviert und im Training gegenseitig gefordert. Das geht mit Kareem nicht. Wenn ich morgens zum Training gehe, schläft er noch. Wenn er zum Mittagessen aufsteht, habe ich schon drei Stunden trainiert. Außerdem fragt er mich beim Essen dauernd, ob das wirklich Schwein ist und ob es heute wirklich kein Hühnchen gibt. Das nervt.

Kareem macht eine Trainingssession nachmittags und wundert sich dann, warum er die erste Form immer noch nicht auswendig kann. Und dann duscht er fast jeden Tag! Ich dusche dreimal die Woche. Eigentlich macht es sowieso keinen Sinn, weil man spätestens nach dem nächsten Training wieder stinkt. Umso ärgerlicher ist es dann, wenn ein gewisser Jemand das warme Wasser weggeduscht hat. Mit den Kids macht er immer auf dicke und spielt den lieben Onkel. Wenn er eines von ihnen sieht, ruft er jedes Mal »Family!« – der Schlachtruf, den sein Bruder Calvin bei dem Kung-Fu-Wettkampf in Dengfeng zum Anfeuern eingeführt hatte. Kareem war da gar nicht dabei gewesen. Und abends hört er so laut Hip-Hop mit seinen Kopfhörern, dass ich es auch mitbekomme. Oder er macht sich noch eine Suppe und schlürft sie dann genüsslich. Ahhh. Schlürrrrrfff! Aaah! Als ob das nicht schon reichen würde, zieht er dann noch seine Rotze die Nase hoch, gefühlt alle dreißig Sekunden. Das hört sich auch super an. Ich weiß nicht, warum ich gerade so sensibel bin, was so was angeht. Wahrscheinlich bin ich einfach fertig vom Training. Außerdem lässt er immer Yoda für sich abkommandieren, damit der ihm die erste Form zeigt. Irgendwann habe ich den Fehler gemacht, ihm zu sagen, dass Yoda der beste von den kleinen Jungs ist, wenn es um das Erlernen der ersten Form geht. Jetzt hängen die beiden immer zusammen ab, und Kareem hat einen schlechten Einfluss auf ihn, weil er so faul ist.

Aber vielleicht bin ich jetzt einfach auch ungerecht. Menschen haben unterschiedliche Stärken und Schwächen, wenn man mit ihnen klarkommen will, muss man das respektieren. Kareem mag aus meiner Sicht faul sein, was den Sport angeht, aber man kann gut mit ihm reden. Und er hat eine Halloween-Party im Ort aufgetan. Die wird jetzt vielleicht nicht so krass, aber ich hätte so was allein hier nie herausgefunden.

Nach zwei Wochen habe ich meinen ersten richtigen Sparringskampf. Ich hatte gar nicht vor, bei diesen schulinternen Battles mitzumachen, aber der Trainer und alle anderen schienen es von mir zu erwarten. Und jetzt sitze ich da in meiner unbequemen Schutzkleidung und sehe zu, wie die anderen Kids boxen. Mein Herz klopft, ich rutsche unruhig hin und her.

Ich überlege gerade, gegen wen ich wohl kämpfen werde, als mich einer der zwei Besten fragt, ob ich gegen ihn antreten will. Ich kann nicht Nein sagen und weiß noch nicht mal, warum. Ich komme mir vor wie bei einem Verkehrsunfall: Die Bremse funktioniert nicht, und man rollt, ohne etwas tun zu können, auf die Katastrophe zu.

Was jetzt? Ich komme aus der Nummer nicht raus und brauche einen Plan. In der ersten Runde nur in der Defensive bleiben, vielleicht ein paar Lowkicks, und mir sein Arsenal angucken, ihn müde machen, auf Fehler warten. Es gibt drei Runden, jede dauert drei Minuten. Mein erstes kleines Match. Ich bin aufgeregter als früher vor einem Rugby-Spiel. Da hatte ich noch meine Kollegen, auf die ich zählen konnte, hier bin ich ganz allein. Ein kleiner Idiot gegen einen Typen, der einen Kopf größer ist und seit seinem vierten Lebensjahr *Sanda* macht.

Die erste Runde ist ziemlich schnell vorbei. Meine Strategie, wenn man sie so nennen darf, hat ihn tatsächlich verwirrt. Jede Sekunde hatte er auf eine Antwort gewartet, aber die kam nicht, außer einem Tritt hie und da. Unentschlossen hatte er immer wieder kurz angegriffen und sich dann etwas ratlos zurückgezogen. Das erste Abtasten hatte ich schon mal ganz gut überstanden.

In der zweiten Runde will ich langsam zum Angriff übergehen, aber es gelingt mir einfach nicht. Ich bin viel zu unentschlossen, weiß nicht, wie und wann ich attackieren soll. Ich merke, dass ich zu zögerlich bin, wenn es darum geht, jemanden wirklich zu schlagen. Irgendetwas hält mich davon zurück, zum Angriff überzugehen. Außerdem bin ich extrem aus der Puste, das habe ich nicht erwartet, meine Ausdauer ist eigentlich so gut wie schon lange nicht mehr. Aber dies ist eine komplett neue Situation für meinen Körper: der Mundschutz, meine Nase, die wieder blutet, mein Atem, der stoßweise und unregelmäßig geht. Ich, der ich die Kontrolle behalten wollte, muss sie schließlich abgeben. Doch dann gelingt mir ein kalkulierter Treffer. In dem Moment, in dem er sich für seinen rechten Haken öffnet, trifft ihn meine Rechte. Ich bin so überrascht, dass ich es geschafft habe, dass ich vergesse, was danach kommt. Bis zur letzten Runde halte ich nur noch meine Deckung oben und versuche, wieder Luft zu kriegen, was mir nicht gelingt. Zweimal falle ich auf den Boden und stehe wieder auf. In der letzten Runde blocke ich noch einen Tritt unglücklich und kann meinen linken Arm kaum noch heben.

Es ist ein sehr einseitiger Kampf. Als es vorbei ist, fallen wir uns in die Arme und beglückwünschen uns. Er entschuldigt sich für den Tritt und meint, ich hätte es wirklich gut gemacht für meinen ersten Kampf. Weil ich nicht wild drauflosgeschlagen hätte, sondern defensiv geblieben sei. Außerdem habe er den Schlag und meine Tritte gespürt. Was ich in diesem Moment stark bezweifle. Aber als ich in die Runde der Schüler gucke, bilde ich mir ein, so etwas wie Respekt in ihren Gesichtern zu sehen. Wahrscheinlich wundern sie sich in Wahrheit nur darüber, wie jemand sich freiwillig verprügeln lassen kann und dann am Ende auch noch über beide Ohren grinst.

Meinen Arm kann ich am nächsten Tag noch nicht heben. Zwei Tage später kann ich zwar schon wieder eine Faust machen, aber andere Sachen gehen immer noch nicht. Ich weiß nicht, ob ich mich wie ein Vollidiot fühlen oder stolz sein soll. Ich hätte nicht kämpfen müssen, ich hätte auch weiterhin gemütlich meine Form machen und mir vormachen können, ein krasser Dude zu sein, weil ich Liegestütze jetzt mit den Fäusten auf Steinboden mache, aber irgendwie würde ich mich dann ja selbst belügen. Und mit der Verletzung fühle ich mich irgendwie auch mehr so, als würde ich doch dazugehören.

14

Die Neue

Heute soll eine deutsche Schülerin hier eintreffen. Das hat der Meister mir gestern beiläufig erzählt. Jetzt bin ich natürlich gespannt, wer da in mein Reich eindringen und alles wieder verändern wird. Morgen ist übrigens der letzte Tag des dritten Monats. Ich sag's ja immer wieder, aber die Zeit vergeht echt schnell.

Die Neue steht kurz nach dem Abendessen plötzlich in der Kantine. Sie heißt Katarina, hat Wanderschuhe und eine Jack-Wolfskin-Uniform an und einen Rucksack dabei. Ich wollte nett sein, also habe ich mich zu ihr gesetzt, als sie ihr verspätetes Abendessen gekriegt hat. Sie ist irgendwas mit zwanzig, Mädchen darf man so was ja nicht fragen, macht seit sechs Jahren Kung-Fu und studiert seit drei Jahren Chinesisch. Vorher war sie in Chiuan oder so. Als ich sie frage, ob das in China ist, guckt sie mich entsetzt an und sagt: »Kennst du das etwa nicht?«

Ich: »Nö, noch nie gehört.«

Sie: »In Xi'an steht die Terrakotta-Armee!«

Ich: »Ah ok. Ich hab's nicht so mit Erdkunde.«

Ich mag es manchmal, einen auf blöder zu machen, als ich bin, weil es die Leute verwirrt. Von der Stadt habe ich jetzt wirklich noch nie gehört. Aber ich hasse Leute, die mit ihrer

Bildung und ihrem Wissen angeben müssen. Außerdem habe ich eine generelle Abneigung gegen Sightseeing, egal wo. Und in China ist es besonders schlimm, da hauen die einfach Steintreppen in ihre heiligen Berge, alle fünfzig Meter ist ein Restaurant, eine Toilette, ein Kiosk. Tausende von Menschen drängen sich dann da hoch. Ätzend.

Weil ich nicht mehr weiß, worüber ich mit dieser Deutschen noch reden soll, gucke ich den Kindern am Nebentisch beim Kuchenessen zu. Irgendeines der Kinder hat heute offenbar Geburtstag, alle stürzen sich wie wild auf die Torte. Dann wird gesungen, und es werden Fotos gemacht für die Eltern zu Hause. Das Geburtstagskind sieht irgendwie nicht sehr glücklich aus.

Die Deutsche reißt mich plötzlich aus meinen Gedanken: »Du machst einen ziemlich schüchternen Eindruck.«

Ich denke mir, hä, was zur Hölle? Ich habe es auf nett probiert, aber du musstest ja einen auf schlau machen. Und jetzt wunderst du dich, dass ich nichts mehr sage?

»Ja, kann sein«, brumme ich. Dann kratze ich den letzten Rest guten Willens zusammen und gebe ihr eine dritte Chance: »Was willst du hier denn lernen, wenn du schon sechs Jahre Kung-Fu machst?«

Sie: »Ich will die Sachen lernen, die sie nicht allen beibringen, also die geheimen Techniken und das Wissen, an das wir Europäer nicht rankommen. Meine Meisterin war vor zwanzig Jahren hier und hat mir von der Schule erzählt.«

Oh nein, bitte nicht! Warum kann man nicht einfach Kung-Fu machen und den ganzen Hokuspokus mit Geheimwissen, Chi und so weglassen? Katarina ist jetzt richtig in Fahrt. Sie meint zu wissen, dass es Mönche gibt, die Steine zu

Pulver zerdrücken können. Mit bloßen Händen. Das ist doch einfach nur albern.

Ich vermisse Peter. Bescheiden, hilfsbereit, cool, freundlich, schlau, ohne es einem reinzudrücken, lustig. Jemand, der sich nicht anpasst und, egal was kommt, einfach er selbst ist. Aber so jemanden gibt's wohl nur einmal.

Bevor sie mir noch weitere Märchen auftischt, wechsle ich lieber das Thema.

Ich: »Was sind denn so deine Lieblingsgerichte hier in China?«

Katarina: »Also ich hab mal *Beijing kaoya* probiert, das war ganz gut.«

Ich stöhne innerlich auf, tue ihr aber den Gefallen und frage interessiert nach: »Was ist das? Kenn ich gar nicht.«

K: »Pekingente.«

I: »Ach so, ja, das ist geil!«

Die nächste Frage kommt wieder mal wie aus dem Nichts.

K: »Wie finanzierst du deine Reise eigentlich?«

Oh nein!!!! Warum muss sie finanzieren sagen? Ok, ich reagiere über, aber versteht ihr mich? Egal. Puh – tief durchatmen. Kurz und schmerzlos, Paul, du schaffst das. Warum kann ich nicht lügen und ihr sagen, dass ich Bruce Wayne bin, meine Eltern gestorben sind und ich viel geerbt habe. Oder ein CIA-Spion bin, der herausfinden soll, wie die Chinesen ihre Rekruten ausbilden. Aber nein, ich muss die Wahrheit sagen: »Ich hab ein Buch geschrieben und Geld dafür gekriegt.«

Den Rest des Gesprächs erspare ich euch gerne. Aber es geht darum, dass ich ein Dorftrottel bin oder mich so fühlen soll und sie Archimedes, Pythagoras und Aristoteles in sich vereint. Die Frau schafft es schon in den ersten dreißig Minuten, mich zu Tode zu nerven. Jetzt regt sie sich auch noch darüber auf, dass der Meister sie noch nicht persönlich begrüßt hat. Als ich hier angekommen bin, war der Meister zwei Wochen in Litauen, aber das erzähle ich ihr lieber nicht, sonst fällt sie noch in Ohnmacht. Ach so, und einen Freund habe sie auch, nicht, dass ich auf komische Ideen käme. Da besteht nun echt keine Gefahr von meiner Seite, wirklich nicht.

Am liebsten würde ich jetzt aufstehen und sie allein ihrem Schicksal überlassen. Aber weil ich momentan der Ausländer bin, der am längsten an der Schule ist, habe ich die Aufgabe, mich um die Neue zu kümmern und ihr alles zu erklären. Also helfe ich ihr auch, als sie später am Abend meint, ihr VPN-Player funktioniere nicht. Damit kann man hier Google, Facebook und WhatsApp benutzen, also Anwendungen, die von der chinesischen Regierung blockiert werden. Ich schicke ihr meinen Player über Bluetooth. Jetzt hat sie wieder Kontakt zur westlichen Welt und ihrer Familie. Sie bedankt sich sogar dafür. Wenn Peter mich jetzt sehen könnte, wäre er bestimmt stolz, dass ich der Neuen so selbstlos geholfen habe.

Am nächsten Tag gehe ich mit Kareem und Katarina in die Stadt. Ich zeige ihr pflichtbewusst alles, was man hier zum Überleben braucht – die Bank, das Restaurant, den Supermarkt. Im Gegenzug hilft sie Kareem, eine Powerbank für sein Handy zu kaufen. So böse ist sie dann doch nicht. Auf dem Heimweg geht es dann aber wieder los mit dem Gemecker. Es ist ihr erstes Mal in China, und Katarina kriegt sich gar nicht mehr ein, wie schmutzig es hier überall ist, dass in den Straßen riesige Löcher klaffen und überhaupt alles so hässlich sei.

Mir wird zum ersten Mal klar, wie egal mir das alles ist. China mag schmutziger sein, die Städte mögen hässlicher sein als in Deutschland, dafür sind die Leute extrem nett, und das Essen ist für mich das beste auf der gesamten Welt. Mir reicht das.

15

Das Chi-Gespenst

Dank Katarina haben wir mal wieder eine Teestunde mit dem Meister und können Fragen stellen. Irgendwie ist es gleichzeitig inspirierend und deprimierend, mit dem Meister zu reden. Diesmal habe ich ihn gefragt, was Stärke für ihn ist oder was es heißt, stark zu sein. Er meint, es gebe zum einen die »tote Kraft«, also Muskeln, die es einem zum Beispiel ermögliche, viele Liegestütze zu machen. Und zum anderen gebe es das *Chi*, die »lebendige Kraft«.

Ich verstehe mittlerweile zwar, dass Kung-Fu weniger mit Muskelkraft zu tun hat, als ich immer dachte. Aber worum es sich bei der lebendigen Kraft handelt, habe ich immer noch nicht ganz verstanden, leider. Es sind irgendwelche Veränderungen, die Kung-Fu im Inneren hervorrufen soll, eine besondere Energie, die man dadurch aktivieren kann. Weil es so schwer zu begreifen ist, was das Chi wirklich sein soll, nenne ich es gerne »das sagenumwobene Chi-Gespenst«. Dieses Gespenst kriege ich nicht zu fassen. Und als ich den Meister frage, wie ich mein Chi verbessern könne, muss ich die Antwort erst mal verdauen: Es gehe nicht um irgendeinen mystischen Scheiß, sondern darum, dass ich viel mehr trainieren müsse. Acht Stunden am Tag. Dabei mache ich schon so um die sechs Stunden! 120 Minuten Laufen und Aufwärmen und Tritte, eine Stunde Dehnung, 45 Minuten Kraft und zwei gute Stunden Form, manchmal auch drei, wenn ich motiviert bin. Wenn ich noch mehr machen soll, muss ich früher aufstehen und abends länger weitermachen.

Vielleicht muss ich aber auch anders trainieren, weniger in die »tote Kraft« investieren? Nur: Das Aufwärmen kann ich nicht weglassen. Das Krafttraining will ich nicht weglassen, weil mir sonst der Ausgleich fehlt, um konzentriert die Form zu üben. Und das Dehnen brauch ich, um die Form überhaupt machen zu können.

Manchmal komme ich mir schwach und wie ein Vollidiot vor, weil mir Laufen und Krafttraining noch so wichtig sind. Denn irgendwie hat der Meister recht, wenn er meint, dass diese Kraft tot ist. Muskeln kann man auf- und abbauen. Sobald der Körper merkt, dass eine bestimmte Belastung nicht mehr stattfindet oder man verletzt ist, wie ich gerade, bilden sich die Muskeln zurück. Deshalb klammere ich mich auch so an meine Kraftübungen wie ein Ertrinkender an ein Trümmerteil. Die Liegestütze kann ich mit meinem kaputten Arm momentan nur auf den Fäusten machen, wenn ich das Handgelenk normal aufsetze, schießen die Schmerzen meinen Arm hoch. Trotzdem traue ich mich nicht loszulassen aus Angst, was dann passieren könnte. Vielleicht kann ich zum rettenden Ufer schwimmen, vielleicht aber auch nicht. Also mache ich weiter. Das ist für mich so etwas wie Routine, meine Art, mir zu beweisen, dass ich da bin. Lebendig, funktionstüchtig, stark. Warum renne ich so gerne den Hügel neben der Schule hoch oder mache ewige Liegestütze und verausgabe mich dabei total? Weil ich mich dann spüre. Und warum setze ich mir immer neue Ziele, bin nie zufrieden, selbst mit Bestleistungen nicht? Vielleicht weil ich Angst habe, schwach zu sein. Oder weil ich mir irgendetwas beweisen will.

Keine Ahnung. Ich weiß aber, dass ich es nicht für andere mache. Die Meinungen von anderen haben mich nie interessiert. Im Gegenteil. Manchmal habe ich das Gefühl, dass es fast schon ein innerer Zwang ist, das Gegenteil von dem zu machen, was andere erwarten. Gegen den Strom zu schwimmen hat mir schon viel Ärger beschert. In der Schule zum Beispiel. Oder bei Diskussionen mit Freunden. Mann Paul, du sagst doch nur B, weil die Mehrheit A sagt. Klar, die Mehrheit hat nicht immer unrecht, aber es gibt einen Satz aus dem Film *Captain America: Civil War*, der ganz gut erklärt, was ich meine: »Und wenn die ganze Welt zu dir sagt, beweg dich! Dann stehe fest und rufe zurück, nein, beweg du dich!« Den Satz habe ich vor einem Jahr das erste Mal gehört und sofort gemerkt, dass ich ihn irgendwie schon immer in mir rumgetragen habe. Ich weiß nicht, wieso, weshalb, warum, aber so ist es halt.

Wenn ich beim Kung-Fu weiterkommen, dem Chi-Gespenst auf die Schliche kommen will, muss ich diesen Impuls vielleicht unterdrücken. Der Meister gibt mir bei unserer Teestunde den Rat, noch langsamer zu üben, einzelne Teile der Form bis zu fünf Minuten zu halten. Ich werd's versuchen, wenn mein Arm verheilt ist. Ob ich dann mehr sehen werde als nur die Spitze des Eisberges Kung-Fu, an dessen oberster Schicht ich immer noch kratze? Wenn der Meister eine Form macht, dann ist da so viel mehr dahinter. Die Atmung, die Schnelligkeit – man spürt förmlich, wie geballte Energie auf einen zukommt. Das zu lernen, ist wahrscheinlich eine Lebensaufgabe. Und ich zweifle daran, dass ich das jemals hinkriege. Ich hätte viel früher anfangen müssen. Aber es wäre auch behindert, wenn ich nach zwei Monaten sagen würde, okay, easy, jetzt hab ich's drauf. Dass Kung-Fu nicht wie eine Internetseite sofort verfügbar ist, macht ja gerade den Reiz für mich aus. Und irgendwie ist das auch gut so.

Wenn ich es nicht schaffe, in meiner Zeit hier Kung-Fu besser zu verstehen, bin ich trotzdem nicht unglücklich. Dann halt nicht. Die Welt hat so viel zu bieten, vielleicht soll es einfach nicht sein. Ich bin froh, dass ich es überhaupt versuchen darf. Und ich weiß, dass mich noch so viel mehr interessiert. Es gibt so viel, dem ich Zeit und Mühe schenken will. Ich liebe das Gefühl, im Kino zu sitzen, ich liebe es, eine Serie von Anfang bis Ende zu gucken, ich liebe es, ausgiebig zu essen, mit Freunden zu reden, zu zeichnen, zu schreiben, Menschen kennenzulernen.

Ich habe nur Angst, dass mir die Zeit fehlt. Ist es normal mit 18, fast 19, das Gefühl zu haben, die Zeit reicht nicht? Natürlich kann man nicht alle Möglichkeiten leben. Aber irgendwie will man auch das Beste von allem. Wie würde ein Paul aussehen, der sein Leben nur den Lehren des Kung-Fus widmet und alle zwei Jahre nach Hause fährt, um nach dem Rechten zu gucken? Ich werde es wahrscheinlich nie erfahren.

Das Leben kommt mir wie ein großes Glücksspiel vor, bei dem man seine Hoffnungen einfach auf irgendwas setzt und dann auf das Bestmögliche hofft, den großen Preis. Aber gibt es den wirklich? Machen wir uns nicht eigentlich wahnsinnig mit dem Wunsch, den perfekten Weg zu gehen, ohne Fehler, ohne Schmerz, mit ganz viel Spaß? No regrets. Best life ever, 10 outta 10, would live it again. Ist das, worauf wir hoffen, nicht bloß eine Verarsche?

Ich glaube, ich trippe gerade heftigst auf den Tee des Meisters. Meine Gedanken überschlagen sich, machen Loopings und widersprechen sich ... Ich bin ziemlich verwirrt. Am besten höre ich hier auf und versuche morgen, dieses Wirrwarr zu verstehen. Im Moment machen mir meine Gedanken nämlich schlechte Laune. Es sind so viele, ich komme nicht mehr hinterher. Ich gebe auf. Alles ist sinnlos. Vielleicht bin ich auch einfach nur komisch drauf, weil ich seit fünf Tagen keinen Sport gemacht hab, weil mir mein Arm zu sehr wehtut.

Am besten, ich schlaf jetzt. Vielleicht träume ich ja was Schönes.

16

Nusskuchen

Katarina fuckt immer noch hardcore ab. Dauernd mischt sie sich ein, weiß alles besser und ist immer so behindert ehrgeizig.

Heute wollte ich meine Form im Wald machen, und plötzlich war sie da. Hey! Das war mein Lieblingsspot! Ich versuche, sie zu ignorieren, und wärme mich langsam auf. Als ich ein paar Kniebeugen mache, meint sie sofort: »Machst du nur Krafttraining?« Alter, ich hätte schreien können, was geht dich an, was ich mache, bleib verdammt noch mal bei dir! Und warum willst du dich eigentlich immer über mich stellen? Ja toll, dann mach doch schön deine Form! Und ja, du machst das ganz toll!

Das mag jetzt etwas übertrieben wirken, aber ihr habt den Tonfall der Frau nicht gehört und ihren Gesichtsausdruck nicht gesehen. Manchmal denke ich, dass Katarina in Wirklichkeit eine Schauspielerin ist, die der Meister engagiert hat, um meine Geduld zu prüfen. Vielleicht will er so mein Inneres, meine »lebendige Kraft«, trainieren. Nur weil ich mich an diesem Gedanken festhalte, schaffe ich es, ihr ruhig zu antworten: »Ich mache kein Krafttraining, ich wärme mich gerade auf.« Dann ziehe ich mich ans andere Ende des Waldes zurück und übe meine Form.

Später am Tag kommt ein Schweizer an. Mit dem kann ich wenigstens was anfangen. Er heißt Anton, ist 28, sucht gerade nach Antworten auf ein paar Lebensfragen und muss eine Entscheidung treffen: weiter studieren oder arbeiten? Er hat sich dafür genau wie ich erst mal eine Auszeit gegönnt.

Beim Abendessen langt er ordentlich zu. Ich glaube, Anton ist endlich wieder jemand, mit dem ich mich gut verstehen werde. Am nächsten Tag zeigt er, was er draufhat. Er kann auf beiden Seiten Spagat und ziemlich krasse Kicks. Die Kinder taufen ihn gleich Bruce Lee, und ich bin ein bisschen neidisch. Gemeinsam gehen wir in die Akrobatik-Klasse. Und da kommt wieder Kung-Fu-Kati. Die plötzlich versucht, mir die Akrobatikklasse auszureden, weil sie der Meinung ist, dass ich ohnehin keine Saltos oder Flickflacks auf die Reihe bekäme. Verlorene Zeit und Mühe, ich solle lieber mit ihr die Formen üben. Was zur Hölle? Du hast keine Ahnung, was ich kann und was nicht! Ich mach, worauf ich Bock habe, lass mich in Ruhe, du blöde Kuh!

Als sie wieder abzieht, übe ich mit Anton und den Kids Saltos auf dreckigen Matratzen und Räder ohne Hände. Das macht echt Spaß! Vor allem, weil wir draußen üben. Es ist der 6. November, die Sonne scheint, und es hat zwanzig Grad. Noch drei Tage, dann bin ich 19.

Heute ist etwas Wunderbares passiert: Ich habe ein Päckchen bekommen. Post und Pakete werden normalerweise mittags von zwei Schülern verteilt. Ich habe die anderen Kinder immer ein bisschen dafür beneidet, dass sie dauernd Päckchen von ihren Eltern kriegen. Aber schließlich sind die auch elf Monate hier. Jetzt komme ich mir vor wie Harry Potter: Der ist auch immer leer ausgegangen, wenn die anderen Kinder in Hogwarts Pakete bekamen, und dann schickt ihm plötzlich jemand einen Nimbus 2000. Mein Päckchen wird mir auch nicht von den Schülern überreicht, sondern vom Meister selbst. Der hat es aber offenbar vorher aufgemacht und neugierig reingeguckt, was der kleine Waisenknabe denn so bekommen soll. So sind die Chinesen halt, von Privatsphäre haben die noch nie was gehört. Aaaah, jetzt muss ich bis zu meinem Geburtstag am Freitag warten, bis ich das offene Paket auspacken darf! Das schaffe ich nie im Leben! Aber so gefreut habe ich mich schon lange nicht mehr. Zu meiner großen Überraschung schaffe ich es, das Paket tatsächlich erst an meinem Geburtstag genauer unter die Lupe zu nehmen. Es ist von Franziska, der Freundin meiner Mutter, die gerade in Shanghai lebt und arbeitet und mir auch den Tipp mit der Kung-Fu-Schule gegeben hat. Es enthält einen Kuchen, in ein buntes Bettlaken eingewickelt, das ich fälschlicherweise als Kimono identifiziere, und zwei Tafeln Ritter Sport. Und natürlich eine Karte. Warum ich gedacht habe, dass das Laken ein Kimono ist? Weil meine Eltern gerade in Japan waren und mir gesimst hatten, dass sie mir einen Kimono mitgebracht hätten. Ich wickele mich mehrmals in das Bettlaken und google unterschiedliche Kimonoarten, bis ich zu dem Entschluss komme, dass meine Eltern sich einen Scherz erlaubt haben. Als ich gegen Abend mit ihnen telefoniere, klärt sich das Mysterium auf. Der Kimono würde zu Hause auf mich warten, das ominöse Tuch sei ein Laken, mit dem Franziska den Kuchen umwickelt habe, um zu verhindern, dass er völlig zerdrückt bei mir ankommt. Das wäre zu schade gewesen, meint meine Mutter: »Das Rezept ist von mir, und Franziska hat sich extra eine kleine Backröhre dafür angeschafft und die geriebenen Haselnüsse und einige andere Zutaten wie Butter im Internet bestellt.«

Wow! Wie abgefahren ist das denn. Noch abgefahrener ist, dass ich jetzt auf einer Bank in einer Kung-Fu-Schule mitten in China sitze, diesen Geburtstagskuchen esse, Instantkaffee dazu trinke und versuche, den Kindern etwas vom Kuchen abzugeben. Man muss ihnen dreimal sagen, dass sie sich etwas nehmen dürfen, dann aber zwitschern sie eilig mit ihrem Stück ab. Für Kareem und Anton hebe ich was zum Probieren auf, bei Kung-Fu-Kati bin ich unschlüssig, auch wenn sie mir eine Packung Oreos geschenkt hat. Kareem hat mir erzählt, dass sie ihn gestern den ganzen Tag genervt hat, was sie mir kaufen soll, und irgendwann meinte er einfach, dass ich Oreos mag. Eigentlich total nett, dass sie sich so 'nen Kopf macht, aber ich hatte sofort den Film laufen, wie übel sie Kareem genervt hat. Kareem kommt kein bisschen mit Katarina klar. Jedes Mal, wenn sie sich einmischt und 'ne blöde Frage stellt, denke ich, er explodiert gleich, aber sie rafft es kein bisschen. Das muss gestern echt hart für ihn gewesen sein ... Aber Oreos und Nusskuchen schmecken nicht schlecht.

Am Abend essen Kareem, Anton und ich noch bei den Muslimen in der Stadt, ich bestelle mein Lieblingsgericht, und danach lassen wir uns alle massieren. Anton erwischt eine extrem brutale Masseurin, traut sich aber nicht, irgendwas zu sagen, weil er denkt, das muss so. Kareem und ich dagegen schlafen fast ein, so entspannend ist die Massage. Wir kommen viel zu spät zur Schule zurück und müssen über das Tor klettern, das schon zu ist.

Das war mein erster Geburtstag weg von zu Hause. Ganz

cool eigentlich, auch wenn es komisch war, meine Eltern nur über Telefon dabeizuhaben. Wie werden meine nächsten Geburtstage wohl aussehen? Werde ich irgendwann einen Geburtstag ohne den Nusskuchen meiner Mutter feiern? Eine absurde Vorstellung. Wie ein Strandbesuch ohne Meer.

17

Neuer Wind

Arrrrgh, ich kriege gerade einen kompletten Ausraster! Meine schöne Kung-Fu-Schule wird mir total kaputt gemacht. Und zwar vom Shifu höchstpersönlich. Ich hatte nie ein Problem mit ihm, er ist echt ein cooler Meister. Vielleicht ein bisschen streng mit den Kids, ein wenig zu viel am Handy, aber unglaublich freundlich und herzlich und schlau. Aber jetzt hat er uns irgendwie auf dem Kieker, und das muss Kareems Schuld sein! Bei unserer Teezeremonie hatte der Shifu daran erinnert, dass er hierhergekommen war, um Selbstdisziplin zu lernen. Dem Meister muss in den Tagen danach zum ersten Mal aufgefallen sein, dass Kareem immer erst zum Mittagessen aufsteht. Und das scheint ihm nicht gefallen zu haben. Jedenfalls werden seit einigen Tagen Schüler abkommandiert, um uns zu unterstützen. Und wenn wir nicht morgens um Punkt sieben Uhr zum Training auf der Matte stehen, wird so lange an der Tür geklopft, bis wir aufmachen. Für mich ist das nichts Neues, aber Kareem muss echt kämpfen.

Selbst wenn er mal nicht dabei ist, können Anton und ich uns nicht mal für eine halbe Stunde dehnen, ohne ermahnt zu werden, das Aufwärmen in einer Gruppe zu machen. Gruppe heißt in diesem Fall: ein Trainer, der sich als Aufpasser aufspielt und uns streng anguckt, wenn wir quatschen, und natürlich Katarina, der wir mittlerweile komplett aus dem Weg gehen. Selbst Anton, der eigentlich ziemlich viel abkann, hat für sie nur noch Hass übrig.

Letztens hat sie mich gefragt, warum wir sie meiden, ob es ein Problem gebe oder ob das eine Männersache sei? Ich meinte, alles super, so sind wir Jungs halt. Am nächsten Tag hat sie fröhlich weiter genervt.

Sie: »Wie viel Kilo sind das?«
Ich: »Zwanzig? Glaub ich jedenfalls.«
Sie: »Da steht aber 15 drauf!«

AAAAAlter, ich töte dich so sehr, dass du stirbst!

Und jetzt haben wir Kati auch noch auf meisterliche Anordnung an der Backe. Aber das ist nicht das Einzige. Neuerdings müssen wir nämlich auch einer nach dem anderen die Form vor dem Shifu vormachen. Der verbessert dann oder brummt seine Zustimmung oder applaudiert. Nur bei mir klatscht er jetzt nicht mehr. Ich fühle mich wie ein Kind, das von einem Tag auf den anderen von seinen Eltern keine Aufmerksamkeit oder Wertschätzung mehr erhält. Ich fühle mich wie ein Spielzeug, das nicht mehr interessant ist.

Keine Ahnung, was los ist. Ich bin irgendwie enttäuscht. Warum sollten die anderen mit einem Mal besser sein als ich? Und wenn sie das wirklich wären, dann ist das ja wohl Shifus Fehler, schließlich ist er mein Lehrer.

Booah, ich bin gerade wirklich frustriert. Glücklicherweise habe ich für dieses Wochenende meinen ersten Ausflug geplant, nach Shanghai, um Franziska zu besuchen. Ich muss dringend mal weg von allem.

Am Flughafen von Zhengzhou habe ich vier Stunden Aufenthalt. Also begehe ich eine Todsünde und suche einen Starbucks auf. Ich habe mich heimlich schon sehr lange auf meinen ersten richtigen Kaffee gefreut, aber im Laden wird mir dann plötzlich ganz anders zumute. Die Preise, die Leute, die an ihren Handys kleben wie Schmeißfliegen an faulem Obst. Neben mir sitzen zwei Amerikanerinnen, die so überzogen amerikanisch reden und dabei so übertrieben blöde Sachen sagen, dass mir schlecht wird. Und als hätte sich irgendwer einen ganz fiesen Spaß überlegt, steht an der Wand: »Less than 3 percent of the world's coffee is good enough for Starbucks.«

Der Americano kommt natürlich in einem riesigen Pappbecher, ein halber Liter, von dem ich gerade mal die Hälfte schaffe. Dazu mühe ich mich mit einem klebrigen Schoko-Muffin ab. Aus dem Lautsprecher dröhnen amerikanische Weihnachtslieder, und ich stürze sofort in eine tiefe Depression. Als dann noch der amerikanische Walrossmensch neben mir versucht, den Rest seines karamellfarbenen Shakes mit einem Strohhalm zu inhalieren, bin ich kurz davor, mich von der nächstbesten Brücke zu stürzen. Im Nachhinein betrachtet war das wahrscheinlich ein *reverse cultural shock.*

Weil ich die Energie, mich irgendwo runterzustürzen, nicht aufbringe, schlurfe ich zu meinem Gate, das mittlerweile auf den Monitoren angezeigt wird. Am Security Check löse ich wieder mal Verzweiflung aus, weil der Name in meinem Pass Bühre lautet und auf dem Ticket Buehre steht. Es

ist jedes Mal dasselbe: Ich gebe dem Typen am Schalter meine Papiere und nicke ihm freundlich zu, er überfliegt alles, und ich denke, dieses Mal kann ich ganz normal weiter, wie alle anderen. Doch dann erscheint auf der Stirn des Kontrolleurs plötzlich eine Falte, dann eine zweite, bis das ganze Gesicht ein einziger, riesiger, verständnisloser Runzler ist. Es folgt ein Kratzen am Kopf, man sieht förmlich, wie seine Gedanken rasen, dem Typen wird warm, so viel hat er noch nie nachgedacht! Dann besinnt er sich und ruft einen Kollegen. Er braucht Unterstützung bei diesem unlösbaren Problem. Selbst der große Sherlock Holmes brauchte einen Dr. Watson. Doch auch Watson ist ratlos. Ein dritter Offizieller gesellt sich dazu, es dauert und dauert. Nachdem alle meinen Pass und das Ticket eine Ewigkeit eingehend studiert haben, darf ich endlich zu meinem Gate.

Dort beobachte ich ein weiteres interessantes Phänomen. Ich komme mir unter den vielen Nichtchinesen in der Boarding-Schlange seltsam vor. Sie sehen irgendwie komisch aus, wie aus einer Zeitschrift oder einem Film entsprungen. Bei meinem Flug nach China hatte mich noch irritiert, dass plötzlich nur noch Chinesen um mich herum waren.

Nach der Landung in Shanghai wartet ein Fahrer auf mich, den die Freundin meiner Mutter für mich organisiert hat. Auf der Fahrt in die Stadt sitze ich vollkommen angespannt im Wagen. Draußen ist alles bunt, und es glitzert und blinkt. Ich weiß nicht, ob es daran liegt, dass ich so lange in der Kung-Fu-Schule war, aber ich fühle mich den Eindrücken schutzlos ausgeliefert. So wie bei meinem ersten Film in 3-D bin ich total geflasht.

Franziska erwartet mich schon. Ich freue mich sehr, sie zu sehen. Schließlich ist sie der erste Mensch auf meiner Reise, den ich nicht neu kennenlernen muss. Erst in diesem Moment merke ich, dass mir die Ablehnung des Shifus und das Zurechtkommen mit all den fremden Leuten und neuen Eindrücken doch mehr zugesetzt haben, als ich dachte. Es ist schön, jemanden zu treffen, dem man nichts erklären muss.

18

Ferien in Shanghai

Franziska hat ein paar chinesische Maultaschen für mich geholt, die sie in einer großen Pfanne in der winzigen Küche ihrer beinahe noch kleineren Wohnung aufwärmt. Ich finde das Apartment, das sie sich mit einer Freundin und zwei chinesischen Jungs teilt, supergemütlich. Vielleicht, weil es so klein ist und es trotzdem an nichts fehlt. Die beiden Männer haben das Wohnzimmer für sich, Franziska und ihre Mitbewohnerin teilen sich ein zweites Zimmer inklusive Bett. Von Jasmine, so heißt die chinesische Mitbewohnerin, sehe ich erst mal nicht viel, weil sie in ihre Bettdecke eingewickelt dasitzt und mit ihrem Handy beschäftigt ist. Nur ab und zu lugt sie hervor und stellt eine Frage. Franziska und sie unterhalten sich in einer Mischung aus Englisch und Chinesisch. Ich erfahre, dass Jasmine in einer Werbeagentur arbeitet und ursprünglich aus Chongqing kommt, einer der einwohnerreichsten Städte der Welt im Zentrum Chinas.

Ich esse meine Maultaschen, dazu trinken wir Rotwein aus Teetassen. Ich erzähle, was ich bis jetzt alles erlebt habe, lästere über die nervige Deutsche und den Stimmungsumschwung des Meisters und habe plötzlich wieder Energie.

Am nächsten Morgen mieten Franziska und ich Fahrräder, um uns Shanghai anzuschauen. Ich bin schon so lange nicht mehr Fahrrad gefahren, dass ich vor Freude lachen muss. Ich komme mir wie ein kleines Kind vor, das ein altes Spielzeug neu entdeckt. Die Unterschiede zu dem China, in dem ich bisher unterwegs war, treffen mich jetzt mit voller Wucht. Laden reiht sich an Laden, auf den Straßen drängen sich Autos, Fahrradfahrer und Fußgänger. Ein einziges Gewusel. Mit jedem Haus im europäischen Stil, jeder Pizzeria und jedem Weißen droht mein Gehirn mehr zu explodieren. Wo zum Teufel bin ich hier gelandet? Ein großer merkwürdiger Widerspruch, ein seltsames Mischwesen – das ist mein erster Eindruck von Shanghai. Allein das suizidale Verhalten der Fahrer im Straßenverkehr erinnert mich an das China, das ich kenne.

Wir halten an einem kleinen Tempel und sehen uns im Inneren um. Dort gibt es Wände voller kleiner Kassetten, in denen Fotos stehen. Regale mit winzigen Urnen, Schreine mit Opfergaben und goldenen Götterfiguren. In einem Raum wird gerade eine Zeremonie abgehalten, mit meditativen Gesängen, Gonggehaue, dem vollen Programm. Die Leute sitzen auf Plastikhockern hinter kleinen Tischen, in einer Formation, die mich an ein Klassenzimmer erinnert.

Im Restaurant des Tempels bestellen wir zwei Suppen mit Sojastückchen, dazu eine Portion vegetarische Rippchen, die genauso wie normale Rippchen aussehen und auch mit einer dunklen, braunen, klebrigen Soße serviert werden. Sie schmecken ausgezeichnet, sind sogar ein wenig knusprig, aber das Beste ist: Man kann den »Knochen« mitessen, da er aus Lotuswurzel besteht!

Dann fahren wir weiter zu Franziskas Praktikumsplatz: Sie hat mit meiner Mutter zusammen Sinologie studiert, ist aber inzwischen so oft in China gewesen, dass sie fließend Mandarin spricht und für ein paar Monate hier in China arbeitet. Im Büro gibt es eine Art Gammel-Area und, das Wichtigste: eine Kaffeemaschine! Ich mache mir einen Americano mit einem Extra-Shot Espresso. Kann Kaffee wirklich so gut schmecken, darf er das überhaupt?

Wir reden über das Reisen und warum es so wichtig ist, alleine zu reisen. Franziska hat schon die verrücktesten Sachen gemacht, zum Beispiel mit der Transsibirischen Eisenbahn in die Mongolei zu fahren und dort zu überleben. Eine Leistung als Nichtmongole, weil dort hauptsächlich Yak-, Ziegen- oder Schafsfleisch auf den Teller kommt.

Ich finde es super, dass ich endlich jemanden habe, der viel krassere Sachen gemacht hat als ich bislang und der nachvollziehen kann, warum ich gerade die beste Zeit seit Langem habe. In Berlin bin ich bei erstaunlich wenigen meiner Freunde auf Verständnis für mein Vorhaben gestoßen. Die meisten fanden es zwar voll cool und so. Aber keiner hat wirklich verstanden, warum es so wichtig für mich ist, alles Bekannte zurückzulassen. Immer kam die Frage nach dem Warum. Ist es so absurd, dass ich nicht auf ewig in derselben Suppe rumdümpeln will? Dass ich versuchen will, über den Tellerrand hinauszugucken, dass ich die Abenteuer, über die man sonst nur liest, selbst erleben will? Die Orte, die in Dokus auf arte gezeigt werden, mit eigenen Augen sehen will?

Ich will gar nicht enttäuscht klingen, auch wenn ich es ehrlich gesagt bin. Ich bin mir im Klaren, dass wir alle in Wirklichkeit einsam sind und allein leben und sterben. Trotzdem ist es irgendwie schon ein Schlag, wenn ich merke, wie wenig Gemeinsamkeiten ich mit vielen meiner Freunde habe.

Egal. Das, was ich so lange vermisst habe und was ich bisher nur mit Peter teilen konnte, finde ich nun bei Franziska wieder. Dass sie mich ermutigt und bestätigt, gibt mir zusätzliche Energie.

Nach dem Zwischenstopp im Büro nehmen wir die Fähre über den Fluss. Von hier kann man die Skyline und die wahnsinnigen LED-Werbeflächen auf den Hochhäusern bestaunen. Auf der Fähre darf ich eine der weniger erfreulichen Eigenarten der chinesischen Kultur am eigenen Leib erfahren: das Vordrängeln. Wenn ich je in die Verlegenheit komme, mir einen Titel für ein Comicheft über China auszudenken, würde ich es »Das Land der Vordrängler« nennen. Wäre auch geeignet für meine Lieblingsklassiker: »Tim und Struppi bei den Dränglern«. Oder »Asterix und Obelix im Land der Drängler«.

Am Abend beschließen wir spontan, gemeinsam mit Jasmine zum Karaoke zu gehen. Den Namen hat sie übrigens aus dem Film *Blue Jasmine*. Weil sie in ihrer Firma so viele Leute aus aller Welt haben, erschien ihr ein englischer einfacher. Ich finde es cool, sich nach einer Filmfigur umzubenennen. Auch wenn ich mir nie vorstellen könnte, dasselbe zu tun. Hey Leute, ab heute bin ich Max, so wie der aus *Mad Max* oder Thomas wie Thomas Shelby von den *Peaky Blinders*.

Wir betreten kurz vor Mitternacht die Karaoke-Bar, davor haben wir noch eine kleine Flasche Whisky besorgt, um unserer Stimme etwas Gutes zu tun. Whisky getrunken. Doch es ist vergebens: Einer nach dem anderen verliert seine Stimme, die laute Musik und die merkwürdigen Musikvideos schreddern mein Gehirn. Mit der Zeit fällt mir auf, dass manche Musikvideos mit vielleicht nicht jugendfreien Inhalten einfach durch alte Model-Shoots von vor zwanzig Jahren ersetzt worden sind. Also, Frauen in peinlichen Anziehsachen und Frisuren laufen durch Straßen und posen vor einer Kamera. Eine Entscheidung des Managements, die ich um diese Uhrzeit nicht hinterfragen will. Um vier Uhr verlassen zwei sehr erschöpfte und müde Gestalten in Begleitung eines Energiebündels den Laden und fahren mit einem Taxi zurück zu der kleinen Wohnung im sechsten Stock eines Hochhauses. Als ich im Bett liege, merke ich, dass ich auch ziemlich müde bin. Und dass mir mein Arm immer noch wehtut.

Am nächsten Morgen bestellt Franziska im Internet Frühstück von einer dänischen Bäckerei. Ich wähle ein Marzipan-Croissant. Als das Wunderteil in kürzester Zeit seinen Weg von der Internetseite auf meinen Teller findet, fühle ich mich einmal mehr wie in einem absurden Traum. Da kann Berlin wirklich einpacken.

19

Krankenhaus auf Chinesisch

Eigentlich hatte ich nur ein Wochenende in Shanghai bleiben wollen. Aber Franziska meint, ich müsse unbedingt ins Krankenhaus, um meinen Arm untersuchen zu lassen. Der meldet sich nämlich seit Neuestem immer mal wieder. Außerdem habe ich das Gefühl, dass eine längere Pause nicht schaden könne. Franziska hilft mir, meinen Flug umzubuchen, und weil ich ihre Gastfreundschaft nicht überstrapazieren will, suche ich mir ein Hostel in Laufweite. Jetzt muss ich nur noch dem Meister Bescheid geben, und die Ferien können beginnen!

Gleich nach dem Wochenende fahren Franziska und ich ins Krankenhaus. Von außen ist es ein riesiges, weißes, nichtssagendes Ungeheuer von einem Gebäude. Es scheint total überfüllt zu sein, denn überall auf den Fluren stehen Betten mit Patienten, junge und alte durcheinander. Dazwischen sitzen Angehörige erschöpft auf Stühlen oder auf dem Boden. Franziska erzählt mir, dass sie sich um die Verpflegung der Patienten kümmern müssen. Ich fühle mich plötzlich sehr unwichtig. Warum sollte irgendwer sich die Zeit nehmen, meinen Arm zu röntgen, wenn es doch so viele andere gibt, die Aufmerksamkeit dringender nötig haben?

Nach einigem Herumirren finden wir schließlich die

Radiologie. Auch dort ist ziemlich viel los. Ich weiß nicht, was Franziska den Leuten gesagt oder versprochen hat, jedenfalls werde ich kurz darauf bereits in den Röntgenraum geführt. Niemand macht Anstalten, mir eine Schutzweste anzulegen. Röntgenstrahlung hält man hier offenbar für so real wie den Weihnachtsmann. Erst als Franziska das mitbekommt und lautstark protestiert, streift mir der Röntgenassistent eine Bleiweste über, die er widerwillig aus irgendeiner Schublade hervorgekramt hat.

Mit dem Röntgenbild unter dem Arm geht es dann zum Orthopäden des Krankenhauses, der natürlich nicht da ist. Es werden Durchsagen auf Chinesisch gemacht, die den guten Doktor davon überzeugen sollen, in seine Abteilung zurückzukommen. Aber niemand erscheint. Das Warten macht mich nervös, ein ungutes Gefühl steigt in mir auf. Gleich werde ich erfahren, was ich mir bis jetzt nicht hatte eingestehen wollen: dass es meinem Arm nicht wirklich gut geht. Die Stunde der Wahrheit rückt näher.

Nach einer halben Ewigkeit erscheint ein grummeliger Doktor und schnappt sich den Umschlag mit dem Röntgenbild, das er auf einen Leuchttisch klemmt. Dann deutet er auf eine bestimmte Stelle und erklärt Franziska seine Diagnose. Der Arm ist kaputt, gebrochen, übersetzt sie. Ich kann das kaum glauben. Oder wollen die mir nur Geld abziehen für den Gips? Außerdem verstehe ich nicht, wie ich einen gebrochenen Arm haben konnte ohne dauerhafte Schmerzen. Das macht alles nur noch unwirklicher. Erst als ich selbst einen Blick auf das Bild werfe, ist klar, dass der Arzt recht hat. Ich bin ziemlich niedergeschlagen und enttäuscht von meinem Skelett.

Zum Glück muss der Arm nicht operiert werden, sondern nur mit einem Gips fixiert. Der Arzt meinte, ich könne froh sein, dass durch das kontinuierliche Belasten im Training nicht mehr kaputtgegangen sei. Bis die Sache ausgeheilt sei, könne es etwas dauern.

Auf dem Weg zum Gipszimmer kriege ich Panik, dass ich zurück nach Deutschland muss. Lieber würde ich mir den Arm gleich abhacken, als meine Zelte in China abzubrechen. Okay, im Nachhinein eine ziemlich überzogene Reaktion, aber so habe ich mich in diesem Moment eben gefühlt. Franziska reißt mich schnell aus diesen dunklen Gedanken. Sie macht sich über mich lustig, weil ich zu blöd war, um zu merken, dass mein Arm gebrochen ist, und weil ich einen Monat gebraucht habe, zum Arzt zu gehen. Ich hätte nie gedacht, dass ich zu dieser Art von Idioten zählen könnte, aber das ließ sich nun nicht mehr leugnen.

Vielleicht wollte mir mein Körper damit auch eine wichtige Lektion erteilen: Du bist nicht unkaputtbar, Paul! So, wie der Sklave auf dem Wagen des erfolgreichen Feldherrn in Rom in dessen Ohr geflüstert hat: »Memento mori, gedenke, du bist sterblich«, so hatte das Schicksal diese Tatsache nun auch mir mitgeteilt. Es hatte gewusst, dass eine subtile Variante bei mir nicht anschlagen würde, und mir deshalb jetzt einen Armbruch mit Zwangspause geschickt.

Für mich als Sportler ist der Gedanke, auch nur eine Woche keinen Sport machen, mich nicht bewegen zu können, ein Graus. Aber gleich vier Wochen Pause? Undenkbar. Dabei hatte ich mich noch nie so fit und voller Energie gefühlt wie in den vergangenen Wochen. Nahezu unbesiegbar, so, als könne nichts mich aufhalten. Ja, das war jetzt definitiv eine

Lektion für mich: Ich muss mich besser um meinen Körper kümmern, schließlich habe ich ja nur den einen.

Im Gipszimmer heißt es wieder warten. Als endlich jemand erscheint, der sich als Arzt ausgibt und beginnt, meinen Arm mit nassen, kalten Gipsbandagen zu umwickeln, bin ich immer noch ziemlich gefrustet. Der Arzt spricht ausgezeichnetes Englisch und ist sehr verwundert, dass ich erst jetzt den Weg zu den irdischen Nachfolgern des Asklepios gefunden habe. Ich kann es mir ja selbst nicht erklären. Einmal mehr kommt mir das alles total unwirklich vor. Wie eine dicke, fette Lüge. Obwohl ich selbst auf der Röntgenaufnahme den Riss erkennen konnte, die Stelle, an der der Knochen nun in zwei Teile geteilt war. Ich will es einfach nicht wahrhaben und fühle mich, als würde ich aus einem Traum aufwachen und immer noch glauben, dass ich fliegen kann.

Zurück im Hostel, beichte ich meiner Mutter, dass etwas passiert ist. Ich bekomme genau die Reaktion, die ich vermeiden wollte: »Oh nein, Paul, das kann doch nicht wahr sein!!!« Sofort habe ich ein schlechtes Gewissen, weil sie sich jetzt natürlich Sorgen macht. Aber ich fühle mich besser, als wenn ich sie angelogen hätte. Ich kann sowieso nicht gut lügen, und meine Mutter kann ich schon gar nicht anlügen. Während ich noch mit ihr spreche, kommt der miesepetrige Besitzer des Hostels die Treppe hoch und fragt mich, ob ich mein Gespräch nicht woanders führen kann. Er sei müde und könne nicht schlafen, wenn ich hier so laut in mein Handy sprechen würde. Ich erkläre ihm meinerseits nun ziemlich schlecht gelaunt auf Englisch – das geht zum Glück in Shanghai – die Lage: Ich habe mir den Arm gebrochen, siehst du? Hier!

Kaputt! Weit weg von zu Hause, Mama Bescheid sagen, Mama Sorgen machen. Worauf er sich entschuldigt. Anscheinend erinnerte er sich in diesem Moment daran, dass ich ihm 88 RMB die Nacht zahle.

Meine Mutter lässt sich leider nicht so leicht beruhigen und spammt mich die nächsten Tage auf WeChat mit besorgten Nachrichten zu. Und sie hat das Gefühl, ich hätte ihr erst von meinem Arm erzählt, als es nicht mehr anders ging. Dabei habe ich ja selbst wochenlang nicht gerafft, was mit dem Arm los ist.

Die nächsten Tage verbringe ich depressiv in meinem Bett im Hostel. Der Verlust von Struktur und die Zwangspause vom Sport machen mir ordentlich zu schaffen. Hin und wieder stehe ich auf, um mir etwas zu essen zu holen oder einen Americano im Café um die Ecke zu schlürfen. Zu mehr kann ich mich nicht aufraffen. Das ändert sich, als ich bei einem meiner missmutigen Rundgänge durch das Hostel im Bücherregal eine Ausgabe von *Der Schwarm* entdecke. Das Buch von Frank Schätzing handelt von einer Spezies winziger, unglaublich intelligenter Tiere ganz weit unten in den Ozeanen. Irgendwann haben sie genug von den Menschen, die ihren Lebensraum verschmutzen und ihre Existenz bedrohen. Es geht um Meeresbiologie und Forschung und Erderwärmung und natürlich um das Ende der Menschheit. Mit einem Mal habe ich viele neue Ideen, was ich mit meinem Leben anfangen könnte. Na ja, nicht viele, aber immerhin zwei: Eine Idee ist, auf einem Fischerboot zu arbeiten und über die Meere zu fahren. Die andere, nach Alaska zu fahren und den Alltag der Eskimos kennenzulernen. Immer noch habe ich das Gefühl, ich müsse der Natur näher kommen. Die Zivilisation hinter mir lassen. Und sei es nur für einen Monat im Sommer.

Franziska ist am Wochenende zurück nach Deutschland gefahren. Jetzt ist Jasmine meine einzige Ansprechpartnerin in Shanghai. Ich bin sehr froh, dass ich mich so gut mit ihr verstehe, sonst wäre ich ziemlich einsam. Wenn sie Zeit hat, gehe ich abends rüber zu ihr in die Wohnung, dann gucken wir Spielfilme an oder reden über alles Mögliche. Einmal rufen wir Franziska über WeChat in Deutschland an. Sie ist bei ihren Eltern und erzählt, dass dort alle schon im Vorweihnachtsstress seien. Dass in drei Wochen Weihnachten ist, hatte ich komplett vergessen. Kann die Zeit so schnell vergehen?

An meinem letzten Tag in Shanghai kochen Jasmine und ich zusammen. Das heißt, ich versuche so wenig wie möglich mit meinem Gips im Weg rumzustehen, während sie fleißig alles schnippelt. Es gibt Glühwein, dazu Pizza aus dem winzigen Ofen und ein Curry. Ein wahres Festmahl! Danach gucken wir noch *Das Schweigen der Lämmer* und reden noch eine Weile, bis Jasmine fast die Augen zufallen vor Müdigkeit. Der Abschied fällt mir nicht leicht, ich hatte nicht erwartet, in Shanghai jemanden kennenzulernen, mit dem ich mich so gut verstehen würde. Abgesehen von Franziska natürlich.

Was es mir leichter macht, ist die Freude, wieder an meine Schule zurückzukehren. Die Pause war wichtig, auch, weil ich durch die Zeit in Shanghai gemerkt habe, wie sehr ich die Einfachheit vermisse, die Ruhe, den Meister, die Kinder, meinen muslimischen Suppenladen, die Berge, hinter denen nachts der Mond steht und auf denen man manchmal die bunten Lichter der Shaolin-Music-Show leuchten sieht. Das ist eine der größten Kung-Fu-Theater-Touristenattraktionen in China. All diese Dinge gehören zu dem kleinen Universum, das ich mir in China selber erschlossen habe und in dem ich mich mittlerweile zu Hause fühle.

20

Abschied von Dengfeng

Es ist Nachmittag, als ich mit meinem Rucksack und einer Plastiktüte voll mit Büchern wieder vor den Toren der Schule stehe. Mein Herz klopft, ich bin verunsichert, wie man mich nach zwei Wochen Abwesenheit aufnehmen wird. Außerdem habe ich jetzt einen Gipsarm, mit dem das Training unmöglich sein wird. Aber meine Sorgen sind unbegründet. Der Meister freut sich, mich zu sehen: Er grüßt mich lächelnd und fragt besorgt nach meinem Arm. Dass er mich in der Zeit vor meiner Abreise ziemlich ignoriert hat, scheint er vergessen zu haben.

Auf dem Weg zu meinem Zimmer werde ich von Mark, dem anhänglichen Chinesen, und einigen anderen Kindern bestürmt, die wissen wollen, was es mit dem Gips an meinem Arm auf sich hat. Später zeige ich ihnen das Röntgenbild und erzähle ihnen von meinem kurzen Aufenthalt in der Klinik. Dann frage ich sie, ob sie meine Haare abrasieren wollen. Die Kids lehnen erst ab, weil sie meine langen Haare immer bewundert haben, wobei »lang« nur im Verhältnis zu ihren Haaren richtig ist. Ich hatte die ganze Woche schon darüber nachgedacht, denn wegen des eingegipsten Arms war jede Dusche ein Akt, vom Haarewaschen gar nicht zu reden. Und weil ich meine fettigen Haare nicht länger ausstehen kann,

sollen sie jetzt eben ab. Und ja, ich habe auch Lust auf eine Veränderung, nach all dem, was passiert ist.

Also halte ich den Rasierer demonstrativ in die Runde. Erst rührt sich keiner, aber dann helfen sie mir aus meinem Pullover, und ich setze mich auf einen Hocker. Während der Rasierapparat durch meine Haare fährt, fällt mir ein, dass meine neue Frisur im Winter ziemlich unpraktisch sein könnte. Hier hat es mittlerweile schon Minusgrade. Als hätte Mark meine Gedanken erraten, bekomme ich nach dem Kahlschlag ein Basecap von ihm. Im Gegenzug gebe ich ihm ein T-Shirt, das ich in Shanghai gekauft habe.

Am Abend lerne ich meinen neuen Zimmergefährten kennen, einen Franzosen. Von Kareem und Anton hatte ich mich bereits vor Shanghai verabschieden müssen. Der Neue heißt Dominique, ist 26 und schon seit einem halben Jahr unterwegs. Er bleibt einen Monat lang an jedem Ort und macht die dort übliche Kampfsportart. Ich bin anfangs sehr davon beeindruckt, aber irgendwann nervt mich sein ganzes Gehabe. Dominique macht einen auf Super-Mega-Traveller, außerdem hat er ein riesiges Drachen-Tattoo auf dem Oberkörper. Es wirkt auf mich irgendwie übertrieben. Genau so will ich mich durch das Reisen nicht verändern. Als er mir dann noch Fotos von sich in mongolischer Wrestling-Tracht zeigt, wirkt er nur noch oberflächlich auf mich. Als würde er all das nur machen, um danach coole Bilder zu haben. Aber vielleicht fühle ich mich mit meinem gebrochenen Arm auch nur extrem minderwertig. Oder ich bin so angenervt, weil sein Englisch so schlecht ist. Abends muss ich ihn viermal fragen, ob er das Licht an oder aus haben will, aber er schnallt einfach nicht, worum es geht, selbst wenn ich dabei auf den Lichtschalter zeige. Irgendwie haben die in Frankreich ein Problem mit ihrem Englisch-Lehrplan. Vielleicht bin ich aber auch nur neidisch, dass er trainieren darf und ich nicht.

Nach drei Wochen Gips gehe ich in das kleine Krankenhaus im Dorf, um ein neues Röntgenbild machen zu lassen und das Scheißteil hoffentlich endlich loszuwerden. Nach mühsamen Erklärungsversuchen mithilfe einer Translation-App wird mir eine Krankenschwester zugeteilt, die mich durch die Gänge und Stationen des Krankenhauses lotst. Im Röntgenraum kriege ich kurz Panik, weil mir wieder niemand eine Bleiweste anlegt. Aber einer der Chinesen versteht meine hektischen Zeichen und kramt das Teil aus einem Schrank. Der Doktor bestätigt mir dann, was ich befürchtet habe: Ich darf für einen weiteren Monat keinen Sport machen. Dafür nimmt er mir den Gips ab. Mein Arm fühlt sich wie ein toter Fisch an. Aber als ich später merke, dass der Arm nun wieder durch den Ärmel meiner Winterjacke passt, bin ich nicht mehr ganz so schlecht drauf. Mittlerweile ist es hier nämlich arschkalt.

So richtig Zeit, meine dicke Jacke und die neue Beweglichkeit zu genießen, werde ich leider nicht mehr haben. Die nächste Woche ist meine letzte an der Schule. In den vergangenen vier Monaten hier ist mir alles sehr ans Herz gewachsen. Wegzugehen erscheint mir beinahe undenkbar. Und am Sonntag ist auch noch Weihnachten! Ich habe diese Woche vier Kerzen gekauft, einen kleinen Plastikbaum, Anis, Nelken, Zimt und einen Weihnachtsmann aus Stoff zum Aufhängen. Jasmine hat mir ein Paket geschickt, das ich erst an

Weihnachten aufmachen darf. Und ich habe den Meister mit seiner Familie zu einem Abschiedsessen eingeladen.

In wenigen Tagen wird meine Zeit als Padawan also zu Ende sein. Ich habe durch Kung-Fu gelernt, was es heißt, geduldig zu sein. Dabei habe ich gemerkt, dass ich nicht so geduldig bin, wie ich dachte. Ich habe auch gelernt, durch Konzentration und Wiederholung meinen Körper und meinen Kopf im Zusammenspiel gemeinsam arbeiten zu lassen. Mein Körper ist jetzt keine tödliche Waffe, aber ich bin mir seiner bewusster geworden und habe Kontrolle gewonnen.

Ich habe gelernt, dass nicht jeder dieselben Voraussetzungen hat im Leben. Ich bin dankbarer, dass ich die Kindheit hatte, die ich hatte. Und ich habe gelernt, dass ich Schweinelunge mag und Sport und Bewegung brauche, um glücklich zu sein.

In den nächsten Tagen verabschiede ich mich von den Kindern. Für die kranken Kids, die isoliert von den anderen in einem zugigen Beton-Rohbau untergebracht sind, dessen Fenster mit alten Matratzen verbarrikadiert sind, damit es nicht zu kalt wird, habe ich ein paar chinesische *Tim und Struppi*-Comics gekauft und Süßigkeiten. Es ist nur eine Geste. Ich muss ihnen die Sachen dreimal in die Hand drücken, bis sie sich trauen, sie zu behalten. Yoda wollte ich erst ein Yoda-T-Shirt schenken, aber dann dachte ich, dass ihm das wahrscheinlich wenig bedeuten würde, weil er *Star Wars* vermutlich gar nicht kennt.

Es gibt viele Kinder aus der Schule, die ich so schnell nicht vergessen werde. Den geistig verwirrten Jungen, der mir immer beim Training zugeguckt hat und der dauernd Selbstgespräche geführt hat. Den kleinen Tigerjungen, der immer in den Pausen gegen mich kämpfen wollte, und Mark, den Tunichtgut. Jeder von ihnen hat die Zeit hier für mich besonders gemacht. Habe ich auch einen Eindruck bei ihnen hinterlassen? Als ich erzähle, dass ich demnächst heimfahren werde, gucken sie ein wenig enttäuscht, aber auch verständnisvoll. Dass die Fremden irgendwann wieder gehen und sie hierbleiben, gehört zu ihrem Alltag. Ich bin eine von zahlreichen Episoden, bei mir selbst ist es genau umgekehrt: Meine Zeit hier und die Menschen, die ich dabei kennengelernt habe, ragen aus allen anderen Erlebnissen heraus.

Mein Abschiedsessen fällt mit Neujahr zusammen und findet im Lieblingsrestaurant des Meisters statt. Außer dem Franzosen und dem Meister ist auch die Familie des Meisters dabei, auch sein Sohn, den ich in all der Zeit fast nie gesehen habe. Er ist 15, macht kein Kung-Fu, kann ziemlich gut Englisch und spielt extrem gut Gitarre. Wahrscheinlich, um sich von seinem Vater abzugrenzen. Beim Essen nötigt ihn der Shifu, ein Bier mit mir und dem Franzosen zu trinken. Jeder kann sehen, dass er das nicht mag, aber er zieht es irgendwie durch.

Auch die Tochter des Meisters ist mit dabei, sie ist drei oder vier Jahre alt und ein kleines Energiebündel, das ziemlich schnell zwischen glücklich und zufrieden oder verzweifelt heulen wechseln kann. Nach dem Essen schreit sie so lange herum, dass sie Kuchen will, bis der Meister sie aus dem Restaurant zerrt. Für den Rest der Truppe heißt das ebenfalls Abflug. Im Auto heult sie dann weiter, bis ihre Mutter einen Stopp anordnet, damit ihr was Süßes geholt werden kann. Ich finde es lustig, wie der sonst so strenge Meister vor diesem kleinen Monster einknickt.

Während die Kleine endlich Ruhe gibt, sehe ich aus dem Fenster. So vieles habe ich in den vergangenen Monaten erlebt, so vieles gelernt. Und wie viel gibt es noch zu entdecken. Ich möchte Chinesisch lernen, und zwar richtig. Klar, ein paar Wörter konnte ich schon, andere habe ich hier aufgeschnappt. Aber nur so viel, dass China für mich sein Geheimnis behalten hat.

Aus dem Radio erklingt chinesische Musik, ich lehne meinen Kopf gegen die Scheibe und gucke in die Nacht, in der hin und wieder ein buntes Schriftzeichen aufleuchtet. Ja, ich bin gerade ziemlich glücklich.

21

Hongkong

Beim Security Check am Flughafen mache ich den Anfängerfehler schlechthin: Ich stelle mich in die kürzeste Schlange. Und die ist natürlich die langsamste. Ich hätte wissen können, dass es nicht darum geht, wie lang oder kurz eine Warteschlange ist, sondern darum, wie schnell sie sich bewegt. Meine bewegt sich in Zeitlupe, während die viel längeren Schlangen neben mir ziemlich schnell vorgespult werden. Die Sicherheitsbeamten an meinem Schalter brauchen für eine Person so lange wie die anderen für zehn.

Als ich endlich durch bin, kaufe ich mir etwas, das niemals als Thunfisch-Gurken-Sandwich hätte durchgehen dürfen. Diese graugrüne Masse wirkte, als wären sämtliche Gurkensorten der Erde durch radioaktive Verseuchung mutiert, als hätten sich Thunfische zu Antilopen weiterentwickelt und als sei das Toastbrot bis zur Unkenntlichkeit modifiziert worden. Thunfisch-Gurken-Sandwich? (No way) Nicht in unserem Universum. Und auch nicht in irgendeinem Paralleluniversum. Ich spüle die ekelhafte Masse mit einem Becher Kaffee hinunter und gehe zu meinem Gate.

Mein Flug geht nach Hongkong. Dort will ich mein Visum für Indien beantragen und ein paar Tage nach meiner Ankunft meine Freundin Claire treffen. Für sie ist Hongkong der Ausgangspunkt für einen Backpacking-Trip mit ihren Freundinnen. Wir haben uns ein Airbnb-Zimmer gemietet und wollen eine Woche lang Hongkong zusammen erkunden.

Bei meiner Ankunft in Hongkong geschieht es dann: Im Bus in die Stadt versuche ich, meinen Koffer ins Gepäcknetz zu bugsieren, er rutscht heraus, und mein linker Arm schnellt vor. Keine gute Idee. Es knackt, und es tut verdammt weh. Ich setze mich auf meinen Sitz und versuche zu heulen, aber es klappt nicht. Nicht, dass ich es nicht verzweifelt genug probieren würde. Ich kann es einfach nicht fassen. Es ist nicht fair. Ich habe furchtbare Angst, dass das jetzt das Ende meiner Reise einläutet. Und trotzdem funktionieren meine Tränendrüsen nicht, vielleicht ist das Setting falsch, vielleicht sind zu viele Leute um mich herum. Die gucken auch alle schon ganz seltsam.

Am nächsten Morgen wache ich verkatert auf und mache mich auf den Weg zum nächsten Krankenhaus. Ich gehe direkt in die Notaufnahme, wo es ja schnell gehen sollte. Hier nicht. Ich warte und warte, im Fernseher laufen News aus aller Welt. Die Berichte gehen mir irgendwie sehr nahe, alles nur Elend, düster, Tod und kaputt. Vielleicht ist es der Restalkohol oder die Angst vor dem, was der Doktor sagen wird.

Irgendwann werde ich aufgerufen und darf die ganze Geschichte mit meinem Arm zum gefühlt tausendsten Mal berichten. Der Arzt ist sehr freundlich und spricht ausgezeichnet Englisch. Wieder werde ich in die Röntgenkammer geschickt, die ich finde, indem ich einer roten Linie auf dem Boden folge. Wieder gibt es zunächst keinen Strahlenschutz, aber mittlerweile gebe ich auch einen Fick auf irgendwelche Schutzkleidung.

Als der Arzt wieder hereinkommt, ahne ich das Schlimmste. Er erklärt mir, dass ich vermutlich operiert werden müsse, weil der Arm jetzt mehrfach gebrochen sei. In jedem Fall müsse ich die Nacht im Krankenhaus verbringen, da der leitende Arzt erst am nächsten Tag kommen würde. Der könne den Befund besser beurteilen. Auf keinen Fall würde ich hierbleiben, erkläre ich sofort, und schon gar nicht würde ich mich hier operieren lassen. Aber der Typ beharrt darauf, dass ich den Chef-Orthopäden sehen solle. Der würde dann über mein Schicksal entscheiden, ich könne dann immer noch Nein sagen und mich woanders operieren lassen. Ende der Diskussion.

Wenig später finde ich mich in einem Bett wieder, umgeben von alten chinesischen Männern. Nicht wenige sehen mehr tot als lebendig aus, sie stöhnen oder reden vor sich hin, während im Fernsehen ein Kindercartoon läuft. Als eine Krankenschwester hereinkommt, erkläre ich auch ihr, dass ich nicht beabsichtigen würde, die Nacht hier zu verbringen, geschweige denn, dass ich hier operiert werden wolle. Aber sie zuckt nur mit den Achseln und gibt mir zu verstehen, dass ich auf den Chefarzt warten müsse.

Der kommt schließlich auch am nächsten Tag, also rattere ich meine Geschichte wieder herunter. Der Arzt drückt auf meinem Arm herum und wartet auf eine Reaktion. Ich erkläre ihm, dass ich von Anfang an nichts gespürt und auch jetzt, nach dem neuerlichen Bruch, keine Schmerzen hätte. Tatsächlich gibt der Arzt die erhoffte Entwarnung: Ich würde wieder einen Oberarmgips bekommen, für vier Wochen, dann müsse ich wieder einen Check-up machen lassen.

Kaum dass der neue Gips angelegt ist, verlässt ein strahlender Paul das Hospital und geht in der nächstbesten Garküche eine Nudelsuppe essen. Zurück in der Airbnb-Unterkunft informiere ich meine Eltern, schicke meinem Hausarzt in Deutschland die Röntgenbilder und gucke *Punisher* auf Netflix. Das Leben kann manchmal so einfach sein.

In den nächsten Tagen entwickele ich eine kleine Routine. Ich suche nach einem billigen, guten Restaurant für Einheimische, nicht für Touristen. Ich finde schließlich eine tolle kleine Kantine, die gefühlt beinahe ganz Hongkong ernährt. Zwei Schaufeln Fleisch, Fisch oder Gemüse, dazu ordentlich Reis plus ein Freigetränk für umgerechnet drei Euro. Hier esse ich meist Sweet and Sour Pork, danach hole ich mir zum Dessert kleine Snacks – etwa leckere Eierkuchen – von den vielen Bäckereien in der Gegend. Mit vollem Bauch geht es dann in die Nachmittagsvorstellung des Indie-Kinos, einen Film gucken. Direkt neben dem Kino gibt es ein wahnsinnig gemütliches, ruhiges Café. Hier bestelle ich mir einen Americano mit Double Shot, lese etwas oder schreibe. Was ich an meiner Unterkunft spare, gebe ich hier für Kaffee aus. Abends gehe ich dann Sushi essen, in einem Laden in der Nähe, für ganze vier Euro. Es ist eine gute, wenn auch etwas dekadente Routine – so lässt es sich leben.

Meine kleine geregelte Welt im Hongkonger Chaos wird aber nicht mehr lange anhalten: Schon morgen landet Claires Flieger aus Berlin. Dass meine beste Freundin bald kommt, fühlt sich merkwürdig an. Einerseits bin ich extrem aufgeregt. Andererseits habe ich Claire jetzt fünf Monate nicht gesehen. Ich habe seitdem so viel erlebt und so viele Leute kennengelernt, es ist ein bisschen so, als würde die Zeit zu-

rückgedreht oder als würde die Vergangenheit mich einholen. Als würde jemand in meine Welt einbrechen. Als würde sich jemand in mein Spiel einhacken.

Habe ich mich verändert? Wenn ja: positiv oder negativ?

Als ich Claire dann vom Flughafen abhole und wir zu reden anfangen, ist es trotzdem so, als sei keine Zeit vergangen. Und doch ist alles anders. Claire ist noch nie so weit von zu Hause weg gewesen, und Hongkong ist für sie genauso überwältigend wie für einen Marsmenschen die Erde oder für einen Menschen der Mars. Wobei das eine vollkommen logische menschliche Reaktion auf Hongkong ist. Mir ist es an meinem ersten Tag hier genauso gegangen, die Stadt ist einfach ein Monster, man muss die ganzen Eindrücke erst einmal verarbeiten.

An unserem ersten gemeinsamen Tag gehen wir essen,

und Claire erzählt von den vergangenen Monaten in Berlin. Sie hat sich nach dem Abi als Kellnerin abgerackert, um das Geld für ihre Reise zu verdienen. Während ich ihr so zuhöre, wird mir klar, dass das Leben in Berlin auch ohne mich weitergegangen ist. Klar, hie und da habe ich Informationen über WhatsApp gekriegt, aber als ich merke, dass ich zu unserem Gespräch immer weniger hinzuzufügen habe, tauche ich mehr und mehr ab. Aus Berliner Sicht bin ich wie eine Spielfigur, die beim Mensch-ärgere-Dich-nicht-Spiel zwar nicht vom Brett gefegt worden ist, die sich aber selbst irgendwie aus dem Spiel genommen hat. Das Komische ist, dass mich das nicht weiter stört. Ich habe nie gedacht, dass ich irgendwas verpassen könnte, und tue es auch jetzt nicht, während ich Claire zuhöre, wie sie über Pärchen, Freunde und Partys in Berlin spricht. Es ist, als würde sie über eine merkwürdige Welt reden, die parallel zu meiner existiert. Obwohl doch beide Teile zusammengehören sollten.

Claire ist seit der ersten Klasse meine beste Freundin. Und wir konnten immer über alles reden, uns gegenseitig zuhören und verstehen, was der andere empfindet. Doch jetzt spüre ich eine Distanz zu ihr und allem, was uns vor der Reise verbunden hat. So, als wäre es das Leben eines anderen Pauls aus einer anderen Welt. Es sind zwar seitdem nur fünf Monate vergangen, aber irgendetwas hat sich definitiv verändert. In der Woche, in der ich mit Claire in Hongkong unterwegs bin, wird mir das immer wieder bewusst. Oft weiß ich ihren Sätzen nichts hinzuzufügen. Oder stolpere, wenn ich von meinen Erfahrungen aus China erzähle, über Vorurteile, die Claire über China hat: Dass das politische System unmenschlich sei, die Leute keine Manieren hätten, essen die nicht auch

Hunde? Und so weiter. Aber vielleicht sind es noch nicht einmal solche Vorurteile oder Verallgemeinerungen, sondern dieses uninteressierte Halbwissen und dieses europäische Von-oben-herab-Betrachten, das Claire in diesem Moment ausstrahlt und mit dem man als Deutscher oder Europäer auf die Welt zu kommen scheint. Oder mit dem man durch die Welt geht, wenn man noch nie wirklich woanders war.

All diese Dinge führen dazu, dass sich eine Wand zwischen uns schiebt. Langsam, anfangs kaum spürbar, aber diese trennende Wand ist da. Ich hoffe, dass sie irgendwann wieder verschwinden wird. Aber sicher bin ich mir nicht, wahrscheinlich wird sie in gewisser Form weiterexistieren. Die Erfahrungen und Erlebnisse meiner Reise werden mich vielleicht auf Dauer von anderen trennen, und dann muss ich lernen, mich nicht daran abzuarbeiten.

Wenn ich heute Freunden von den Kindern in der Kung-Fu-Schule erzähle, geht es mir ähnlich wie damals mit Claire. Ja, ich find's auch nicht super, dass Kinder geschlagen werden. Ich finde es aber viel schlimmer, wenn man seine eigenen Werte über die einer anderen Kultur, über andere Menschen stellt. Die Arroganz, die hinter solchen spontanen Verurteilungen steckt, finde ich viel schrecklicher. Man muss immer das Gesamtbild sehen, nicht nur den einen Ausschnitt. Generell merke ich, wie schnell ich mich persönlich beleidigt fühle und versuche, die Dinge richtigzustellen, wenn ich mit anderen Menschen über China rede. Ich dachte immer, über Deutschland gibt es viele bescheuerte Vorurteile. Aber dieses ganze Reden von »Unser westlicher Weg ist der beste, unsere Weltanschauung ist die einzig richtige« macht mich wirklich aggressiv.

China ist ein wunderschönes, riesiges, altes Land mit einer Geschichte, die Respekt verdient. Mit unfassbar freundlichen, bescheidenen Menschen und dem besten Essen auf unserem Planeten. Wer gerne alles schwarz-weiß sieht, wird China wahrscheinlich nicht verstehen. Ich sage nicht, dass ich China verstehe. Ich sage nur, dass es ein wunderbarer Ort ist, vielleicht der einzige Ort auf der Welt, der einem noch wirklich fremd sein kann. Und weil es dort so viele Dinge gibt, die unserer westlichen Anschauung widersprechen, die uns Rätsel aufgeben, lohnt sich ein differenzierter Blick. Denn hier wie dort lassen wir uns viel zu sehr von vorgefertigten Bildern, von den Medien, der Politik beeinflussen. Ich bin froh, dass ich meine eigenen Erfahrungen machen konnte.

22

Indien

Die meisten Männer im Flugzeug haben rote Punkte auf der Stirn. Außer ein paar englischen Rentnern in kurzen Hosen und mit Schnurrbart bin ich der einzige Europäer. Neben mir sitzt eine sehr alte, dicke Frau mit Kopftuch, die so schlimm hustet, dass ich denke, sie wird den Flug nicht überleben. Irgendwann zieht sie ihre Schuhe aus und kramt aus einem kleinen Stoffbeutel Gewürznelken heraus, die sie sich in den Mund schiebt. Nach einer Weile fragt sie mich nuschelnd: »What is your country? What happened to your arm?« Kurz danach schläft sie ein.

Als der Flieger landet, kann ich relativ wenig von Nellore, der Hauptstadt des indischen Bundesstaates Andhra Pradesh, ausmachen. Es ist, als sei die gesamte Stadt in eine große Staubwolke eingehüllt, die alles verschlingt.

Mein Plan ist es, in Indien irgendwo zu helfen. Etwas zurückzugeben von dem, was ich in Deutschland für selbstverständlich gehalten habe. Bildung. Sauberes Wasser, medizinische Versorgung, gesunde Ernährung, Hygiene ... Wie selbstverständlich all diese Dinge für mich waren, ist mir zum ersten Mal beim Schreiben der Abi-Rede klargeworden. Ich gebe zu, dass ich immer einer der Lautesten war, wenn es darum ging, das Bildungssystem in Deutschland zu kriti-

sieren. Ich fühlte mich eingeengt, falsch einsortiert in ein System, das für mich häufig keinen Sinn ergab. Ich war frustriert. Aber als ich all diese Gedanken niederschrieb und mir den Entwurf des Textes noch einmal durchlas, wurde mir schlecht. Ich sah in meinen Worten etwas, das mir Angst machte. Es waren die Worte eines verwöhnten Babys, das mit seinen Fäusten um sich schlägt und einfach nur erbärmlich dabei aussieht, weil es gar nicht weiß, wie gut es ihm geht.

In meiner Familie haben wir selten Nachrichten geguckt, wir haben das nie so kultiviert wie andere Familien um 19 oder 20 Uhr. Es gab eine Tageszeitung, der ich jeden Morgen maximal fünf Minuten in schläfriger Langeweile geopfert habe. Für manche mag das ein Zeichen von Ignoranz sein, ich selbst habe nie so genau drüber nachgedacht. Aber ich weiß auch nicht, was besser ist: beim voll gedeckten Frühstückstisch oder während des Abendessens Artikel darüber zu lesen, dass Leute irgendwo auf der Welt hungern und sterben, und nichts zu tun – oder nichts Genaueres darüber wissen zu wollen und ebenfalls nichts zu tun. Worauf ich hinauswill: Ja, es ist wichtig, auf die Probleme in der Welt aufmerksam zu machen und darüber informiert zu sein. Aber wenn dann trotzdem nichts passiert, obwohl alle wissen, wo es wem fehlt, dann funktioniert das Konzept nicht.

Durch das Internet sind die Leute meiner Meinung nach nur noch passiver geworden. Menschen gucken sich lieber bei YouTube an, wie Chris Hemsworth sich für den Film *Thor* in Form bringt, als selber Sport zu machen. Die meisten Fußballfans spielen noch nicht mal regelmäßig Fußball. Und statt wie früher für eine Demo auf die Straße zu gehen, kann man heute mit einem Like bei Facebook schon das Gefühl bekommen, als Märtyrer für eine gute Sache gestorben zu sein. Wie soll man dann erwarten, dass Menschen aktiv etwas für andere Menschen in Not tun, wenn sie sich selbst für Themen, für die sie brennen, nur passiv auf der Couch engagieren?

Aus all diesen Gründen habe ich also meine Ohren offengehalten und mich nach Projekten umgeguckt. Ich wollte vor Ort sein und sehen, wie ich helfen kann. Ich wollte aktiv etwas tun. Gleichzeitig stehe ich dem Socialwork-Tourismus aus Europa kritisch gegenüber. Mein Bruder hat sein Austauschjahr in Südafrika verbringen dürfen. Dort gab es weiße Mädchen aus Europa oder Amerika, die Hunde für die Leute in den Townships ausführten. Franziska, bei der ich in Shanghai gewohnt habe, hat mit sozialer Arbeit auch schon ihre Erfahrungen gemacht. Eine davon war in einem kleinen desolaten Laden in der Mongolei, wo sie Filz-Yaks anfertigen durfte, die dann an die wenigen Leute verkauft wurden, die sich irgendwie in den Laden verirrt hatten. Nach diesem Erlebnis wollte sie sich in Shanghai ein Tattoo von einem Yak auf ihren Fuß stechen lassen.

In Shanghai hat sie mir Ravi vorgestellt, einen Inder, der schon für viele Sozialprojekte in seinem Heimatland gearbeitet hat. Er hatte sofort Ideen, wo ich von Nutzen sein könnte. Irgendwann schickte er mir die Adresse einer Schule in Nellore, die Kinder aufnimmt, die so arm sind, dass sie keine Chance haben, an einer normalen Schule aufgenommen zu werden, weil sie das Schulgeld nicht bezahlen können. Dort könne ich als »Creative Teacher« arbeiten, was immer das hieß. Alles andere, versicherte mir Ravi, werde sich dann vor Ort ergeben.

Nun sitze ich also in einem Taxi, das mich zu Ravis Kontakt in Nellore bringt. Auf der Fahrt frage ich mich, ob ich eigentlich total verrückt bin. Hätte ich mich nicht vielleicht doch an eine Organisation wenden sollen, die so was professionell macht? Blödsinn, Paul, denk an den Socialwork-Tourismus, genau das wolltest du eben nicht. Außerdem hättest du das Ganze dann ordentlich planen müssen, vor einem Jahr schon, und dazu bist du zu verpeilt. Und es hat schließlich auch so geklappt, oder etwa nicht? Vielleicht mache ich mir ja gerade selbst Mut: Die Straßen sind voll mit Motorrädern, auf denen die Leute zu viert sitzen. Aus einem offenen Lkw lassen zwei Jungen ihre Beine baumeln und grinsen mich an. Am Straßenrand reiht sich ein grellbuntes Bollywood-Plakat ans nächste, und selbst die großen Straßen hinein ins Zentrum sind voller Leute. Manche stehen in Gruppen um Streetfood-Stände herum, andere liegen am Straßenrand und schlafen. In den kleineren Straßen türmen sich Müllberge, in denen Rudel von Straßenhunden herumwühlen. Hier und da kommt eine Kuh um die Ecke, und der Fahrer muss ausweichen. Die Häuser sind alle kunterbunt und wirken wie zusammengewürfelt.

Als das Taxi mich bei Ravis Kontaktadresse absetzt, werde ich schon von einer Frau erwartet. Über eine Treppe hinauf geht es in eine Wohnung, wo ich auf einem Sofa Platz nehmen darf. Mir gegenüber sitzen drei Frauen in indischen Gewändern. Sie mustern mich eingehend und sagen dann auf Englisch, dass sie einen älteren Mann mit weißem Bart erwartet hätten, weil Ravi mich als »Schriftsteller« angekündigt hätte. Sie wirken fast ein bisschen enttäuscht, dass ich nicht so alt und weise aussehe, wie sie sich das wohl vorgestellt haben. Nach einer längeren Zeit des Schweigens sagt eine der drei Frauen, dass wir am nächsten Tag dann »zum Dorf« fahren würden. Ich habe keine Ahnung, was sie damit meint, frage aber auch nicht nach. Das ist etwas, das man mit dem Reisen lernt: sein Schicksal abzuwarten und sich bis dahin zu entspannen.

Um die Frauen wuselt ein drei Wochen alter Hund, der alle in die Zehen beißt. Er heißt Kevin. Ob er eine Reinkarnation von dem Dreckshund aus China ist?

Gegen Abend kommen immer mehr Leute in die Wohnung, und beim Abendessen verstehe ich so langsam die ganze Zusammensetzung: Alle gehören zu einer Familie. Es gibt Oma, die eigentlich Nancy heißt, und Opa, sie haben die Schule, für die ich arbeiten soll, gegründet. Dann deren Tochter, deren Ehemann und die drei Kinder. Zwei Jungen – der eine ist 15 und geht noch zur Schule, der andere, Rahul, ist 26 und arbeitet irgendwas – und die 19-jährige Ashi, von der ich nicht erfahre, was sie macht. Außerdem leben noch eine Tante in der Wohnung sowie drei Haushaltshilfen.

Im Wohnzimmer gibt es einen Schrein für Maria und Jesus. Die Familie ist katholisch, überall hängen Bibelzitate. Ich esse zusammen mit der Familie. Alle gucken dabei fern auf Tamil, ich versuche das Geschehen auf dem Bildschirm zu verfolgen. Es scheint sich um eine Soap zu handeln. Das schließe ich aus der dramatischen und emotionalen Musik und dem Drama.

Im Badezimmer ist der Wasserhahn undicht, ein permanentes Rinnsal läuft an den gefliesten Wänden runter. In der Nacht werde ich von Moskitos massakriert, weil mein Bett direkt neben einem Fenster steht, von dem ich nicht weiß, wie man es schließt. Ich weiß auch nicht, wo man das Licht ausmacht. Am nächsten Morgen sperre ich mich aus Versehen in der Toilette ein und bekomme den verrosteten und verzogenen Türverschluss nicht mehr auf. Schließlich kriege ich es doch hin, schneide mich aber am Türverschluss in den Finger und denke sofort, dass ich an einer Blutvergiftung sterben muss. Die Haushaltshilfe verarztet mich. Alles halb so schlimm, meint die Oma: »You won't die«, sagt sie und lacht. Ich komme mir vor wie der letzte Idiot.

Zum Frühstück gibt es ufoförmige Fladen aus Reis, die man *Iglis* nennt, dazu Chutney. Die Tochter meint, ich sähe aus wie Harry Potter. Das verwirrt mich, weil ich keine schwarzen Haare habe und auch keine grünen Augen, keine Brille und keine Narbe auf der Stirn. Vielleicht will sie mir damit sagen, dass ich einen neuen Haarschnitt brauche? Ich zeige dem älteren Sohn Bilder von meiner Reise. Er fragt mich, ob ich in Hongkong in meiner Unterkunft gefoltert wurde. (Inder und Chinesen verstehen sich nicht besonders. Beide halten das jeweils andere Land für schmutzig und seine Bewohner für ungebildet und barbarisch. Leider. Die Ironie ist natürlich, dass die Inder Kung-Fu trotzdem cool finden und die Chinesen indisches Essen mögen, zumindest manche.) Ich verneine. Hätte ja sein können, sagt er nur.

Außerdem will er bei allem wissen, wie viel es gekostet hat. Selbst als ich ihm das Video zeige, auf dem die Kinder meine Haare rasieren, fragt er: »What did it cost?« Als ich sage: »For free!«, nickt er anerkennend, als hätte ich einen guten Deal gemacht. Er hat Economics studiert, das erklärt einiges.

Am Abend meines zweiten Tages beladen wir einen Jeep mit Gepäck und jeder Menge Proviant, um ins »Village« zu fahren. Ich nehme an, dass dort die Schule ist. Außer mir kommen die Oma, eine Hausangestellte und ein Fahrer mit. Das Auto wird wie in einem schlechten Actionfilm über Kabel gestartet, ähnlich abenteuerlich ist die Radiokonstruktion. Das Ding ist oben unter dem Dach eingebaut, funktioniert aber trotzdem.

Als wir die Stadt hinter uns gelassen haben, lässt der wahnsinnige Verkehr langsam nach. Dafür werden die Schlaglöcher mehr. Rechts und links der Straße qualmen Müllhalden, in denen Kühe nach Essbarem suchen. Endlich wird es grüner, es geht an Reisfeldern entlang und durch kleine Dörfer. Meistens sind es nur so um die sechs Häuser, dazu ein bunter Tempel. Am Straßenrand sitzen Affenräuberbanden, die dem Auto in der Hoffnung auf etwas Essbares nachblicken.

In genau so einem kleinen Dorf liegt die Schule. Als ich aussteige und Anstalten mache, beim Entladen des Jeeps zu helfen, strömen plötzlich wie aus dem Nichts Kinder herbei. Es sind schwere Säcke mit Reis, Mehl und Linsen, die sie von der Ladefläche herunterhieven.

Die Schule besteht aus mehreren Gebäuden. Ich erfahre, dass in dem einen die Schüler schlafen, die in der Schule wohnen, und die Oma. Dort gibt es auch ein kleines Empfangszimmer mit einem Plastiktisch und Stühlen, in dem der Opa wichtige Leute empfängt und mit ihnen redet. Der Unterricht findet in zwei Schulhäusern statt, eines für die Grundschüler bis zur fünften Klasse, eines für die älteren Kinder.

Mein Zimmer befindet sich im Gebäude gegenüber dem Haupthaus, im ersten Stock. In meinem Bett liegt dieses Mal sogar eine Matratze, eine ziemlich dünne, aber immerhin; darüber hängt ein Moskitonetz, und es gibt sogar einen riesigen alten Ventilator an der Decke und zwei Glühlampen. Hinter einer Blechtüre befinden sich eine Toilette, ein Wasserhahn und eine große Wassertonne mit Schöpfeimer.

Nachdem alles abgeladen ist, zeigt mir die Oma, die von den Kids nur »Auntie« genannt wird, das Gelände. Im Hauptgebäude befindet sich noch eine größere Küche, in der Angestellte drei Mal am Tag für die Schüler kochen. Dahinter gibt es Hühner und einen großen Stall mit Kühen. Mit dem Verkauf der Milch, erzählt die Oma, versuche die Schule, etwas dazuzuverdienen. 1984 hat sie gemeinsam mit ihrem Mann hier ein Waisenhaus gegründet, für 25 Jungen aus den Slums von Nellore und aus einem Dorf in der Nähe. So hat alles begonnen. Die Kinder bekamen Kleidung, etwas zu essen und wurden medizinisch versorgt. Als immer mehr Kinder kamen, wurde das Waisenhaus um die Schule erweitert.

Am Ende des Rundgangs kriege ich einen süßen Milchtee.

Ich trinke eigentlich keine Milch, aber ich will niemanden beleidigen. Am Abend bekomme ich ein paar Kinder zugeteilt, mit denen ich englische Texte lesen soll. Es sind so um die zwölf Jungen und acht Mädchen, die in der Schule wohnen. Sie sprechen Tamil, die meisten können auf Englisch nur buchstabieren. Wenn ich nach der Bedeutung eines Wortes frage, sind sie alle ratlos. Ich bin schon von meiner ersten Stunde komplett erschöpft und froh, dass Auntie mir etwas zu Abend kocht. Danach falle ich total platt in mein Bett.

Am nächsten Morgen merke ich, dass meine Toilette keine Spülung hat. Ich muss mit dem Eimer Wasser aus der Tonne schöpfen und damit spülen. Das Klopapier besteht nur noch aus zwei Streifen, die Inder benutzen stattdessen meist Wasser. Die Toilette entpuppt sich auch als Mückenbrutstation. Dann merke ich, dass ich mich in meinem eigenen Zimmer eingeschlossen habe. Der Riegel ist verbogen und auch diese Tür ziemlich verzogen. Es gibt keine bessere Art, seinen Tag zu beginnen, als es noch nicht mal aus seinem eigenen Zimmer heraus zu schaffen. Es ist schon das zweite Mal, dass ich mich hier komplett unfähig fühle. Vielleicht liegt es auch an meinem Arm. Er ist immer noch eingegipst.

Nach kurzer Panik denke ich nach und suche nach einem Werkzeug. Angeblich ist es ja das, was uns Menschen von Tieren unterscheidet: dass wir Werkzeuge herstellen und benutzen können. Ich versuche erst, mit meinem Taschenmesser die Schrauben zu lockern, was mir nicht gelingt. Dann fällt mein Blick auf meine blöden Wanderschuhe, die ich dauernd mit mir rumschleppe, ohne sie zu tragen, weil es dazu viel zu heiß ist. Ich nehme einen der Schuhe und schlage damit verzweifelt auf das Schloss ein. Nach allen Regeln der

Logik hätte ich damit niemals Erfolg haben dürfen, aber irgendwie gelingt es mir, den Riegel gerade zu prügeln. Gewalt ist manchmal die einzige Lösung. Falls mir wer schlau kommen will: Das Fenster war vergittert. Und ja, ich hätte mich von der Kakerlaken-Großfamilie in meinem Zimmer über mehrere Tage ernähren können.

Mit einem neuen Gefühl der Selbstachtung starte ich in meinen Tag. Oma macht mir Frühstück, und dann gehen wir zur Schule, wo die Kinder schon in pinkfarbener Uniform und lila Krawatte in Reih und Glied stehen. Die Nationalhymne wird gesungen, danach geht es in die Klassenzimmer, und ich werde den Lehrern vorgestellt. Alle scheinen ein bisschen ratlos, was sie mit mir anstellen sollen. Schließlich entscheidet die Oma, dass ich die Library übernehmen soll.

In der Bibliothek warten sechs Kinder auf mich, zwei Mädchen und vier Jungs. Mein neu gewonnenes Selbstvertrauen nach meinem erfolgreichen Kampf mit der Tür löst sich schnell in Luft auf. Die Kinder rennen durch den Raum. Klettern die Bücherregale hoch. Keiner spricht Englisch, alle nur Tamil. Die Jungs schlagen sich, nehmen den Mädchen ihre Bücher weg, es gibt Tränen, es wird rumgekreischt, und ich bin komplett überfordert. Mit sechs Kindern. Sie ignorieren meine Anweisungen, und wenn ich einem Kind etwas vorlese, zieht das andere an meinem Arm, brüllt in mein Ohr oder versucht auf andere Weise, meine Aufmerksamkeit zu bekommen. Gleich an diesem ersten Tag vergebe ich zwei geniale Spitznamen: »Baby« für einen dicken Jungen, der immerzu heult und dauernd petzt, und »Monkeyboy«, den ich so nenne, weil er ständig irgendwo raufklettert und rumschreit.

Das Mittagessen kommt mir vor wie eine Erlösung. Die Kinder sitzen zum Essen in vier Reihen zusammen auf dem Boden. Ich esse mit Auntie in einem Zimmer nebenan und darf mir nichts selbst auftun und auch nicht meinen Teller rausbringen. Ich fühle mich wie ein römischer General, der in seinem Extrazelt von den Truppen getrennt speist.

Am Nachmittag soll ich den Kindern Kung-Fu beibringen, es hat sich leider herumgesprochen, dass ich in China Kampfsport gemacht habe. Einige schreien schon »Kung-Fu«, wenn sie mich sehen, und tun dann so, als würden sie boxen. Als dann zwanzig Kids im Kindergarten-Alter um mich herumwuseln, von denen die eine Hälfte mich komplett ignoriert, die andere mich erwartungsvoll anstarrt, bin ich mal wieder überfordert. Ich versuche, ihnen ein einfaches Fangenspiel beizubringen, weil ich mit meinem Arm Kung-Fu ohnehin nicht richtig vormachen kann. Aber schon während ich das Spiel erkläre, machen sich die Ersten aus dem Staub. Einer der Lehrer hat eine Trillerpfeife und übernimmt. Ich fühle mich nutzlos.

Abends helfe ich den sieben- bis zehnjährigen Kindern bei den Hausaufgaben. Nur ein Junge kann flüssig Englisch lesen, der Rest nur buchstabieren; sie verstehen nicht, dass das eine mit dem anderen zusammenhängt. Selbst der Junge, der lesen kann, weiß nicht, was die meisten Wörter bedeuten. Und da kommen wir zu meinem größten Problem: Ich kann es ihnen auch nicht erklären, denn ich spreche kein Tamil. Ich kann ihnen die Wörter vorsagen, sie sprechen sie dann nach – und vergessen sie gleich wieder. Das ist ziemlich frustrierend. Aber ich weiß auch nicht, was ich anders machen könnte.

23

»You can learn many things from children«

In den nächsten Tagen lerne ich den Alltag im Village genauer kennen. Um 9:15 Uhr müssen sich alle in Reih und Glied im Schulhof aufstellen und singen. Es wird auch salutiert, und überhaupt geht es ähnlich militärisch zu wie in China. Anders als dort wird hier aber morgens, mittags und abends gebetet, und überall in den Klassenzimmern hängen Bilder von Jesus. Und wenn die Kinder Klausuren schreiben müssen, kriegen sie vorher einen Segen von der Oma. Das soll ihnen Glück bringen.

Wenn das ganze Zeug mit Hymne und Fahne vorbei ist, folgt die Frage an alle: »How is the weather today?« Wenn dann keiner antwortet, hakt die Oma nach: »Is it a sunny day?« Und dann wiederholen alle Kinder: »Today is a sunny day!«

Eines der Kinder soll dann eine Sonne an die Tafel im Schulhof malen, wobei es von den anderen Lehrern Hilfe kriegt, wenn es nicht weiß, was zu tun ist. Ob das Gehirn der Kinder wohl explodiert, wenn es mal bewölkt ist?

Von zehn bis elf Uhr betreue ich jetzt die Kindergartenkinder. Das heißt, ich male irgendwas an die Tafel, und dann malen drei Kinder das ab, während die anderen 25 sich prügeln, schreien, petzen, Kreide oder Papier essen, sich anmalen oder, das Beste überhaupt, Plastikstühle umdrehen und diese dann durch die Klasse schieben. Ich werfe mit Kreide, schreie laut herum, packe sie beim Kragen und schleife sie hinter mir her, gucke sie ernst an, aber nichts funktioniert. Manche weigern sich sogar, ihre Malsachen rauszuholen, und tun so, als würden sie mich nicht verstehen. Nur wenn die echte Lehrerin mit einer hölzernen Bohnenstange reinkommt und ein paar auf die Hände verteilt, wird es ruhig, und alle tun so, als würden sie zeichnen. Sobald die Lehrerin wieder weg ist, denken sie sich neuen Unsinn aus. Zum Beispiel macht es ihnen Spaß, in mein Ohr zu schreien und dann wegzurennen.

Um 12:30 Uhr gibt es Essen, dann habe ich meistens Pause bis 15 Uhr, was ziemlich lang ist. Einmal, ich spiele gerade Volleyball mit einem von den Knilchen, kommt ein Mädchen auf mich zu, nimmt mich bei der Hand und will mit mir reden. Sie ist vielleicht 17 Jahre alt und trägt ein einfaches weißes Schulkleid. Aus irgendeinem Grund ist sie sehr gut gelaunt. Ihr Englisch ist nicht so gut, sie lacht aber viel und führt mich zu den Kühen. Dort zeigt sie mir, wie die gemolken werden. Ich versuche so fasziniert wie möglich auszusehen, auch wenn ich nicht wirklich weiß, was sie von mir erwartet. Soll ich jetzt Fotos machen von ihr und den Kühen?

Zurück im Hof, zeige ich dem Mädchen Bilder von China. Mittlerweile hat sich eine Freundin dazugetraut, und beim Anblick des chinesischen Essens verziehen die beiden angeekelt das Gesicht. Das Mädchen heißt Roshani. Sie ist die Älteste hier und ein bisschen wie eine große Schwester für die anderen. Dieses Jahr wird sie fertig mit der Schule. Später am Abend will sie mir zeigen, wie sie das Abendessen kocht.

Ich stelle mich wie der größte Vollidiot an, mit meiner ungeschickten linken Hand gelingt es mir nicht, die Zwiebeln fein zu schneiden, außerdem muss ich heulen, das findet sie lustig. Wir machen Dosa, gefüllte Pfannkuchen, also ich gucke im Wesentlichen zu, darf ein paar Zwiebeln über die Füllung streuen und Öl in der Pfanne verteilen. Dann will sie auf einmal, dass ich ihr etwas vorsinge. Ich kann nicht singen, aber das hält mich nicht davon ab, »Yesterday« anzustimmen, was ihr offenbar gefällt. Also sie unterbricht mich nicht und klatscht und lacht danach begeistert. Das ist mir noch nie passiert, ich habe einen Fan! Kurz darauf ist Stromausfall und alles ist dunkel. Roshani nimmt mich wieder bei der Hand und führt mich in den Hof, in dem überall Kids herumrennen. Es ist schon ziemlich dunkel, und ich kann kaum noch etwas erkennen. Aus dem Augenwinkel sehe ich, dass sie etwas mit ihrer Hand fängt. Ein Glühwürmchen, das sie zwischen ihren hohlen Händen hält und mir zeigt. Dann singt sie Liebeslieder und will, dass ich auch welche singe. Ich sage, dass ich morgen weitersingen werde, weil ich keine Lieder auswendig kann und ihre hohe Meinung von meinem Gesang nicht sofort ruinieren will. Irgendwann sagen wir Gute Nacht, und ich gehe in mein Bett. Ich bin glücklich. Zum einen, weil noch nie jemand ein Glühwürmchen für mich gefangen hat. Und zum anderen, weil ich jemanden habe, mit dem ich reden kann. Die meisten Kinder sind einfach zu klein, und die Gespräche mit Oma verlaufen ungefähr so:

Oma: »Du magst das Essen?«
Ich: »Ja, es ist ausgezeichnet.«
O: »Gut.« (lächelt glücklich)

PAUSE.

O: »Wie findest du Indien im Vergleich zu den anderen Ländern, in denen du schon warst?«

I: »Indien ist einzigartig.« (fällt mir nach kurzem Überlegen ein)

Sie lächelt wieder. Dieser Satz scheint ihr besonders zu gefallen.

O: »Wie sind die Kinder?«

I: »Ach, die sind total lieb, sie haben nur ein bisschen viel Energie.«

O: »Gut.«

I: »Danke für das Essen, es war wie immer ausgezeichnet.« (Auch wenn manche meiner Aussagen Beschönigungen sind, dies ist keine: Das Essen ist ausnahmslos spitze! Wobei ich nie gedacht hätte, dass es eine Küche gibt, in der noch erbarmungsloser gewürzt wird als in der meiner Mutter. Mit ganzen schwarzen Pfefferkörnern zum Beispiel.)

O: »Danke nicht mir, sondern Gott.«

I: – (Bitte, was hat denn Gott mit dem Essen zu tun? Das Lob hat der nicht verdient, er hat doch nicht gekocht.)

PAUSE.

I: »Was ist das denn für grünes Zeug?« (ehrlich am Essen interessiert)

O: »Gemüse.«

I: – (Aha, wer hätte das gedacht.)

PAUSE.

O: »Du magst Gemüse?« (Ich hatte mir gerade nachgenommen.)

I: »Ja. Sehr.« (ganz offensichtlich)

O: »Gut.«

Die nächsten Tage vergehen ein bisschen wie beim Murmeltiertag, nur dass ich jeden Tag mehr Kopfschmerzen habe. Vielleicht leide ich unter Kaffeeentzug. Hier gibt es immer nur diesen megasüßen Milchtee, der in winzigen Blechbechern ausgegeben wird. Oder habe ich Kopfschmerzen, weil mir die Kinder immer so ins Ohr schreien? Ich bekomme Mitleid mit meinen Grundschullehrern. Nicht, dass ich je laut rumgeschrien hätte. Aber ich war ja auch nur einer von dreißig.

Roshani kommt jetzt immer häufiger zu mir. Meistens sieht das so aus: Ich sitze in meinem Plastikstuhl, lese irgendeinen Schund, den ich auf meinem Kindle gefunden habe, als sich plötzlich zwei Hände über meine Augen legen. Es ist schön, jemanden zu haben, der sich freut, einen zu sehen. Wir malen uns Muster mit Henna auf die Arme, sie bringt mir ein, zwei Wörter Tamil bei, und wir kochen jeden Abend zusammen. Beim Kochen tanzt sie mir häufig etwas vor, und ich stehe einfach nur ratlos in der Küche und gucke ihr zu. Ich weiß zu diesem Zeitpunkt nicht, dass ich womöglich in Lebensgefahr schwebe. Das hört sich jetzt vielleicht dramatisch an, aber später mehr dazu.

Tagsüber versuche ich, die Klassen zu unterhalten. Eine typische Unterrichtsstunde sieht so aus:

Ich male ein Nashorn an die Tafel, die Kinder sollen es nachmalen. Ein Viertel verweigert sich, immerhin, anfangs waren es viel mehr. Die anderen kommen dauernd nach vorne und zeigen mir ihre Bilder. Es ist interessant, wie viele unterschiedliche Versionen eines Nashorns es doch gibt! Und keines ähnelt dem Bild an der Tafel im Mindesten. Ich versuche es mit einem Schneemann, doch selbst den kriegen die meisten Kinder nicht hin. Trotzdem mache ich immer wieder erstaunte »Oh-« und »Ah«-Laute, sage »very good« und »nice«, wenn sie mir ihre Kunstwerke präsentieren, worauf die Kinder in die Höhe springen und völlig energetisiert zurück an ihren Platz rennen. Manche kommen auch immer wieder mit demselben Bild oder nehmen anderen ihr Bild weg und zeigen es mir. Bei mir gilt mittlerweile: Wer gehauen wird, heult nicht, sondern haut zurück. Ich habe das ganze Petzen satt. »This boy beating blabla.«

Die Kinder brauchen ständig Anerkennung und Aufmerksamkeit, mit einem Bild sind sie gefühlt nur ein paar Sekunden beschäftigt, dann wollen sie gelobt werden. Und irgendwann muss dann die ganze Klasse auf einmal auf die Toilette. Seltsam. Vielleicht fällt ihnen erst auf, dass sie aufs Klo müssen, wenn jemand anderes geht? Außerdem gehen sie nur aufs Klo, wenn jemand es ihnen erlaubt. Dieser Jemand bin dann ich. Es hat etwas zu lang gedauert, bis ich gecheckt habe, was die Kinder, die ohne Bild nach vorne kamen, von mir wollten. Irgendwann hat dann jemand verzweifelt »Restroom!« geschrien, und ich habe sie gehen lassen.

Am Anfang habe ich sie alle sofort aufs Klo gelassen aus Angst, dass sie sich vollmachen, aber mittlerweile müssen Störenfriede fünfmal fragen, und ich tue so, als würde ich sie nicht verstehen. Bis sie fast heulen. Macht macht eben korrupt. Nach so einer Stunde in der Klasse fühle ich mich, als hätte jemand einen Nagel durch meine Schläfen geschlagen.

Im Büro, wo der Opa Eltern und Lehrer empfängt, hängen Zitate, die ich an meinem ersten Tag voller Ehrfurcht durchgelesen habe. Jetzt kommen sie mir vor, als wären sie von Wahnsinnigen geschrieben worden:

Every child comes with the message that God is not yet discouraged of man.

Fühlt sich eher wie eine zweite Sintflut an.

I brought children into this dark world because it needed the light that only children can bring.

HAHAHA, okay, das macht GAR keinen Sinn! Ich weiß nicht, wie diese Monster die Welt besser machen sollen. Wahrscheinlich hat keiner dieser Leute je versucht, Kinder zu unterrichten.

You can learn many things from children. How much patience you have for instance.

Das trifft es schon eher. Deprimierenderweise lerne ich gerade, dass ich keine Geduld habe.

In China waren die Kinder irgendwie cooler. Hier ziehen sie an meinem Arm, wollen dauernd Aufmerksamkeit, tatschen auf mein Kindle, wenn ich versuche zu lesen, oder wollen es mir wegnehmen. Das hätten sich die Kids in China nie getraut. Wahrscheinlich, weil sie dort viel schlimmer bestraft werden. Vielleicht wären sie sonst genauso, auch wenn ich mir das nicht vorstellen kann. Hier werde ich eher von manchen Kindern gehauen, so dreist sind die.

Irgendwie hatte ich auch selber mehr Respekt vor den Kindern in China, weil sie in allem, was ich lernen wollte, so viel besser waren. Hier fühlt es sich eher wie eine Schlacht an, in der ich ganz alleine gegen eine Legion von Kobolden kämpfe, die sich nicht im Geringsten für das interessieren, was ich ihnen beibringen könnte.

Children need love especially when they do not deserve it.

Hm. Das hört sich schlau an. Von nun an werde ich Kinder beglückwünschen, die andere schlagen und ihnen Süßigkeiten geben. Das ist ja anscheinend die Essenz von Liebe. Und ich bin jetzt zynisch.

War ich früher auch so ein Monster? Meine armen Eltern. Wie lange hat die Monsterphase gedauert? Fragen über Fragen. Ich weiß auf jeden Fall, dass ich nicht aus dem Holz bin, aus dem Lehrer gemacht werden. Oder aus dem Gestein. Überhaupt habe ich mir die Schule entspannter und einfacher vorgestellt: Alle sprechen fließend Englisch und sind total gespannt, was ich Tolles mit ihnen machen werde. Ich kann eine Aufgabe an die Tafel schreiben, und schon höre ich nur noch das Kratzen von Stiften, die fleißig über das Papier huschen. Fragen werden mit Meldungen angekündigt und Antworten in ganzen, klaren Sätzen formuliert. Meine Lektionen werden von meinen Schülern aufgesogen wie von Schwämmen, die zehn Tage in der Sahara gelegen haben.

Doch die Realität ist noch härter als meine Zeit in der Kung-Fu-Schule. Kein Scherz. Das hier ist eine komplett ungewohnte Aufgabe und eine riesige Herausforderung.

Für das Wochenende der zweiten Woche geht es zurück nach Nellore. Die Nacht verbringe ich damit, von Moskitos vergewaltigt zu werden. Erst gegen Morgen schlafe ich schließlich ein.

Am Vormittag nimmt mich Rahul, der ältere Sohn der Familie, auf seinem Motorrad mit zu einer riesigen Mall. Die Eindrücke der Stadt sind überwältigend, ich komme mir vor, als sei ich auf einem fremden Planeten gelandet. Fehlt nur noch ein zweiter Mond am Himmel.

Abends sitzen der Vater und der Opa vor dem Fernseher und gucken Kricket. Ich soll mich dazusetzen, auch wenn ich die Regeln nicht verstehe. Kricket und Baseball sind für mich einfach keine Sportarten, egal wie ich es drehe und wende. Es ist einfach so frustrierend undynamisch und langweilig. Aber ich tue ihnen den Gefallen.

Am Sonntag soll ich mit in die Kirche. Ich fühle mich ein bisschen ungepflegt, als ich mich mit den anderen auf den Weg zum Gottesdienst mache. Opa und Papa und die Jungs haben weiße Hemden an, Mama und Oma bunte Saris, die Tochter trägt ein richtiges Prinzessinnenkleid und hohe Schuhe. Ich trage ein T-Shirt, auf dem *The Amazing Adventures of Black Widow* steht, und eine kurze Fußballhose vom holländischen Nationalteam. Außerdem brauche ich langsam wirklich einen Haarschnitt und 'ne Rasur.

Ich bin selbst Protestant, aber jetzt nicht aktiv oder so. Wir gehen einmal im Jahr an Weihnachten in die Kirche, und Robert darf nicht mehr mit, weil er beim letzten Gottesdienst eingeschlafen ist. Das erzähle ich dem indischen Vater, der meint, der Schlaf in der Kirche sei der beste, weil man bei sich sei und niemanden störe.

In der Kirche hängen überall Ventilatoren an der Decke, die dafür sorgen, dass die lila Gewänder des Priesters drama-

tisch flattern. Der Priester spricht in ein Mikro, dessen Box direkt neben mir steht, das ist sehr unangenehm. Er redet ausgerechnet vom alten Teil der Bibel, der Protestanten und Katholiken am meisten trennt. Meiner Meinung nach ist die Geschichte, in der Abraham seinen Sohn opfern soll, eine Arschlochaktion.

Als er dann die »anderen« Christen vom Abendmahl ausschließt, indem er sagt, sie sollen bitte sitzen bleiben, denke ich mir: Ich wollte eh nicht mitmachen! Fast als Antwort darauf kriege ich kurz vor dem Ende des Gottesdienstes noch eine Ladung Weihwasser in den Rücken. Hinterhältig, dieser Messdiener!

Anschließend schleppt mich meine indische Family zu einer zweiten Kirche in der Nähe, vor der sich eine riesige Menschenschlange gebildet hat. Es ist eine Art Wallfahrtskirche, zu der Leute aus ganz Indien kommen, um Gott um Gesundheit zu bitten, erklärt mir die Oma. Ich soll für meinen Arm beten, meint sie. Er ist immer noch in Gips.

Ich reihe mich also in die Schlange ein, weil ich nicht unhöflich sein will. Am Ende der Schlange bleiben die Leute vor einer Scheibe stehen, berühren sie mit ihrem Mund und beten. Ich muss kurz an die ganzen Krankheitserreger denken, die an der Scheibe kleben, reiße mich dann aber zusammen und lege aus Gruppenzwang wenigstens meine Hand kurz auf das Glas. Danach will ich schnell raus aus dem Gewusel, aber ein alter Priester mit einer Plastikflasche voll Weihwasser hält mich auf und besprenkelt meinen Arm damit. Ich bedanke mich und habe ein schlechtes Gewissen, dass das Weihwasser an mich verschwendet wurde. Bestimmt geht jetzt irgendein armer, kranker Mann, der 100 Kilometer hierhergepilgert ist, leer aus.

Nach der Weihwasserattacke ist immer noch nicht Schluss. Die Familie setzt sich für gut 15 Minuten auf eine der Holzbänke in der Kirche. Sie beten nicht wirklich, sondern gucken sich die Bilder an der Wand an. Darauf sind Wunder abgebildet, die sich in der Umgebung ereignet hätten, erklärt mir die Oma. Ich habe noch nie so viele religiöse Menschen gesehen. In Deutschland sehe ich immer nur alte Leute, die aus Angst vor dem Tod in die Kirche gehen. Hier sind alle Altersgruppen vertreten, sogar Babys werden gegen diese seltsame Scheibe gehalten.

Draußen gibt es einen Laden für Religionsartikel, in dem die Familie ein paar Bilder von Jesus und Maria kauft. Für sie ist das wahrscheinlich wie für mich das Sammeln von »Harry Potter«-Stickern. An der Wand hängt ein Schild, auf dem steht, dass man religiöse Artikel nach dem Kauf nicht umtauschen darf. Wenigstens kann man bei den Heiligenbildern sehen, was man kriegt, weil die Verpackung durchsichtig ist. Es ist also doch anders als bei den »Harry Potter«-Stickern. Mann, was würde ich gerade für ein paar original »Harry Potter«-Teil-5-Filmsticker geben! Da gab es seltene, die im Dunkeln leuchteten, und andere mit goldenem Glitzer. Ich weiß noch, wie mein Bruder und ich von meinen Eltern das Sticker-Album auf unserer Autotour durch die norwegischen Lofoten gekriegt haben. Ich hab das Heft immer noch zu Hause in meinem Zimmer. Na ja, egal.

Danach gehen wir in ein Restaurant, in dem man von nassen Plastiklappen isst, die sich als Bananenblätter entpuppen. Die Kellner klatschen aus Blecheimern, ohne zu fragen, Soße auf mein Bananenblatt. Leider rutscht einem der Kellner sein Blecheimer aus der Hand, und er deckt die Frauen an unserem Tisch mit Curry ein. Die gehen damit ziemlich cool um und springen nicht dramatisch auf oder schreien den Kellner an, auch wenn sie sicher nicht glücklich darüber sind, sich das Curry aus ihren Haaren und von ihren Kleidern wischen zu müssen. Das tun sie mit einer Gelassenheit, die mich ehrlich beeindruckt. Was wäre in Deutschland wieder für ein Theater los gewesen: »Ich verlange, mit dem Geschäftsführer zu sprechen! Was für eine Sauerei, eine bodenlose Frechheit, was für ein ungeschickter Idiot!« Volles Programm.

Das Essen war übrigens ziemlich gut. Wenn man fertig ist, kann man durch die Faltung der Bananenblätter anzeigen, ob es einem geschmeckt hat oder nicht. Da gibt es feine Abstufungen, die habe ich aber nicht ganz gecheckt.

Am Nachmittag drängt mich die Tante, eine Facebook-Seite für die Schule zu erstellen, weil die gerade dringend Geld brauche, wie sie sagt. Sie erklärt mir, dass sie bei der Gründung des Waisenhauses und später der Schule noch Unterstützung vom Roten Kreuz hatten. Dass es damals noch Polio gab und das Rote Kreuz kostenlos impfte und sogar Operationen unentgeltlich durchführte. Auch sonst flossen Spenden an die Schule. Nachdem Polio besiegt war, wurde dieser Spendenhahn jedoch abgedreht. Kurz darauf bekamen sie Hilfe von einer britischen Organisation. Da aber die Lebensqualität im Bundesstaat Andhra Pradesh mit der Zeit anstieg, verloren sie auch diesen Sponsor. Seitdem ist die Schule abhängig von privaten Spenden, hat aber extreme Schwierigkeiten, damit über die Runden zu kommen und die Lehrer zu bezahlen. Kein Wunder, denke ich, dass die Oma versucht, mit der Milch ein paar Rupien dazuzuverdienen.

Ich bin froh, endlich eine Aufgabe zu haben, die ich bewältigen kann. Aber die Tante mag ich trotzdem nicht, sie hat offensichtlich Spaß daran, Kevin, den kleinen Hund, mit einem Metallpfannenwender zu hauen. Außerdem ist sie sehr fett und pflanzt ihren dicken Hintern unglaublich gerne auf den Platz neben mir auf die Bank. Egal ob dort mein Handy liegt oder ein Buch – alles wird plattgemacht.

Ich sage ihr, dass ich gerne noch Bilder von den Kindern machen würde, bevor ich die Facebook-Seite baue. Das scheint ihr nicht zu gefallen. Sie will alles schnell und husch, husch. Da sie aber technisch noch unfähiger ist als ich, muss sie warten. Ich weiß nicht, warum sie so böse ist, wahrscheinlich hat sie nicht genug Liebe abgekriegt. Sie ist ein sehr verbitterter Mensch. Das sehe ich an ihren stumpfen Augen, die nur lebendig werden, wenn der Hund aufjault. Ein schlechter Mensch, ein totaler Kontrast zum Rest der Familie. Die anderen erkundigen sich dauernd besorgt, ob ich schon gegessen habe – und dauernd ist wirklich alle fünf Minuten. Es ist immer ein gutes Zeichen, wenn Leuten Essen wichtig ist.

Am späten Sonntagabend fahre ich zusammen mit dem Opa zurück zur Schule. Am Straßenrand sehe ich immer wieder große Häuser, die mit Girlanden und bunten Lichterketten geschmückt sind. Das sind Hochzeitshäuser, die man für die Feier mieten kann. An diesem Abend heiraten erstaunlich viele Leute. Auch an einer Feuerwand kommen wir vorbei, die den Nachthimmel in oranges Licht taucht. Der Opa erklärt, dass dort Zuckerrohr verbrannt wird.

Ich finde, es gibt nichts Schöneres, als nachts durch ein fremdes Land zu fahren. Durch das offene Fenster weht frischer Wind, und man riecht fremde Gerüche. Sogar Müll riecht in diesen Momenten irgendwie gut.

24

Roshani

Die neue Woche bringt wenig Änderungen. Wenn ich morgens aufwache, fühle ich mich an manchen Tagen ein bisschen, als wäre ich wieder in der Schule: Ich liege im Bett, bin wach, will aber nicht aufstehen.

Das einzig Neue ist, dass ich von den Lehrern inzwischen eingesetzt werde, wenn sie genug von ihren Klassen haben. Während sie draußen sitzen und am Handy herumspielen, darf ich dann versuchen, der animalisch grinsenden Meute eine Aufgabe zu erklären. Was das angeht, habe ich eigentlich schon die niedrigsten Erwartungen. Die trotzdem immer wieder unterboten werden. Ich will damit nicht sagen, dass die Kinder blöd sind. Eher, dass ich unfähig bin, mit ihnen zu kommunizieren, und sie immer noch nicht raffen, dass ich kein Tamil spreche. Wenn es nicht auf Englisch geht, dann geht es nicht. Außer Mathe vielleicht, aber auch da muss man irgendwann etwas erklären. Wenn mir einer der Schüler frech etwas auf Tamil zuruft, dann reagiere ich auf Deutsch. Das verstört manche Kinder so sehr, dass sie fast weinen.

Meistens greife ich dann so schnell wie möglich nach einer Kreide und male Bananen, Clowns und Drachen an die Tafel. Manchmal, wenn ich besonders viel Energie habe, versuche ich doch noch, eine kleine Englischlektion einfließen zu lassen. Einmal hat eine Lehrerin »he have a car« an der Tafel stehen gelassen. Ich habe das entsetzt weggewischt und versucht, den Kindern »he, she, it, das s muss mit« zu erklären. Auf Englisch. Sie schrieben alles munter ab und schrien noch aktiver alles nach. So richtig verstanden hat es keiner. Zwischendurch mache ich Fotos für die Facebook-Seite. Wenigstens das finden die Kids super.

Mit Roshani verbringe ich immer noch sehr viel Zeit, auch wenn mich meine Mutter gewarnt hat, dass ich die Finger von indischen Mädchen lassen soll. Meine Mutter ist nicht rassistisch, es geht ihr nur um mein Wohlergehen. In Indien, sagt meine Mutter, werden die Mädchen auf dem Land schon früh verheiratet, und es ist alles noch ein bisschen so wie im Mittelalter. Wenn du ein Mädchen auch nur anguckst, kann es passieren, dass ihre Brüder oder gleich das ganze Dorf auflaufen, um ihre Ehre wiederherzustellen.

Ich weiß nicht, was ich tun soll. Ich habe sonst niemanden, mit dem ich wirklich gerne Zeit verbringe. Nach der Schule setze ich mich in einen der Plastikstühle und lese mein E-Book, und wenn sich dann zwei Hände von hinten vor meine Augen schieben, weiß ich, wer gerade die letzte Schulstunde hinter sich hat. Wir kochen jeden Abend zusammen. Ich zeige ihr, wie man Walzer tanzt, das findet sie lustig, und ich zeige ihr, wie man Klappmännchen malt. Das ist etwas, das ich früher immer mit meinem Vater gespielt habe. Einer fängt mit dem Kopf an, faltet das Papier, gibt es weiter, und der andere muss dann den Hals malen. Dann wird wieder gefaltet, weitergemalt, bis am Ende dann ein merkwürdiges, zusammengesetztes Wesen mit sechs Füßen herauskommt, einer Cola-Flasche als Bauch und Spaghetti als Arme oder so etwas in der Art.

Irgendwann fängt Roshani an, Strichmännchen zu malen, die Hand in Hand auf einer Schaukel sitzen oder spazieren gehen. Ich weiß nicht recht, wie ich darauf reagieren soll. Dann schenkt sie mir ein Armband aus Tonperlen, das sie selbst gemacht hat. Ich will es nicht annehmen, aber sie besteht darauf und meint, dass ich es ihr ja am nächsten Tag wiedergeben könne. Das ist eine Lüge, die ich leider zu spät durchschaue. Am Abend gibt sie mir bei unserer Gute-Nacht-Umarmung einen Kuss auf die Wange. Ich finde es wunderbar, wenn ein Mädchen mir einen Kuss gibt. Auch wenn ich eine kleine Stimme im Hinterkopf habe, die leise flüstert: Jetzt musst du aufpassen, oder du bist am Arsch! Ich bin trotzdem ziemlich guter Stimmung.

Am nächsten Abend kommt Opa in die Küche, und als er mich dort mit Roshani sieht, wird er ganz ernst. Er verbietet mir, mit ihr zu kochen. Das Mädchen müsse lernen, die Mädchen hier seien überhaupt alle untreu. Die Leute würden reden, und wenn Roshanis Eltern das rausfänden, wäre die Schule in Schwierigkeiten. Außerdem solle ich mich lieber besser um die Jungen kümmern, die hätten das mehr verdient als die Mädchen.

Ich fühle mich ziemlich scheiße. Ich weiß, dass er recht hat, finde aber die Gründe, die er aufführt, komplett gemein. Nicht nur gegenüber Roshani, sondern allen Mädchen gegenüber, die hier wohnen und die immer voll viel im Haushalt und in der Küche helfen müssen. Im Gegensatz zu den Jungs, die sich nur prügeln, mit Steinen werfen und Kricket spielen. Außerdem hasse ich es, wenn mir jemand sagt, was ich zu tun oder zu lassen habe. Deswegen war ich auch so froh, als ich das Abitur hatte. Und jetzt erklärt mir ein Opa in Indien, dass ich meine Zeit nicht verbringen darf, mit wem ich will.

Ich hatte gar nicht vor, etwas mit Roshani anzufangen, das wäre ihr gegenüber einfach unfair. Ich bin nur froh, jemanden zu haben, dem ich nicht egal bin. Ich fühle mich wie ein vierjähriges Kind kurz vor einem Tobsuchtsanfall. Aber ich beiße mir auf die Lippen und schweige. Freiheit ist manchmal eine dicke Lüge. Aber es gibt in jeder Kultur Regeln, und wenn man die nicht befolgt, ist man ein Arschloch. So einfach ist das. Klar finde ich es nicht gut, wie die Mädchen hier behandelt werden, und es ist auch extrem komisch, dass man nicht einfach mit einem Mädchen befreundet sein kann. Aber ich bin nun mal in einem anderen Land, und da muss ich mich an die Regeln vor Ort halten. Das hier ist kein Disney-Film, in dem das Gute das Böse besiegt, sondern die Realität in einem Dorf in Indien. Das muss ich akzeptieren.

Nach dieser verordneten Kontaktsperre fühle ich mich an der Schule noch einsamer als vorher. Das Kochen mit Roshani war immer ein toller Abschluss an einem anstrengenden Tag gewesen. Es fehlt mir. Sie guckt auch immer sehr traurig, wenn ich sie beim Beten oder beim Hausaufgabenmachen sehe. Meine Wut auf den Opa hält eine ganze Weile an. Sie verfliegt erst ein wenig, als er eines Tages verkündet, dass wir zu seiner Mangoplantage fahren würden. Andere Lehrer sind auch mit dabei.

An einem Abend um sieben Uhr geht es los. Auf der Plantage quatscht eine Missionarin zwei Stunden lang über Organic Farming, während es langsam dunkel wird und alle ihre Smartphone-Lampen einschalten und auf sie richten. Sie spricht Tamil, was das Ganze besonders lehrreich für mich macht. Ich versuche trotzdem, so fasziniert wie möglich zu lauschen, während ich von Mücken zerstochen werde. Natürlich bin ich der einzige Idiot mit kurzen Hosen. Die Männer stehen alle im Halbkreis um die Missionarin, die es offenbar genießt, im wörtlichen Sinn im Scheinwerferlicht zu stehen. Für meinen Geschmack spielt sie sich ein bisschen zu sehr auf. Die Leute stellen Fragen und saugen alles auf, was sie sagt, als wären es die Worte einer Gottheit. Wenn sie einen Witz macht, was sie sehr häufig tut, lachen alle ein wenig zu laut. Ich will einfach nur noch mein Abendbrot und ab ins Bett. So hatte ich mir den Ausflug nicht vorgestellt, an den Bäumen hingen noch nicht mal Früchte.

Am darauffolgenden Wochenende fährt Opa nicht nach Nellore, auch wenn er jeden Tag behauptet, wir würden fahren. Aber erst abends, wenn ich alles gepackt hätte. Abends dann: »Was? Nein, heute nicht. Morgen fahren wir!« So als hätte ich ihn falsch verstanden. Ich spüre mit jedem Tag mehr Liebe für ihn ... Das Hinhalten nervt, außerdem habe ich an der Schule kein WLAN, und meine Eltern machen sich bestimmt Sorgen, wenn sie nichts von mir hören.

Schließlich fahren wir am Dienstagabend endlich zurück in die Stadt. Zeit scheint in Indien sehr anders zu funktionieren. Wenn man sich in Deutschland für sieben Uhr abends verabredet, dann trifft man sich um sieben oder ein wenig später. In Indien hat man eine Fifty-fifty-Chance, dass es überhaupt am vereinbarten Tag klappt.

25

Barfuß in der Radiologie

In Nellore besuche ich ein indisches Krankenhaus, um meinen Arm mal wieder röntgen zu lassen. Das Wartezimmer hat die Größe eines Wohnzimmers, es gibt drei Bänke mit je vier Plätzen. Einer ist noch frei. Bevor ich mich hinsetze, muss ich aber meine Flip-Flops auf einem Stapel an der Seite ablegen. Alle sind barfuß. Neben mir sitzt eine dicke Frau in traditioneller Tracht (inzwischen assoziiere ich den Sari leider immer mit einer Kohlroulade); sie bringt die Bank jedes Mal gefährlich zum Quietschen, wenn sie sich bewegt.

Der Fahrer, der mich gebracht hat, spricht mit der Rezeptionistin, ich kann mich entspannen und umgucken. Auf Schildern an der Wand lese ich:

Diabetes is closer than you think.
Swine flu vaccine only 1000 Rps.

Ein Bild zeigt Jesus in einem Operationssaal, wie er die Hand der Ärzte leitet.

Irgendwann bin ich an der Reihe. Der Doktor ist mehr an mir als Ausländer als an der Geschichte meiner Verletzung interessiert und fragt mich, in welchen Ländern ich schon war und was für Sportarten ich außer Kung-Fu denn so mache. Mir ist das recht, ich bin es leid, immer dieselbe Story zu erzählen. Ich mache ihm klar, dass ich einen X-Ray brauche. Das Röntgengerät befindet sich unter einer Treppe in einer unscheinbaren Kammer, die sich als Toilette entpuppt, die zu einer Dunkelkammer umfunktioniert worden ist. Zwei gelangweilte Inder steuern das Röntgengerät. Es erinnert mich an den Roboter Wall-E aus dem Disney-Film *Der Letzte räumt die Erde auf*. Und ja, auf meine Bitte zieht mir einer der Inder die Bleiweste über und tut das auch pflichtbewusst gleich selbst. Erstaunlicherweise funktioniert die altmodische Maschine schneller als die modernen Varianten, die ich bis dahin gesehen habe. Nach fünf Minuten sind die Bilder fertig. Ich bezahle umgerechnet vier Euro, und wir fahren zurück nach Hause, von wo aus ich die Bilder an meinen Arzt in Deutschland schicke.

Es sehe gut aus, mailt der zurück, ich könne meinen Gips entfernen lassen und jetzt langsam mit der Reha beginnen. Wie die aussehen soll, weiß ich allerdings nicht wirklich, egal, endlich bin ich das Scheißteil los. Ich kaufe mir ein paar Hanteln, ein Springseil und vier Tennisbälle. Durch das Jonglieren will ich die Koordination wiederherstellen. Da mir die Oma verboten hat, im Dorf laufen zu gehen, weil es zu gefährlich sei, werde ich mein Kardioprogramm mit dem Seilspringen erledigen, wenn wir wieder zurück sind. Die Gewichte sollen helfen, meine Muskeln wiederaufzubauen, ich merke aber schnell, dass zwei Kilo noch zu viel sind. Überhaupt mache ich mir Sorgen, wann ich wieder einen normalen Arm haben werde. Meine sportliche Untätigkeit wirkt sich schon seit einiger Zeit extrem negativ auf mein Gemüt aus. Ich habe mich immer sehr über mein Körpergefühl definiert, und jetzt muss ich zusehen, wie ich langsam einroste. Ich fühle mich unwohl in meiner eigenen Haut. Auf Sport konnte ich immer zurückgreifen, wenn ich schlechte Laune hatte, doch das geht seit einer Ewigkeit nicht mehr. Schon seit Wochen kriege ich immer wieder plötzlich Krämpfe, habe Rückenschmerzen und andere Dinge, die mir bisher fremd waren. Außerdem hat sich so nach und nach alles, was vorher Muskel gewesen ist, in Fett verwandelt. Ich habe das erste Mal in meinem Leben einen kleinen Bauch. Ich bin mir selbst fremd. Die Person, die ich im Spiegel sehe, ist nicht die Person, die ich bisher für Paul hielt. Und ich habe Angst, nie mehr ganz der Alte zu werden.

In der Wohnung in Nellore wird mein Bett netterweise aus dem Zimmer mit dem Fenster, das sich nicht schließen lässt, ins Wohnzimmer verlegt, was neue Komplikationen mit sich bringt. Ich kann nicht mehr ausschlafen, weil die fette Tante um sechs Uhr morgens den Fernseher voll aufdreht. Wenn ich erschrocken aufwache, guckt sie nur belustigt. Hass ist ein zu mildes Wort. Spätestens um elf Uhr schreit sie: »Paul, steh auf, warum schläfst du noch?« Später fragt sie mich, ob es für mich normal sei, zu Hause nicht mitzuhelfen. Ich bin so perplex, dass ich eine Weile brauche, um zu antworten. Ich hatte immer versucht, meinen Teller abzuräumen oder abzuwaschen, aber jedes Mal war eine Haushaltshilfe da, die mir den Teller weggenommen hat. Ich sage der Tante, dass ich zu Hause gerne mit meinen Eltern koche, Wäsche würde ich auch machen oder einkaufen – was halt anstehe. Es scheint sie nicht weiter zu beeindrucken, denn sie wechselt gleich das Thema: Wie ich das indische Essen fände. Ich sage, dass es super ist, das freut die Tante. Nicht so sehr mag sie, dass ich mir inzwischen einen Sport daraus mache, die Dinge, die mir Oma zum Essen anbietet, anzunehmen und die von der dicken Frau auszuschlagen. Sie guckt dann immer dreimal so finster und scheint gleich in ihrem Nationalstolz gekränkt, der sich in Indien aus meiner Sicht über das Essen definiert. Allerdings bietet die Tante mir auch gerne Fisch zum Frühstück an. Und wenn ich ihr sage, dass ich keinen Hunger habe, packt sie das Essen mit der Hand und hält es mir wie einem Hund vor. Oma hingegen nickt nur verständnisvoll, wenn ich eine Stunde nach dem Frühstück nichts zu Mittag essen kann. Wenn ich sage, dass mir das Essen geschmeckt hat, was es auch immer tut, strahlt sie wie die Sonne selbst.

Am Samstagmorgen nimmt mich Rahul mit ins Kino, wo wir um halb elf Uhr morgens *Tomb Raider* gucken. Alicia Vikander mit Muskeln zu sehen, während ich mich wie ein nasser Waschlappen fühle, ist nicht gerade ein Boost für mein Ego. Auch weil ich mir zum Film noch einen Eimer Karamell-Popcorn genehmige.

Nachdem ich Lara Croft dabei zugeguckt habe, wie sie den halben Film an einem Arm über unterschiedlich tiefen Schluchten hängt, geht es weiter zum Friseur. Ich habe ein Foto dabei, aber der Friseur hat so seine eigene Idee, wie ich auszusehen habe. Er will meine Haare wie bei einem Igel hochstylen. Das will ich nicht, aber das spielt keine Rolle. Als ich den Laden verlasse, sehe ich aus wie ein zehnjähriger Fan von Sergio Ramos. Mein Gastbruder findet das extrem cool und macht mit seinem iPhone begeistert Bilder von mir. Er hat alles von Apple: Watch, MacbookPro, iPad ... einfach alles.

Natürlich will Rahul wieder wissen, was ein Haarschnitt und ein Kinobesuch in Deutschland kosten. Ich mache ihm die Freude und beschwere mich, wie teuer alles in Deutschland ist und wie billig dagegen in Indien. Das freut Rahul: Dann kann man ja in Indien fünf Mal ins Kino gehen für den Preis von einem Mal in Deutschland! Wie gesagt, Rahul hat Economics studiert und liebt Schnäppchen. Oft kommt er mit neuen Klamotten ins Wohnzimmer und lässt alle raten, wie wenig er bezahlt hat.

Insgesamt finde ich aber, dass er wirklich ein sehr netter Typ ist, auch wenn er seine Macken hat, aber wer hat die nicht? Im Gegensatz zu seinen Geschwistern, mit denen ich wenig anfangen kann. Das Mädchen ist so gesprächig wie ein Stein.

Ich: »How was church?«

Sie: »Good.« (starrt weiter auf ihr Smartphone)

Ich: »How was your day?« (wenn sie von der Schule wiederkommt)

Sie: »It was good.«

Wow, drei Wörter!

Der Vater, den ich nicht so häufig sehe, ist sehr nett und lustig. Er hat zwanzig Jahre lang auf Schiffen gearbeitet und die ganze Welt gesehen. Als sein eigener Vater Lungenkrebs bekam, hat er damit aufgehört und sich ein Jahr um ihn gekümmert. Seit dem Tod des Vaters arbeitet er für Schiffe an Land, Transport und Logistik nennt man das dann.

Wieder habe ich einen Einblick, wie Familien anderswo zusammenleben. Meine Großeltern mussten wir in ein Altersheim bringen, als Opa immer mehr vergessen hat. Mit ihnen zusammen in einem Haus zu leben ist für mich beinahe unvorstellbar. Es ist trotzdem toll zu sehen, wie hier alle irgendwie zusammen in einer kleinen Wohnung klarkommen. Die Kinder sind meistens vormittags in der Schule, Rahul ist bis abends arbeiten. Gegessen wird nicht immer zusammen, aber wenn einer nach Hause zurückkommt, kriegt er was. Nur abends sitzen Oma und Opa mit der Dicken und den Haushaltshilfen zusammen, um gemeinsam zu essen. Nebenbei läuft der Fernseher, der gleich morgens eingeschaltet wird. Von den Haushaltshilfen sind zwei behindert, die eine geistig, die andere hat eine Laufbehinderung und einen verkrüppelten Arm. Sie tut mir leid, weil sie genauso hart arbeiten muss wie alle anderen. Sie sagt immer sehr euphorisch »Good morning, brother!«, wenn sie mich sieht.

An einem Nachmittag stelle ich endlich die Bilder von den Kindern, die ich unter der Woche gemacht habe, auf Facebook und schreibe allen meinen Freunden, dass sie die Seite doch bitte unterstützen sollen. Darauf antworten vielleicht vier Leute. Nach einer Woche habe ich um die vierzig Likes. Aber keiner hat sich gemeldet, um zu spenden. Das ist eine der Sachen, die mich an Facebook nerven. Einerseits ist es toll, wie einfach man Leute überall auf der Welt erreichen und auf Dinge aufmerksam machen kann. Andererseits sind alle so passiv. Es wird geliked und geteilt, aber wirklich etwas getan wird beinahe nie.

Deswegen war ich gegenüber der ganzen Spendenaktion auch von Anfang an skeptisch eingestellt. Die Familie und

Ravi haben sich das ein bisschen zu einfach vorgestellt. Dauernd werde ich gefragt, ob ich meinen Eltern erzählt habe, was ich hier mache und ob es schon Spenden gibt. Ich verstehe ja, dass ich als Europäer für sie eine gute Möglichkeit bin, Leute zu erreichen, die das Geld haben, um in ein Projekt zu investieren. Aber ihre Erwartungen sind einfach zu unrealistisch. Die Leute spenden nicht einfach so für ein Projekt. Menschen denken immer zuerst an sich und dann an andere. Und wie macht man Leuten klar, warum dieses Projekt ihr Geld verdient hat und nicht ein anderes?

Es ist trotzdem unangenehm, wenn man fünf Mal am Tag gefragt wird, ob es Neuigkeiten gibt, und man die Hoffnungen enttäuschen muss. Ich fühle mich so nutzlos wie schon lange nicht mehr. Wenn ich wenigstens Spenden sammeln könnte, würde ich mich vielleicht nicht so schlecht fühlen.

26

Sind Gabeln glücklich?

Zurück in der Schule, darf ich den Kindern beim Englischunterricht zugucken. Das heißt, alle gucken auf einen Computer, auf dem ein Song über Tischmanieren läuft:

I have table manners
You have table manners
Yes we do! Hurrah!
Come children sing along!

Das Lied ist irgendwie scheiße, aber es regt mich doch zu einer interessanten Frage an: Gibt es irgendeine international geltende Tischregel? Ich bin mittlerweile so lange unterwegs, dass mir die ganzen Dinge, die meine Mutter mir beigebracht hat, komisch vorkommen. In Indien rülpsen Frauen, wenn ihnen danach ist, man kann seinen linken Ellbogen auf den Tisch stützen, man isst mit der rechten Hand. Und auch in China wurde sehr geräuschvoll gegessen, was in Europa ja allgemein als unfein gilt. Ich hatte damit nie ein Problem. Wahrscheinlich mache ich das jetzt auch unbewusst. Auch spucken die Leute in Asien gerne. Das habe ich allerdings nicht übernommen.

Die ganzen gesellschaftlichen Ansichten und Regeln

kommen einem beim Reisen einfach wie ein Witz vor. Schönheitsideale, Benimmregeln, all diese Dinge variieren so extrem. Was in einem Land tabu ist, ist in einem anderen ein Muss. Und trotzdem ist es unsensibel, sich nicht daran zu halten.

Vom Table-Manners-Song ging es weiter zu:

Brush, brush, brush your teeth two times a day
Children sing along, are you ready?

Nein, sind wir nicht. Halt die Klappe!

How to build a relationship:
Be nice be sweet
Don't be rude or mean
And everyone will love you

Ja, wenn es doch nur so einfach wäre. Ach ja.

Die Lieder werden alle von der schlechtesten Zeichentrickanimation, die ich je gesehen habe, begleitet, und die übertrieben glückliche, hochmotivierte Frauenstimme treibt mich fast in den Wahnsinn.

An einem Samstagmorgen gucke ich den Kindern beim Beten zu. Im Gartenhaus hängt ein Bild von Jesus in einem gelben Buddha-Gewand im Yogisitz. Anscheinend nehmen die Katholiken hier ein bisschen von allem, die Mischung macht's. Die Kinder sollen beim Beten die Augen geschlossen halten. Manche kneifen die Augen so fest zu, dass man Angst hat, dass sie sie nie wieder öffnen können. Andere schummeln und linsen mit einem Auge, wieder andere schlafen ein.

Nach der Andacht soll ich mich mit einem Teil der Kinder beschäftigen. In der Stadt habe ich Wachsmaler, Wasserfarbe und riesige weiße Pappen gekauft. Damit gelingt es mir, jedes Kind zu beschäftigen, na ja fast. Die Aufgabe lautet: »Male dich und deine Familie.« Damit sie wissen, worauf ich hinauswill, mache ich eine kleine Skizze und schreibe unter die vier Strichmännchen: »Paul, Oscar, Mama, Papa«.

Zu meinem Erstaunen kommt schon eine Minute später der Erste zu mir, um mir sein fertiges Bild zu zeigen. Der Kleine hat die ganze große Pappe leer gelassen, ganz unten entdecke ich eine winzige Bleistiftkopie meiner Skizze, inklusive der Namen. Als ich mir die anderen Bilder angucke, sehe ich dasselbe. Niemand hat mich verstanden.

In den nächsten drei Kindergartenklassen stoße ich auf dasselbe Problem. In der Klasse mit den Acht- bis Zwölfjährigen habe ich dann meinen ersten kleinen Erfolg. Eines der zwei Mädchen versteht Englisch und übersetzt die Aufgabe für den verwirrten Rest. Damit klarer wird, worum es geht, zeige ich diesmal ein echtes Bild von meiner Familie und unserer dicken Katze vor unserem Haus, aber als ich es wegstecke, wollen alle, dass ich es wieder raushole. Ich muss ihnen drei Mal erklären, dass sie nicht kopieren sollen, sondern ihre eigene Familie zeichnen. Das löst Wellen des Protests und der Verwirrung aus. Einer der Jungen ist den Tränen nahe, er bittet und bettelt, das Foto abmalen zu dürfen. Doch als ich nicht drauf eingehe, fangen sie langsam und widerwillig an. Ich sehe einen Baum, ein Haus, nur an die Menschen traut sich keiner ran. Vor allem bemerke ich, dass die Kinder nicht ihrer eigenen Vorstellung folgen, sondern zum Nachbarn rüberlinsen und nachzeichnen, was der schon aufs Papier gebracht hat.

Ich finde es schlimm, wenn Schule Kindern ihren eigenen Stil abtrainiert. Wenn es für alles Regeln braucht. Das passiert in Deutschland genauso. Egal, ob es ums Schreiben oder Zeichnen geht. Der Schüler soll nicht so schreiben, wie er schreibt, sondern wie es dem Lehrer gefällt. In der Rechtschreibung sind Regeln natürlich sinnvoll, aber wenn es um Stil, um einen kreativen Prozess geht?

Klar, manchmal können Regeln auch bei einem kreativen Prozess helfen. Wenn zum Beispiel die Aufgabe lautet: »Erzählen Sie eine Geschichte rückwärts«, trainiert dies das logische Denken und bringt Erkenntnisse darüber, dass jede Geschichte in Teile unterteilt ist, die aufeinander aufbauen. Oder die Aufgabe: »Beschreiben Sie aus der Perspektive einer Gabel deren Alltag.« Der Schüler muss die Perspektive wechseln und nachdenken. Kommunizieren Gabeln untereinander? Verstehen sich Gabeln und Messer? Sind sie verwandt, verheiratet oder Feinde? Was ist mit ihrem Lebensraum? Was tun Gabeln in der Schublade, wenn wir sie nicht sehen? Tun sie überhaupt was? Und wie gefällt ihnen die Geschirrspülmaschine? Sind Gabeln glücklich, wenn sie sauber sind?

Kreativität soll Freiheit und Einfallsreichtum verkörpern, Neues erschaffen. Doch wenn Kreativität gleichzeitig Vorgaben folgen muss, wenn dadurch die zur Verfügung stehenden Mittel limitiert werden, ist das dann nicht ein Widerspruch in sich? Vielleicht ist es so, dass das Gehirn gerade dann, wenn es Regeln erkennt, diese als Herausforderung wahr-

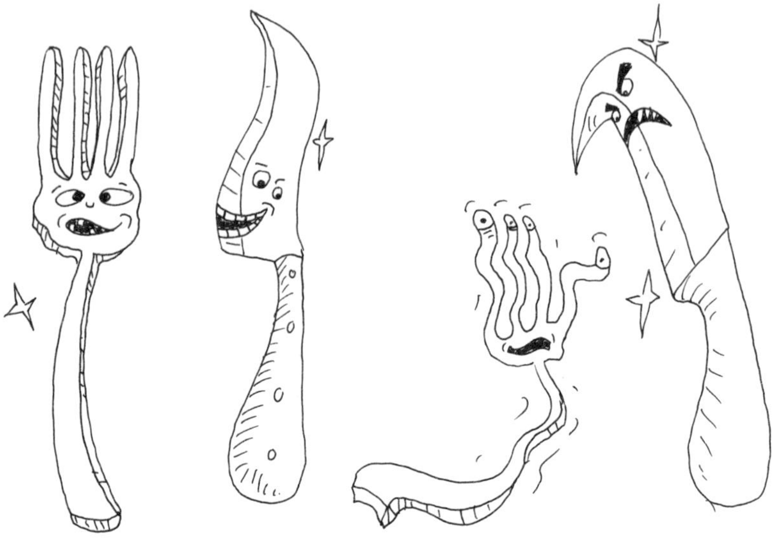

nimmt. Wie kann man die Regeln am interessantesten einhalten oder subtil untergraben? Auch kann durch das Verbot eines bestimmten Mittels ein anderes hervorgehoben und isoliert trainiert werden. »Schreibe eine Geschichte in der Ersten Vergangenheit.« Das trainiert offensichtlich das Erzählen einer Geschichte in der Vergangenheit, indem es alle anderen Möglichkeiten eliminiert. Das isolierte Training bringt den Vorteil der gezielten Verbesserung. Wenn ich weiß, dass ich Schwierigkeiten damit habe, Vergangenes zu beschreiben, so kann ich das gezielt üben, indem ich mich allein auf meine Schwäche konzentriere. Der Rest kippt dann eben hinten runter. Ich kann in allen möglichen Disziplinen des Schreibens/Zeichnens herausragend sein, aber wenn ich alles zusammenbringen soll, weiß ich nicht wie. Dafür braucht es dann eben das freie Training, um alle gelernten

Dinge sinnvoll zu verknüpfen und im richtigen Maß einzusetzen.

All diese Gedanken kommen mir, als ich die verzweifelte Reaktion des Jungen sehe. Er hat so große Angst, selbst etwas zu zeichnen, dass er beinahe heult. Freiheit kann Angst machen. Wenn es keine Regeln gibt, wie kann ich dann Fehler verhindern? Wie kann ich etwas richtig machen?

So geht es vielen in meinem Alter, wenn die Schule plötzlich vorbei ist. Die Schule hat die Regeln gesetzt, das Programm vorgegeben. Die Antwort auf die Frage, wie sich diese Leerstelle füllen lässt, ist für mich bisher: einfach irgendwas tun, was für mich Sinn macht. Für mich ist das gerade Reisen. In der Kunst oder der kreativen Entfaltung sollte es meiner Meinung nach kein Richtig und Falsch geben. Genauso, wie es im Leben kein Richtig und Falsch geben sollte.

27

Fighting Dirty

Die Oma hat früher, bevor sie die Schule gegründet hat, dreißig Jahre als Krankenschwester gearbeitet. Dabei hat sie sich auf die Behandlung von Polio spezialisiert. Überall auf den Straßen sieht man Leute mit den typischen Lähmungserscheinungen, auch an meiner Schule gibt es einige, deren Arm oder Bein so dünn ist wie bei einem Skelett und unnatürlich absteht.

Vor Indien wusste ich nur, dass Polio eine dieser ganz fiesen Krankheiten ist. Aber das ist eine krasse Untertreibung. Für den Poliovirus sind vor allem Kinder anfällig, die Ursache ist schlechte Hygiene. Im Extremfall führt Polio zum Tod. Wenn das Nervensystem erst angegriffen ist, kann man den Schaden nicht mehr beheben. Beine und Arme erstarren und können nicht mehr bewegt werden. Die Behandlung der Erkrankten zielt darauf, das Leben mit der Lähmung zu verbessern. Das heißt, das Bein wird über einen längeren Zeitraum geschient, sodass es irgendwann gerade ist. Danach muss ein spezieller Schuh getragen werden, der dabei hilft, das Bein in der neuen, geraden Position zu fixieren. Geschieht dies nicht, bleibt der Unterschenkel häufig zu neunzig Grad angewinkelt.

Durch das Polio-Impfprogramm konnte die Krankheit ausgerottet werden. Das heißt, es gibt seit 2011 offiziell keine neuen Fälle mehr. Doch die Opfer von Polio müssen nach wie vor mit ihren Lähmungen leben, die Hausangestellte zum Beispiel, oder der alte Mann auf der Straße, dessen Bein unnatürlich absteht und ganz abgemagert ist. Ich komme mir mit meinem gebrochenen Arm wie ein Weichei und undankbar vor.

Seit ich erfahren habe, dass Oma sich um Polio-Opfer gekümmert hat, habe ich noch mehr Respekt vor ihr. Und ich mache mir Sorgen, weil sie seit Neuestem immer so verwirrt ist. Erst gestern hat sie mich angehalten und einen halben Satz an mich gerichtet, aber dann nicht mehr gewusst, was sie mir noch sagen wollte. Es ist ihr nicht mehr eingefallen. Ausgerechnet Oma. Indien schockt mich immer dann, wenn ich denke, dass ich jetzt alles gesehen habe.

Ich bin jetzt seit einem Monat hier und gewöhne mich langsam an den Alltag in der Schule und das Rumgehänge in den Pausen. Bei der enormen Hitze kann man auch einfach nicht so viel machen. Meine »Untergebenen« kann ich mittlerweile besser bändigen. In den jüngeren Klassen teile ich am Anfang der Stunde Papier sowie Wachsmaler aus, damit können sie keinen Schaden anrichten. Eines meiner Probleme in meinen ersten Stunden war ja neben den Verständigungsschwierigkeiten, dass ich nur Arbeitsmaterialien für die halbe Klasse dabeihatte. Die andere Hälfte langweilte sich dann dementsprechend, und das führte zu destruktivem Verhalten. Jetzt sind alle beschäftigt. Malen soll ja therapierend sein. Ich habe dann eine Stunde Ruhe, bis alle um mich rumwuseln und mir stolz ihre Meisterwerke präsentieren. So einfach kann es sein.

Bei den Sechstklässlern habe ich jetzt immer eine Lehrerin zur Übersetzung dabei, sodass ich kleine Lektionen in englischer Grammatik oder in Farblehre angehen kann (aus Blau plus Gelb wird Grün und so etwas). Beim Lesen bin ich nach wie vor ratlos, aber ich bringe den Kindern jetzt immer Kekse mit, die sie untereinander teilen. So assoziieren sie unsere Stunden hoffentlich mit etwas Positivem. Mittlerweile rufen sie auch nicht mehr: »Paul, Milk, Milkboy!« (Milch klingt auf Tamil leider so ähnlich wie Paul.) Sondern: »Paul, Biscuit? Biscuit eat?«

Ich habe den Kindern auch einen neuen Volleyball, eine Ballpumpe und einen Kricketschläger besorgt. Wenn man vor Ort ist, weiß man, woran es den Kindern wirklich fehlt: an Spielzeug und Süßigkeiten. Ich weiß nicht, ob ich ein schlechtes Gewissen haben soll. Im Moment habe ich noch keins. I fight dirty, so what? Wenn das Ergebnis positiv ist ...

Die Sache mit Roshani hat sich mittlerweile auch etwas entschärft. Nach dem Auftritt von Opa wurde ich eine Zeit lang sogar von anderen Mitarbeitern der Schule davon abgehalten, die Küche zu betreten. Roshani könnte ja dort auf mich warten. Einmal sagte einer, als ich meinen Teller zum Abwasch bringen wollte, ganz ernst: »No, you wait!« Ich dachte, Alter, was ist denn los mit allen?

Die wenigen Male, die ich Roshani danach gesehen habe, hatte ich das Gefühl, sie sei sehr traurig. Jetzt habe ich manchmal das Gefühl, dass sie mich hasst. Ich hoffe, das geht wieder weg. Wenn ich ihr irgendwo begegne und sie »Hallo« sagt, denke ich immer, ich bin in einem schlechten Highschool-Film, so wie sie durch mich durchguckt. Früher hat sie mich angesehen, als gäbe es nur mich. Trotzdem ist es besser so, auch wenn mir die Zeit mit ihr abgeht.

An meinem nächsten Wochenende in Nellore fahre ich mit Rahul und seinem Freund Kumar zum Kino. Beide tragen einen Schnurrbart, das ist hier gerade in. Kumar hat ein neues iPhone und ist ein Blogger. Das heißt, er macht noch mehr Fotos als Rahul.

Wir sind wie immer zu spät dran. Als Kinoliebhaber tut es mir in der Seele weh, zu spät zu einem Film zu kommen. Kaum haben wir uns gesetzt, holen Rahul und sein Kumpel ihre Handys raus. Es gibt nichts, was ich mehr hasse als Leute, die während eines Kinofilms am Handy zugange sind. Auch wenn der Film – *Pacific Rim Uprising* (große Roboter gegen Meeres-Alienmonster) –, wie ich schnell merke, nur aus *Come on we can do this! If we fight together, we can save the world! Yes! They did it!* besteht. Nach zehn Minuten kann man sich den Rest des Films zusammenreimen. Es gibt eine Szene, die mir trotzdem gefallen hat: Da schmückt John Boyega seine Portion Eiscreme mit Streuseln und erinnert dabei an Michelangelo, der gerade die letzten Pinselstriche an der Decke der Sixtinischen Kapelle macht. So eine Szene sagt über den Charakter einer Figur mehr aus als »Ok, let's finish this!«.

In der Pause holen sich meine beiden Begleiter Popcorn mit Butter. Ich passe, ich muss mich noch vom Karamell-Popcorn des letzten Kinobesuchs erholen. Rahul schüttet sich drei Päckchen mit farbigem Pulver auf seine Ladung. Als ich ihn frage, was das ist, nickt er selbstzufrieden und sagt mit werbespothafter Überzeugung: »Add-ons!« Sein Gesichtsausdruck gibt mir das Gefühl, dass ich wirklich noch sehr viel zu lernen habe, was Add-ons angeht. Danach müssen wir zusammen ein Selfie machen, für den Blog von Kumar. Ich fühle mich wie ein siebenjähriger Milchbubi neben den beiden schnurrbärtigen Typen mit ihren männlich-buschigen Augenbrauen. Meine komische Fußballerfrisur hilft da auch nicht wirklich.

Nach dem Kino landen wir in der größten Mall von Nellore. In Asien gibt es irgendwie eine andere Einkaufskultur als in Europa. In Deutschland versuche ich, mich so selten wie möglich in diesen Monstern aufzuhalten. Aber in Indien gehen die Leute in ihrer Freizeit in diese riesigen Malls, gucken sich die Auslagen in den Schaufenstern an und genießen die kühle Klimaanlagenluft. Als Rahul mich fragt, wie ich die

Mall finde, gebe ich meine neue Standardantwort: »It is big. Really big.« Das reicht ihm zum Glück.

In der Mall gibt es eine ganze Reihe von Lokalen und Imbissen. Ich esse etwas Mexikanisches und stürze mich auf meinen Teller, bevor Rahul ein Foto davon machen kann. Er hat Pizza bestellt und einen Käsekuchen, der als Erstes serviert wird. Aber das stört ihn nicht weiter. Zwei iPhones lichten den Käsekuchen aus jedem erdenklichen Winkel ab, bevor er vernichtet werden darf.

Rahul meint, dass er alle Mädchen in dieser Mall gerne heiraten würde. Er ist verzweifelt darum bemüht, ein Mädchen zu finden, mit dem er eine Familie gründen kann. Ich kann über seine manische Familienfixierung nur entsetzt meinen Kopf schütteln. Wenn ich ihm dann von den 26-Jährigen erzähle, die ich auf meiner Reise getroffen habe und die noch nicht wissen, was sie »später« machen wollen, ist er an der Reihe mit Kopfschütteln. Es sind einfach ganz andere Lebensentwürfe.

In der nächsten Schulwoche erreiche ich ein neues Tief. Am ersten Tag kann ich nicht unterrichten, weil ich Bauchschmerzen habe. Am nächsten Tag darf ich eine Stunde unterrichten und zehn Flyer für das Sommercamp korrigieren. Vor dem Abendessen, ich bin gerade am Lesen, kommt einer der Knilche aus meiner Keksbruderschaft, fällt mir um den Hals und sagt, er wolle nicht, dass ich wieder weggehe. Das ist merkwürdig. Der Junge kann am besten von allen lesen und ist immer unterfordert. Er würde gerne auf Englisch unterrichtet werden, aber seinem Vater fehlt leider das Geld, also ist er im Moment noch mit den anderen Kindern in der

Tamil-Klasse. Weil er für die Englisch-Klasse auch neue Bücher bräuchte, habe ich ein Foto von ihm gemacht, auf dem er ein Plakat mit der Aufschrift: »I want to study English« hochhält. Das haben mittlerweile 58 Leute auf Facebook gesehen. Toll, aber keiner hat auf den Spendenaufruf reagiert.

Ich habe sogar eine E-Mail an das Sekretariat meiner alten Schule geschickt, um auf die Situation der indischen Schule aufmerksam zu machen, mit der Bitte, wenn möglich eine Spendenaktion zu starten. Bis jetzt habe ich noch keine Antwort erhalten. Ich fände es toll, wenn ich den Kindern mehr als Kekse, Wachsmaler und einen Kricketschläger zurücklassen könnte.

28

Indisches Bodybuilding

Um 8:30 Uhr besuche ich wieder den Physiotherapeuten, den die Oma mir empfohlen hat, als ich sie fragte, wo ich wegen der Rehamaßnahmen für meinen Arm hinsoll. Er sitzt allein im Behandlungszimmer, in dem außer einer Liege nicht viel drinsteht. Ich frage mich, ob ich sein einziger Patient bin. Er holt eine kleine blaue Maschine heraus, an der eine Art kleiner Metallkopf angeschlossen ist. Es ist ein Ultraschallgerät, also es macht dasselbe, was Delfine machen, wenn sie sich orientieren, das soll helfen. Als ich das Ding das erste Mal gesehen habe, war ich etwas beunruhigt, aber mittlerweile mag ich unsere kleine Session. Der Therapeut schmiert so ein Gel auf meinen Arm und fährt dann immer wieder mit dem Metallkopf über die Stelle. Ich versuche unterdessen Gespräche anzufangen, die etwa so verlaufen:

Ich: »Wie war dein Tag?«
Er: »Er war gut.«
(unangenehme Stille)
Er: »Am Sonntag ist Palmsonntag.«
Ich: »Ah, ok.«
Er: »Gehst du in die Kirche?«

Ich: »Ja, also wahrscheinlich mit der Familie, bei der ich wohne.«

Er: »Gerade ist die Zeit von Lent.« (irgendetwas Katholisches aus der Bibel)

Ich: »Ja.«

(längeres Schweigen)

Er: »Aus welchem Land kommst du eigentlich?«

Ich: »Deutschland.«

Er: »Oh, Hamburg.«

Ich: »Nein, ich lebe in der Hauptstadt –«

Er: »Nein, ich habe dich gefragt, wo du lebst. In der Hauptstadt – also in Hamburg.« (so als wäre das ein Fakt, den er besser weiß als ich)

Ich: »Nein, in Berlin.«

Er (genervt): »Aber Hamburg ist doch die Hauptstadt.«

Ich: »Nein, ich wohne in der Hauptstadt Berlin.«

Er (erstaunt): »Oh, ich dachte Hamburg ist die Hauptstadt.«

Auch wenn der Therapeut hier einiges durcheinandergebracht hat, fühle ich mich wie ein Arschloch und ein Besserwisser: Schnell schiebe ich nach: »Hamburg ist auch eine große Stadt und sehr wichtig.«

Dann bezahle ich ihm umgerechnet einen Euro und 25 Cent. Draußen wartet schon mein Gastbruder, und wir fahren mit seinem Moped zum Fitnessstudio. Er duscht sich vor dem Training noch mal und sprüht sich mit Deo ein. Als ich ihn frage, warum er das vorher macht, meint er: Wegen dem Schweiß? So als wäre ich auf den Kopf gefallen.

Ich bin das erste Mal in einem Fitnessstudio, die Atmo-

sphäre ist gewöhnungsbedürftig. Alle mustern mich von Kopf bis Fuß. Breitschultrige Inder schieben sich in einer Art Gorillahaltung an mir vorbei, sie sehen aus, als hätten sie sich imaginäre Fässer unter die Arme geklemmt. Bodybuilder posen vor Spiegeln herum, hin und wieder huscht ein unfitter, dünner, frustrierter Mensch vorbei, der so aussieht, als würde er bereuen, einen Fuß in dieses Etablissement gesetzt zu haben. Ich fühle mich wie in einem Zoo.

Ich will mich unter Rahuls Anleitung auf dem Laufband einlaufen, bin aber barfuß und werde sofort von einem Inder mit langer Mähne wieder weggeschickt. In Indien fährt man barfuß Auto, wartet barfuß beim Arzt, läuft barfuß über die Straße – aber aufs Laufband muss man mit Schuhen. Ok. Als ich aus der Umkleide zurückkomme, wartet der Typ schon auf mich. Er sieht es offenbar als seine neue Aufgabe an, mich zu trainieren. Ich soll zwanzig Squats machen, was mich belustigt, aber ich tue, was er sagt. Als Nächstes bringt er zwei Hanteln, worauf ich ihm sage, dass ich meinen Unterarm gebrochen habe und Hanteltraining noch zu früh kommt. Das verwirrt ihn. Was ich denn dann machen will? Ich sage Cardio, also Laufband, von dem er mich ja gerade heruntergeholt hat, Bauch und Beine und was halt so geht. Damit kann er offenbar wenig anfangen und zieht ab. Auch Rahul geht irgendwann, aber ich kann einfach nicht mehr aufhören mit meinen Übungen. Es ist so, als hätte ich einen Teil von mir, der viel zu lange geschlafen hat, aufgeweckt. Ich habe so viel Energie wie seit Wochen nicht mehr. Um zehn Uhr abends werde ich als Letzter aus dem Fitnessstudio rausgeworfen.

Ich bin körperlich zwar ziemlich am Ende, aber ich kann

mich endlich wieder spüren. Wie beschissen hatte ich mich gefühlt, wenn die Kinder wollten, dass ich sie hochhebe, oder wenn ich den Kricketschläger nicht mit zwei Händen schwingen konnte. Nur mit einer Hand Volleyball spielen konnte oder immer wieder Angst hatte, dass meine Reise ein frühes Ende nehmen würde. Wie oft habe ich mir die Sorgen meiner Eltern angehört, ob die Physiotherapie in Indien etwas taugt und ob es mir wirklich gut geht. Und wie oft habe ich Monologe geführt wie diesen:

»Der Arm ist gebrochen, das ist voll scheiße. Vor allem für mich, der ich sportsüchtig bin. Aber es ist kein komplizierter Bruch. Mein Arzt meint, es sieht gut aus, es wird nur sechs Monate dauern, bis ich ihn wieder voll benutzen kann. Für mich ist das dennoch ein intensives Erlebnis, dabei ist es nur ein Arm, verdammt! Ich glaube trotzdem, dass ich nicht aufgeben darf, dass ich das hier allein durchziehen muss, weil ich der Überzeugung bin, dass ich dabei etwas für mich lernen und durch diese Erfahrung stärker werden kann. Für mich ist dieses Jahr eine Art Experiment. Der Paul, der von seinen Eltern aufgezogen und geschützt wurde, wird jetzt auf ein neues, größeres Spielfeld gelassen. Eines, in dem die Ecken und Kanten des Tisches nicht mehr mit Gummi ummantelt sind. Wie wird Paul sich verhalten? Wie gut ist er auf die Welt vorbereitet? Das sind meine Fragen. Die Suche nach den Antworten ist gleichzeitig mein Versuch, unabhängig zu werden, mein eigenes Ding zu machen. Wenn ich jetzt wieder in ein Flugzeug nach Deutschland steige, dann nehme ich mir selber ein Stück weit die Chance, mich weiterzuentwickeln, und gehe einen Schritt zurück.«

Wenn ich mir so zuhöre, klinge ich manchmal, als wäre der Arm nicht gebrochen, sondern gleich amputiert, oder als wäre ich querschnittsgelähmt oder als wäre sonst etwas passiert. Aber das liegt daran, dass ich durch diese Erfahrung – und es ist die erste Verletzung dieser Art in meinem Leben – das Vertrauen in meinen Körper verloren habe. Und wenn mein Körper nicht funktioniert, funktioniert gar nichts. Manchmal verstehe ich die Verletzung als persönliche Niederlage und muss mich selbst daran erinnern, dass solche Dinge eben passieren. Im Nachhinein werde ich vielleicht sagen: Ach, das war doch gar nichts! Aber im Moment kann ich das ungute Gefühl nicht einfach so abschütteln. Ich bin mir mittlerweile sicher, dass mein »Ich«, meine Selbstwahrnehmung, zur Hälfte aus meinem Körpergefühl besteht. Mindestens. Wie steht es um den Rest? Wer bin ich, wenn ich den Sport nicht habe? Solche Gedanken sind quälend, ich fühle mich dann komplett ausgeliefert und schwach, aus der Balance geworfen. Andererseits lerne ich mich selbst gerade besser kennen. Auch wenn da Seiten zum Vorschein kommen, die ich zugegeben nicht besonders an mir mag. Wie diese fast schon hysterische Angst vor dem Verlust des Körpergefühls. Das Positive daran ist, dass mir dadurch noch ein paar andere Sachen klarer werden: Ich lerne wertzuschätzen, was ich bislang für selbstverständlich gehalten hatte.

Zum Beispiel meine Familie. Sie war eine Konstante in meinem Leben. Sie war einfach da, wie Himmel und Erde, nichts, worüber man sich ständig Gedanken machen müsste. Jetzt, wo ich sie nicht mehr jeden Tag sehe, bin ich viel mehr am Leben meiner Familie interessiert. Ich will plötzlich wieder mitmischen und meinen Senf zu den Frühstücksdebatten dazugeben und meine Familie unterstützen. Ich fühle mich manchmal fast schuldig, dass ich in diesem Jahr keinen Anteil an ihrem Leben nehme. Dass ich so um mich kreise. Andererseits kann ich so neue Energie tanken und als neuer Paul vielleicht besser für sie da sein als früher.

29

Ostern ohne Hasen, aber mit Jesus

Am Tag des großen Ostergottesdienstes gehen Rahul und ich mal wieder in eine Mall. Wir essen Ochsenschwanzsuppe, und ich mache mich bei H&M auf die Suche nach einem schicken Hemd für den Kirchgang am Abend. Ich hatte mir eigentlich schon ein paar billige Hemden für die Schule gekauft, aber die sind in dem Dorf samt Tüte unter ominösen Umständen verschwunden. Ich will den Kindern gar nichts unterstellen, aber ich habe schon mal einen der Älteren dabei erwischt, wie er versucht hat, eine große Packung Wachsmaler in seinen Ranzen zu schmuggeln. Als ich ihn darauf ansprach, meinte er: »Okay, sorry, sorry«, und rannte weg. Na ja.

Rahul kauft sich eine neue Cap und einen Rucksack. Ich entscheide mich am Ende doch nicht für ein Hemd, sondern für ein geringeltes T-Shirt.

Nachdem wir das Geschäft verlassen haben, meint er plötzlich: »Fuck my life!« Und erzählt mir endlich die Details, die mir in meinem Rahul-Puzzle die ganze Zeit gefehlt haben. Ich wusste, dass er eine Ex-Freundin hat. Was ich nicht wusste und was er mir jetzt erzählte, war, dass sie acht Jahre zusammen gewesen waren und heiraten wollten. Da sie aber eine Ärztin war, wollten ihre Eltern auch einen Arzt als Schwiegersohn. Deswegen mussten sie sich trennen.

Die Geschichte nimmt mich ganz schön mit. Ich meine, ich kann überhaupt nicht nachvollziehen, wie man in dem Alter so lange mit jemandem zusammen sein kann, aber ich kann nachvollziehen, dass man sich nach so einem Erlebnis scheiße fühlen muss. Plötzlich verstehe ich ihn besser. Seine Freunde sind auch alle Singles. Anscheinend muss man in Indien, wenn man 26 und Single ist, zusammenhalten, weil man zu einer Minderheit gehört. Dem immer so munteren Rahul haftet mit einem Mal eine Traurigkeit und Wehmut an. Die Spontaneinkäufe, das teure Essen, das iPhone – alles, was mir davor rätselhaft vorkam, einfach nur konsumgeil, macht plötzlich Sinn. Sein Stolz ist verletzt, er will allen zeigen, dass er es zu was gebracht hat und noch viel mehr Geld verdienen kann als irgendein Arzt.

Ich fühle mich ziemlich mies, dass ich so häufig schlecht gelaunt im Wohnzimmer rumgesessen habe, während er versucht hat, mich aufzumuntern. Dabei hätte er die Aufmunterung dringender gebraucht. Meine eigenen Sorgen kommen mir auf einmal kindisch vor.

Als wir zu Hause angekommen sind, sind alle pissig, weil wir nicht Bescheid gesagt haben, wohin wir gehen. Anscheinend hatten sie Angst, dass wir den Ostergottesdienst verpassen. Mein T-Shirt finden aber alle super, das freut mich.

Den Nachmittag nutze ich, um mich an der Universität der Künste in Berlin für Gesellschafts- und Wirtschaftskommunikation zu bewerben. Irgendwie habe ich jetzt schon Angst davor, in ein Loch zu fallen, wenn ich im Herbst wieder in Berlin bin und nichts Konkretes zu tun habe. Mein Vater hat mich auf diesen Studiengang aufmerksam gemacht. Ich habe keine Ahnung, ob das etwas für mich ist. Aber es führt zumindest nicht dazu, dass ich irgendwann Arzt, Rechtsanwalt oder Lehrer sein muss und es hat auch viel mit Kreativität zu tun. Ich bin so weit weg von zu Hause, dass es mir erstaunlich leichtfällt, innerhalb von zwei Stunden ein dreiseitiges Motivationsschreiben zu verfassen. Alles ist so wenig real, so als würde ich gar nicht über mich selbst schreiben.

Um zehn Uhr abends brechen wir zum Gottesdienst auf. Die Frauen tragen wieder ihre schönen, bunten Gewänder. Ich will Ashi, meiner Gastschwester, ein Kompliment machen, aber es kommt nur ein leises »nice«. Ich hab echt noch viel zu lernen. Freuen tut sie sich aber schon darüber. Glaub ich zumindest. Ashi trägt ihre weißen Stöckelschuhe, die sie nur für die Kirche anzieht. Deswegen müssen Opa und ich immer wieder anhalten, weil sie und Oma zurückfallen.

Auf dem großen Platz neben der Kirche sind Stühle aufgestellt, es gibt eine Bühne mit Boxen und drei Leinwände für die Liveübertragung. In den Bäumen hängen Lichterketten und Lampions. Die ganze Stadt ist auf den Beinen, alle haben sich herausgeputzt. So weit das Auge reicht, bunte Kleider, goldene Ohrringe und weiße Hemden. Ich bin zur Abwechslung mal wieder froh, in Indien zu sein und das hier miterleben zu dürfen.

Als wir in der Kirche Platz genommen haben, geht mit einem Mal das Licht aus, und wir sitzen im Dunkeln. Ich denke erst, es ist ein Stromausfall, aber Oma erklärt mir, dass Jesus jetzt das Licht bringt. Alle sind sehr, sehr leise, nur ein paar Babys schreien unbekümmert weiter, und in der Ferne hört man den Lärm des Verkehrs rauschen. Der Priester kommt, mit einer riesigen, brennenden Kerze. Ein Messdiener hatte vorher jedem Besucher eine kleine Kerze in die Hand ge-

drückt. Jetzt wird das Licht von Kerze zu Kerze weitergegeben, sodass alle in der Kirche eine brennende Kerze in der Hand halten, auch ich.

Bis dahin war alles interessant und cool interaktiv, aber das, was danach kommt, ist einfach nur schrecklich. Ich verstehe kein Wort, weil der Priester Tamil spricht, dauernd müssen wir aufstehen und uns wieder setzen, es wird gesungen, und die Kerzen werden gefühlt dreimal an- und wieder ausgemacht. Ich schwitze in meiner Jeans, die Moskitos machen mich wahnsinnig, und ich habe Hunger. Nach einer besonders langweiligen Phase passiert endlich wieder was. Auf der Empore der Kirche ist ein brauner Kloß aus Pappmaschee aufgebaut worden. Aus den Boxen dröhnen Choräle, billige Blitz- und Donnereffekte werden eingesetzt. Der braune Kloß beginnt sich zu bewegen. Plötzlich erscheinen Mädchen in weißen Kleidern und mit Flügeln auf der Empore, sie heben und senken ihre Arme, als wären sie Schmetterlinge. Ein paar Typen, die als Soldaten verkleidet sind, sinken angesichts der Lichtblitze und der Flügelmädchen dramatisch zu Boden. Später sehe ich, wie sie in gebücktem Gang ganz unauffällig verschwinden.

Der braune Kloß hat eine Öffnung, die langsam, ganz langsam größer wird. Die Musik schwillt an, es gibt einen Trommelwirbel. Rauch entweicht der immer größer werdenden Öffnung, aus der eine Figur entsteigt. Ein Mann mit langen schwarzen Haaren und in einem weißen Kleid. In der einen Hand hält er einen Stab mit einer weißen Flagge. Die andere Hand hat er gehoben, die Handfläche zeigt nach vorn. Die Musik hat ihren absoluten Höhepunkt erreicht. Ashi und ich sind die Einzigen, die lachen müssen. Wahrscheinlich sind wir durch die 3-D-Blockbuster im Kino abgehärtet gegen diese Art von Theatereffekten.

Das ganze nächste Lied über machen die Engel, oder was immer die Mädchen darstellen sollen, ihre Flatterbewegung. Jesus bleibt reglos in seiner Felsöffnung stehen und wischt sich nur manchmal seine flatternde Mähne aus dem Gesicht. Dann kommt wieder Rauch, die Engel entschweben, und der Jesus-Darsteller wird durch einen Jesus aus Pappe ersetzt. Das Ganze ist so abgefahren, dass ich Angst habe, dass die Ochsenschwanzsuppe irgendwas mit meinem Gehirn gemacht hat.

Nach dreieinhalb Stunden, um zwei Uhr morgens, ist es vorbei. Auf den Straßen wünschen sich Nachbarn und Fremde »Frohe Ostern«. Zurück in der Wohnung, gibt es Hühnchencurry, und Oma gräbt eine Weinflasche aus. Es gibt aber keinen Korkenzieher, weil die Familie nie Alkohol trinkt. Die Flasche hat Oma nur mir zuliebe angebracht. Ich freue mich entsprechend und versuche, den blöden Plastikkorken mit einem Messer zu entfernen, aber meine Freude verwandelt sich in Verzweiflung, als mir das mit einem Arm nicht gelingen will. Der Opa sieht, dass ich ziemlich geknickt bin, und meint, wir könnten doch morgen einen Korkenzieher besorgen. Aber nach einem kritischen Blick von Oma verschwindet er mit der Flasche. Ich finde mich schon damit ab, dass es keinen Wein mehr geben wird, als er plötzlich triumphierend mit der offenen Flasche zurückkommt. Da hat wohl einer mehr Skills, als er zugeben will.

Doch als ich die gelblich trübe Farbe des Weines sehe, bin ich ein wenig beunruhigt. Der erste Schluck bestätigt meine Befürchtungen: Der Wein schmeckt scheiße! Ich frage Oma, wie alt der Wein ist, aber sie weiß es nicht. Ich würge ein halbes Glas herunter, dann gebe ich auf. Den Rest können die Kakerlaken im Küchenausguss haben.

Trotzdem ein sehr gelungenes Ostern.

30

Die oberste Befehlshaberin

Am nächsten Tag geht es zurück in die Dorfschule. Die Woche zieht sich extrem in die Länge, und am Donnerstagabend setzt Oma wieder mal Trick 17 ein:

Ich: »Soll ich meine Sachen schon mal packen? Für Nellore?«

Oma (verwirrt): »Wir fahren nicht nach Nellore.«

I: »Oh.« (Fuuuuck! Tschau Rahul! Tschüss Fitnessstudio, Restaurant, Strange Physio, Kaffee, Netflix, Geräte aufladen ...)

I: »Wann fahren wir denn dann?«

O: »Weiß ich nicht.«

Manchmal frage ich mich, ob Oma die Abfahrtszeiten auswürfelt. Diesmal jedenfalls muss ich meine Wochenendpläne abhaken. Und in der darauffolgenden Woche lerne ich noch mal auf ganz andere Weise, was es bedeutet, wenn Bedürfnisse nicht erfüllt werden. Grundbedürfnisse. Am Montagabend sitze ich am Esstisch und trinke aus meiner Flasche.

Plötzlich kommt Oma rein und meint: »Trink das Wasser nicht. Wir haben gerade gehört, dass das Wasser schlecht ist. Da sind Chemikalien und Plastik drin.«

Ich: »Ok …?«

Oma: »Wir kriegen morgen um zwölf Uhr frisches Wasser, das kochen wir zur Sicherheit ab, und dann kannst du was trinken.«

I: »Ok.« (Oh Gott, kein Wasser! Wie soll ich bloß so lange überleben? Ich werde sterben!)

Ich gehe durstig ins Bett. Mit dem Gefühl, die ganze Woche verseuchtes, wenn nicht gar radioaktives Wasser getrunken zu haben. Am nächsten Mittag kriege ich dann meine verdienten drei Becher abgekocht. Aber drei Becher sind nicht genug, also nerve ich Oma weiter, bis sie mir einen ganzen Eimer abkochen lässt. Auch das ist etwas, das ich gerade lerne: Wenn du etwas willst, dann musst du permanent nerven und nicht damit aufhören. Das ist leider der einzige Weg, zu kriegen, was du willst. Vor allem, wenn es um Dinge geht, die man bei 41 Grad halt zum Überleben braucht. Lieb bitten und dann zurückhaltend abwarten ist selten effektiv, auch wenn es höflich ist.

Auch in der Schule läuft es nicht gut. Von Montag bis Mittwoch habe ich genau eine Stunde Unterricht am Vormittag. Nach dem Mittagessen lege ich mich vor Frust gleich hin. Das fällt Oma am Mittwochabend plötzlich auf. Sie kommt um die Ecke, als ich gerade mit den Kindern lese. Die abendliche Lesezeit habe ich von zwei Stunden auf eine »intensivere« einstündige Session verkürzt.

Oma (zeternd): »Warum warst du am Nachmittag nicht DA? Es gab Arbeit!«

Ich (erschrocken, fuck, es gab was zu tun, und ich war nicht da!): »Es tut mir leid, ich wusste nicht, dass es was zu tun gab. Mir hat keiner Bescheid gesagt.«

O: »Es ist deine Pflicht, nachmittags da zu sein. Nicht zu schlafen!«

I: »Kann ich noch irgendwo helfen?«

O: »Nein, wir sind gerade mit allem fertig geworden.«

Eingeschnappt verschwindet sie in ihrem Zimmer.

Oma hat manchmal ihre kleinen Attacken, und sie meckert sehr gerne. Aber nachdem sie alles rausgelassen hat, weiß sie manchmal schon nicht mehr, warum sie wütend war. Und es ist ja nicht so, als wäre sie im Unrecht. Es ist einfach nur das Nervige als Freiwilliger, dass du dauernd hinterher sein musst, um Arbeit zu kriegen. Du musst immer verfügbar sein, egal ob man dich braucht oder nicht. Dieses dauernde Warten auf etwas zu tun ist zermürbend.

Egal, zurück zu Oma: Ihre Hobbys sind Meckern, Lästern und Befehle erteilen. Manchmal lächelt sie aber auch ganz unvermittelt und ohne Vorwarnung. Dabei erschrecke ich mich jedes Mal. Ich glaube, sie hat mit der Schule einfach sehr viele Sorgen und kann sich selten wirklich ausruhen. Im Grunde hat sie ein gutes Herz. Ihre Befehle erteilt sie vor allem den Hausangestellten in Nellore. Sie schreit dann immer dreimal den Namen: »Juliaaa, Juliaaaaa, Juliaaaaaa!« Wenn die Arme dann ankommt, kriegt sie eine Predigt mit erhobenem Zeigefinger zu hören, die sich gewaschen hat. Julia nickt immer nur hilflos, und wenn sie dann loseilt, um fleißig ihre

Aufgaben zu verrichten, ruft die Oma sie wieder zurück: »Juliaaa!« Und geht noch mal so richtig ins Detail.

Die Befehle, die sie mir erteilt, sind eher kurz:

»Mach, dass sie arbeiten!«

»Mach, dass sie lesen!«

»Nimm einen Stock und schlag sie!« (Wenn die Kinder sich nicht benehmen. Ich mach das nicht, keine Sorge.)

»Bring ihnen das ABC bei!« (Das können alle schon zum Glück.)

Heute kam sie bei ihrem üblichen Kontrollgang in meine Klasse und meinte: »Bring ihnen Farben bei!« Zufälligerweise hatte ich genau das getan, »yellow« und »red« standen noch groß an der Tafel. Als sie das sieht, meint sie: »Guuut.« Und lächelt zufrieden. (YES!!!!)

Omas zweites Hobby ist es, überall und zu jeder Zeit, ob im Jeep oder um fünf Uhr morgens im Wohnzimmer, Kirchenlieder auf ihrem Handy über Lautsprecher zu hören und laut mitzusummen. In den frühen Morgenstunden klingt das für mich sehr nach Geisterbeschwörung. Wenn ich sie so höre, frage ich mich, ob sie als Mädchen nicht lieber Sängerin geworden wäre statt Krankenschwester. So viel Wehmut und Traurigkeit schwingt in ihrer Stimme mit.

Nach dem Rüffel versuche ich am nächsten Tag, mit den ganz Kleinen »Reise nach Jerusalem« zu spielen. Das mache ich nie wieder. Ich will, dass sie die Tische an die Wand schieben, aber sie gucken mich nur mit großen Augen an. Ich zeige auf einen der Tische, hebe ihn an, gestikuliere. Die Kinder lachen. Entnervt räume ich alle Tische allein weg. Dann beginnt das Chaos: Ich versuche, die Stühle in eine Reihe zu stellen, aber die Kinder tragen die Stühle zurück an ihren Ausgangsort und setzen sich darauf. Ich packe einige beim Kragen und schiebe sie samt Stuhl in Position. Großes Gelächter. Dann rennen sie um die Stühle herum und hören nicht mehr damit auf. Irgendwann gehen sie dazu über, die Stühle durch die Gegend zu schieben, sie prügeln sich, sie schreien und kriegen sich nicht mehr ein. Ich denke, gut, lass sie sich austoben, das kann ja nicht ewig gehen. Tut es auch nicht, denn einer der Lehrer kommt und verteilt Hiebe mit einem Zählstock (so ein Stab, auf den kleine bunte Holzkugeln aufgezogen sind, zum Rechnenlernen) auf Hintern und Hände. Diejenigen, die er nicht erwischt, finden das lustig, es peitscht sie noch mehr auf.

Als der Lehrer wieder weg ist, hat sich das Chaos nur noch mehr verstärkt. Ich versuche erst zögerlich, dann massiver durchzugreifen, indem ich mir einzelne Kinder packe und ernst sage: »Hör auf!« Der Effekt ist bescheiden. Weil Anbrüllen auch nicht cool ist, setze ich mich irgendwann lethargisch auf meinen Stuhl. Alle zwei Minuten kommt eines der Kinder angerannt, boxt mich und rennt dann manisch lachend weg. Nach einer Weile geht die Tür auf, eine Lehrerin kommt rein und lässt mit hochgezogener Augenbraue das Chaos auf sich wirken. Ich bin noch nicht mal mehr beschämt. Sie baut sich vor den Kindern auf, sagt einen einzigen Satz, und alle setzen sich hin und sind leise. Tja, so einfach geht das.

Meinen ersten kleinen Erfolg habe ich mit den Älteren. Aus Nellore habe ich Tuben mit Farbe mitgebracht und Pinsel, außerdem Papier und ein paar alte Zeitungen. Zuerst wissen die Kinder nicht, was sie damit machen sollen, und kloppen sich um die Zeitungen mit den meisten Bildern drin. Als ich die Farben auspacke, werde ich umzingelt, jeder will am liebsten eine Tube für sich. Und die Jungs wollen natürlich alle den größten Pinsel haben.

Nachdem alle einen Pinsel haben, darf sich jeder eine Farbe aussuchen:

»Blue, blueee!!!! Blue I want!«

»This colour, Paul, this colour!«

»REEEEEDDDD!!«

Ich laufe mit meinen Tuben durch die Reihen und hinterlasse den gewünschten Farbklecks auf der Zeitung. Da dürfen sie dann ihre Pinsel eintunken.

Das liebe Mädchen, das ein wenig Englisch kann, sagt strahlend: »Thank you!« Als ich sehe, wie sie das Rot auf ihrem Blatt verteilt und glücklich aufschreit, ist mein Tag ein bisschen schöner.

Die schönsten Momente des Tages habe ich morgens. Ich brauche mittlerweile keinen Wecker mehr, sondern wache von alleine auf, wenn um sieben Uhr die Sonne durch mein Fenster ballert. Dann gehe ich nach draußen und setze mich in einen der Plastikstühle. Während ich langsam munter werde, sammeln sich die älteren Mädchen im Atrium und machen ihre Haare. Das ist eine lange, komplizierte Prozedur und vor allem eine Kunst für sich. Es ist etwas ganz Besonderes, wenn sich alle um einen kleinen Plastikspiegel gedrängt gegenseitig die Haare kämmen. Danach werden sie geölt, bis sie schön glänzen, und dann mit schnellen geübten Handgriffen zu tausend verschiedenen Frisuren geflochten. In die langen, kompliziert gewundenen Zöpfe werden dann noch weiße Blumenketten oder Schleifen eingebunden. Und jeden Tag sehen die Frisuren etwas anders aus.

Meine Mutter hat früher immer alle meine Freundinnen (Kumpelinen, kommt hier nicht auf falsche Gedanken!) mit etwas längeren Haaren gefragt, ob sie ihnen nicht die Schneckenfrisur von Prinzessin Leia aus *Star Wars* machen darf. Sie wollte so eine Frisur als Mädchen immer haben, aber mit ihren Haaren hat das nicht geklappt. Das hat sie wohl ein wenig traumatisiert. Hier könnte sie jedem der Mädchen die Frisur von Leia machen.

31

Dancing Queen

Morgen feiert die Schule ihr Jubiläum. Ein großes Sonnensegel ist aufgestellt worden, dazu eine Bühne mit Boxen. Alles ist bunt geschmückt, und die Kinder sind aufgeregt. Sie tragen kurze Theaterstücke vor, die immer eine moralische Aussage haben. Viele vergessen ihren Text und müssen von den Lehrern wie Marionetten durch die Gegend geschoben werden, weil sie nicht mehr wissen, wo sie hinlaufen sollen. Manchmal stolpert einer der Kleinen über die Mikroschnur, es gibt ordentlich Feedback, und die ganze erste Reihe muss sich die Ohren zuhalten. Während der Tanz-Choreos gibt es vier Stromausfälle, die armen Kinder müssen jedes Mal wieder von vorne anfangen.

Die Mädchen haben sich richtig herausgeputzt, die älteren sind geschminkt und tragen Ohrringe und Armreife zu ihren bunten Kleidern. Die Jungs haben bunte Hemden an und weiße Wickelröcke, sehr coole improvisierte Bollywood-Outfits mit roten Westen oder Khaki-Baggy-Hosen plus Sonnenbrille. Es ist irgendwie schön, eine andere Seite von ihnen zu sehen. Nicht eine Gruppe von Monstern, die ich bändigen muss, sondern kleine Miniatur-Menschen mit ihren eigenen komplexen Emotionen.

Beim Tanzauftritt der beiden 12-jährigen Jungs, mit denen

ich abends immer Englisch lese, rasten dann alle komplett aus. Tänzer sind in Indien so etwas wie Footballspieler in den USA. Götter. Die Jungs, Zwillinge, sind die kleinen Brüder von Roshani; sie hat die Tanz-Choreo mit ihnen einstudiert. Roshani kann wunderbar tanzen, und sie strahlt immer, wenn sie tanzt. Ich kann das nachvollziehen, ich tanze auch unheimlich gerne. In einer anderen Welt hätten wir vielleicht einen Tanz zusammen aufführen dürfen. Na ja, ich sollte über so was einfach nicht mehr nachdenken, das macht es leichter.

Stimme 1: LÜGE!

Stimme 2: Halt die Klappe!

Stimme 1: Aber es ist eine dicke Lüge.

Stimme 2: Ok toll, ich könnte 'ne Socke essen! Ich geb's zu, das ist so verdammt kacke unfair! Ich denke jeden Tag drüber nach. Es macht mich stocksauer. Zufrieden?

Stimme 1: Irgendwie schon, jetzt bist du wenigstens ehrlich mit dir.

Klar, die Situation hat sich mittlerweile ein wenig entschärft. Zwischendrin dachte ich sogar, Roshani würde mich hassen. Aber seit Neuestem finde ich hin und wieder einen kleinen Liebesbrief in meinem Kindle. Oder sie leiht sich etwas von meiner blauen Knete, die ich benutze, um wieder Griffkraft in meinen Arm zu kriegen, und schenkt mir eine Rose, die sie daraus gemacht hat. Die habe ich übrigens aufbewahrt und nicht wieder eingeknetet. Sie trocknet gerade auf meinem Kofferdeckel. Ich hoffe, sie verformt sich nicht zu sehr.

Egal. Auf dem Schulfest kann ich Roshani in der letzten

Reihe mit ihren Freundinnen sehen. Sie ist sehr stolz und hat ihre kleinen Brüder laut angefeuert. Ich habe die ganze Tanzperformance mit meinem Handy gefilmt, und als ich es ihnen später zeige, kriegen die Jungs richtig glänzende Augen. Ich hoffe, der Ruhm steigt ihnen nicht zu Kopf. Wobei auch ich es wirklich klasse finde, dass ihre Talente wertgeschätzt werden. Das kann unglaublich viel bedeuten, das weiß ich noch von mir selbst. Wenn mir meine Mathelehrerin bei den Bundesjugendspielen zum Weitwurf gratuliert hat oder mein Deutschlehrer mir sagte, dass er das Theaterstück super fand, war das cool. Ich habe mich als ganzer Mensch wahrgenommen gefühlt, während ich sonst im Matheunterricht nur auf meine Fähigkeiten im Gleichungen-Lösen reduziert wurde, was nicht unbedingt meine Stärke war. Außerdem bringt so eine Anerkennung außerhalb des Unterrichts etwas Menschliches, Warmes in dieses Lehrer-Schüler-Konstrukt.

Habe ich eigentlich schon erwähnt, dass ein Teil der Tanz-Performance von mir stammt? Die Endpose. Der Freeze, in Fachsprache. Die Ausgangsposition bei so einer Choreo ist wichtig, ja, aber am wichtigsten ist der letzte Eindruck. Das ist das, woran sich die Leute noch Jahre später erinnern. Niemand weiß mehr, dass es bei Kendrick Lamar eine Stunde gedauert hat, bis er sich endlich zeigt. Aber keiner wird vergessen, wie er das Mikro nach dem letzten Song effektvoll auf den Boden fallen ließ. Also brachte ich die Jungs dazu, am Ende eine extrem coole Killerpose zu machen und für ganze drei Minuten zu halten, während der Applaus explodierte. Ja, ein paar Tricks hat Onkel Paul dann doch noch auf Lager.

Vielleicht liegt es an der euphorischen Stimmung nach dem Fest, vielleicht hat sich wirklich etwas verändert, jedenfalls fühle ich mich nach einem Monat plus ein paar Zerquetschte endlich so, als würde ich hier eventuell hingehören. Nicht um Berge zu versetzen, sondern vielleicht für die kleinen Momente: für das Malen mit den Älteren. Die Schlusspose bei der Tanzperformance. Das Strahlen der Mädchen, wenn sie ihre Haare flechten. Für die Kekse und die Frage: »What Paul? No biscuit?« Sie sind gerade auf Keksentzug, da ich die letzten Male in Nellore vergessen habe, welche zu kaufen. Die Kids essen auch extrem gern saure Früchte mit Salz. Letztens sollte ich auch etwas von der grünen Mango probieren, aber irgendwie roch das Ganze für mich nach Urinalstein.

Es war am Anfang schwer anzukommen, auch durch das dauernde Hin und Her zwischen Schule und Nellore. Vielleicht hatte ich zwischendurch auch einen unbewussten Kulturschock, der mich davon abgehalten hat, wirklich alles aufzusaugen und wahrzunehmen, nicht nur das Negative. Aber so langsam komme ich mit Indien vielleicht doch noch auf einen grünen Zweig.

Ich muss mir einfach immer wieder klarmachen, wie besonders es ist, in einem kleinen Dorf *in the middle of fucking nowhere* in Indien unterrichten zu dürfen. Gerade hier kriege ich einen Eindruck davon, wie unterschiedlich Menschen leben. Wie beschränkt unsere eigene Sichtweise ist und wie ignorant wir vielen Kulturen der Welt gegenüber sind. Klar, jeder schwimmt in seiner eigenen Suppe, kaum einer guckt dabei über den Tellerrand hinaus. Aber trotzdem finde ich es erstaunlich, wie egoistisch wir aus der Perspektive unseres

Landes denken. Ich fühle mich manchmal wie der größte Trampel und Kulturbanause.

Leider sind die Kids in den nächsten Tagen trotz der neuen Lehrer-Schüler-Bindung genauso frech wie immer. Immerhin komme ich mit ihrem Rumgelärme und Geschrei etwas besser klar. Abstumpfung? Oder hatte ich einen Hörsturz und hab es nicht gemerkt? Oder hat das verseuchte Wasser meine Ohren mutieren lassen? Aber um ihre Aufmerksamkeit muss ich immer noch kämpfen. Etwas besser wird es, als ich in einer der Tüten mit Bastelzeug, die mir Oma gegeben hat, Weihnachtssticker fand. Eine Spende von der schwedischen Partner-Schule, die hier mal für eine Woche zu Besuch war und von der noch überall Fotos herumhängen.

Junge: »Paul, what is this?« (zeigt auf Sticker)

Ich: »Christmas-Sticker.«

Junge: »STIICKKERR!!!!!!«

Im Nullkommanichts bin ich umzingelt von Kindern, die versuchen, mir mit ihren kleinen kräftigen Fingern die Klebebilder zu entreißen. Ich verteile ein Motiv an jeden, der bei mir im Unterricht schon mal ein Bild gemalt hat. Diejenigen, die anderen ihr Bild weggerissen oder deren Motiv einfach nur kopiert hatten, gehen erst mal leer aus. Am Ende reichen die Sticker aber doch für alle. Das Geschrei ist groß, als sie merken, dass die Weihnachtsbildchen gar keine richtigen Sticker sind, die man abziehen und irgendwo hinpappen kann. Sondern nur blöde Bildchen. Zum Glück habe ich noch ein paar Prittstifte.

Wirklich, was soll man denn mit Weihnachtsbildchen anfangen, die keine Sticker sind? Sollen die Kids die Dinger einfach sammeln und dann untereinander austauschen, oder wie? Oma hat erzählt, dass sie immer wieder Spenden von den Schweden kriegt, mit denen sie nichts anfangen kann.

– Sonnencreme

Ok, die habe ich noch nicht benutzt, es ist zwar heiß in Indien, aber ich werde hier weder braun, noch kriege ich einen Sonnenbrand.

– Vier Mückenstifte

Was Oma als Mückenschutzmittel identifiziert hatte, stellte sich nach einer kurzen Untersuchung meinerseits als Prittstifte heraus. Ich habe sie aus Höflichkeit nicht darauf hingewiesen, in der Hoffnung, dass sie das Zeug nicht auf Kinderarme und Beine verteilt.

– Eine große Packung Knäckebrot

Darüber habe ich mich besonders gefreut. Es macht mir Spaß, in Indien in trockenes Knäckebrot zu beißen. So als würde man Eis aus Italien in der Arktis essen. Irgendwie unpassend, aber trotzdem gut. Die Kinder haben das Knäckebrot verschmäht.

Abends kommt jetzt manchmal ein Baby vorbei. Also die Mutter bringt es zu den Kindern, damit sie es halten können. Und das tun die kleinen Jungen nur zu gerne. Das Baby wird von Knirps zu Knirps weitergereicht und abgeknutscht. Die können es gerade mal so halten und knutschen es ab. Es ist komisch zu sehen, wie sie dem Baby dann in Papa-Stimme erklären: »Das ist ein Ball. Ball!« Vor allem, wenn sie davor noch die Salzkörner von ihrem Hefter abgeleckt haben.

Als ich die Kinder mit großen Plastikklötzen spielen sehe,

vermisse ich plötzlich Lego. Jetzt habe ich Angst, dass ich in eine zweite intensivere Kindheitsphase zurückfalle, wenn ich zurück nach Hause komme. Lego hatte für mich einen sehr wichtigen Stellenwert in meiner Kindheit ohne Gameboy und Playstation. Vor allem an Weihnachten, wenn ich ein großes Raumschiff oder Set bekommen habe. Plötzlich fällt mir alles wieder ein: im Licht des Weihnachtsbaums, inmitten der heruntergefallenen Nadeln sich die Knie wund sitzen, während ich versuche, die Anleitung richtig zu verstehen. Oma oder Opa müssen mir helfen, wenn ich nicht mehr weiterweiß. Dann mit meinem Bruder die Geschenke einander vorstellen. Die letzten beiden Weihnachten haben wir jetzt schon als Familie nicht mehr zusammen verbringen können. Das eine Jahr war Oscar in Südafrika, und ich habe ihn besucht, jetzt mach ich meine Nummer. Ich brauche dringend ein richtiges Weihnachten, wenn ich wieder nach Hause komme. Rituale sind wichtig. Das sagt meine Mutter immer, und wer hätte es gedacht: Sie hat verdammt noch mal recht!

32

Lästig

Anstatt zurück zur Schule sind Oma und Opa am Montagmorgen nach Mumbai gefahren und haben fast die ganze Familie mitgenommen. Mir hat natürlich keiner Bescheid gesagt. Warum auch? Jetzt hänge ich die ganze Woche in Nellore rum. Nur die fette Tante und meine Gastschwester sind noch da, und die Hausangestellten. Zuerst denke ich, geil, und gucke »Broadchurch«, Staffel eins bis drei. Gehe jeden Tag ins Fitnessstudio, trainiere inzwischen sogar mit Hanteln und freue mich, dass es meinem Arm jeden Tag besser geht. Das Vertrauen in meinen Körper ist zurück. Und trotzdem nagt etwas in mir, bohrt sich etwas in meinen Kopf. Erst habe ich es nur vage wahrgenommen, jetzt ist es wie eine Welle über mich geschwappt. Ich habe keinen Bock auf gar nichts. Mir fehlen Gespräche mit Menschen. Richtige Gespräche. Ich hatte gedacht, dass meine Gastschwester Ashi und ich uns jetzt mehr zu sagen hätten, nachdem wir neulich fast eine Stunde gequatscht haben. Übers Heiraten und so. Aber nichts hat sich geändert:

Ich: »Hey, wie geht's?«

Sie (guckt mich perplex an, wer bist du noch mal?): »Ähh, gut?«

I: »Ok, super!«

S: (wirkt genervt; Alter was will der Typ von mir?? Voll Psycho!!)

I: (Alter, ich will dich doch nicht heiraten, kann man einfach mal kurz quatschen? Nein? Ok, sorry!!!)

Ich komme mir vor, als würde ich sie ernsthaft belästigen.

Die fette Tante nervt auch nur rum. Um sechs Uhr morgens schaltet sie den Fernseher an und guckt sich Gottesdienste in voller Lautstärke an. Kaum mache ich die Augen auf, befiehlt sie:

Fette Frau: »Paul! Paul! Iss Frühstück!«

Ich: »Ich bin gerade aufgewacht, später.« (Ich bin kein Hund verdammt!)

FF: (seufzt genervt)

(Warum seufzt sie genervt? Ich mache mir mein Frühstück jeden Tag selbst, das ist doch weniger Arbeit für sie. Wenn jemand genervt sein sollte, dann ich, der jeden Tag dieselben Fragen beantworten muss!)

FF: »Paul, warum hast du den Fisch nicht gegessen?«

(Weil ich gesehen habe, wie er in Fett gebadet wurde, außerdem ist das kein Fisch, das sind frittierte Gräten. Da ist nichts dran.)

I: »Weil ich ihn nicht besonders mag.« (Ich hab mittlerweile kein Problem damit, unhöflich zurück zu sein.)

FF: »Aber er ist gesund.«

(Ich denke, ok, gesund ist auch die Honigmelone, die ich gestern gekauft habe. Ich schnappe sie mir und will ein Stück essen.)

FF (entsetzt): »Du musst die Schale abmachen!«

I: »Ich esse sie nicht mit, keine Sorge.« (Alter, lass mich verdammt noch mal meine Melone essen, wie ich will!)

Und so geht es den ganzen Tag.

Nach einer Woche tauchen plötzlich die verschwundenen Bewohner des Hauses wieder auf. Wie eine Gruppe Weltraum-Invasoren spaziert einer nach dem anderen ins Wohnzimmer. Oma und Opa vorneweg, dann Mama und der Quengelpubertätsjunge und schließlich Rahul. Alle sind bepackt mit Tüten und Taschen.

Das Erste, was Oma mich fragt, ist, ob ich schon weiß, wo ich nach dem Sommercamp nächste Woche bleiben werde. Wobei es nicht wirklich wie eine Frage klingt, sondern eher so: »Du hast schon eine neue Organisation gefunden, wo du bleiben kannst« (oder!!!!!????). Ich bin perplex. Darüber habe ich mir noch gar keine Gedanken gemacht. Schon gar nicht in der vergangenen Woche, wo ich außer Netflix-Gucken nicht viel auf die Reihe bekommen habe. Außerdem dachte ich, dass Rahul mit mir und seinen Freunden noch einen Trip machen wollte. Aber auf einmal hüllt er sich in Schweigen.

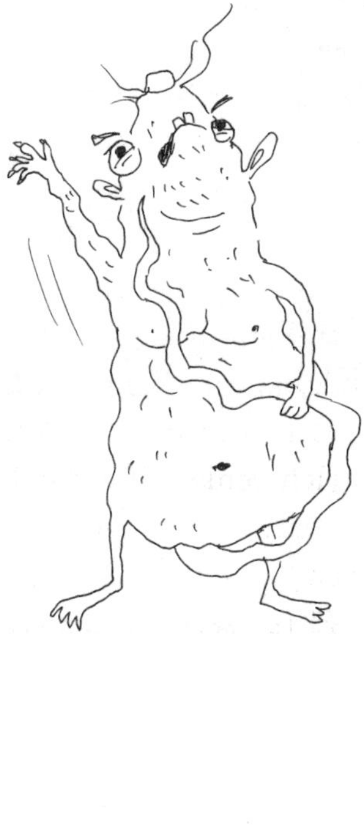

In den kommenden Tagen sehe ich die Erwachsenen häufiger beisammensitzen. Sie mögen zwar in ihrer supergeheimen Tamilsprache reden, aber jedes zehnte Wort ist Englisch, und ich merke, wenn man über mich redet und mich missgünstig beobachtet. Dazu dauernd diese blöden Regeln:

»Leg dich nicht nach dem Essen hin, sonst kotzt du!«

»Du musst die Haferflocken über Nacht einweichen, sonst kriegst du Bauchschmerzen!«

»Lass deine Klamotten nicht hier, tu sie da hin.«

Am nächsten Tag: »Nein, du kannst sie nicht dalassen, tu sie hier hin.«

Die Jungs putzen ihre Zähne, wo sie wollen. Wenn ich kurz durchs Wohnzimmer laufe mit meiner Zahnbürste im Mund, ist es unhygienisch. Und wenn ich mein Frühstück mache – Kaffee, Eier, Porridge mit getrockneten Früchten und Nüssen –, gucken mich alle so angeekelt an, als würde ich gerade rohe Affenhirne zum Frühstück essen. Wir gehen uns alle gegenseitig ziemlich auf die Nerven. Ich bin mir sicher, dass ich bald auf die Straße gesetzt werde, aber alles bleibt beim Alten.

Als wir endlich zurück in der Schule sind, erfahre ich, dass die ganzen kleinen Kinder schon weg sind. Ich hatte sie fast zwei Monate unterrichtet und konnte mich noch nicht mal von ihnen verabschieden. Jetzt sitze ich wieder mitten im Nirgendwo und habe also noch weniger zu tun. Ich höre Musik mit den vier Kindern, die in der Schule wohnen. Komischerweise findet einer der Jungen Johnny Cash ziemlich cool. In China konnten die Kinder gar nichts mit meiner Musik anfangen. Na ja, ich kann mit indischer und chinesischer Musik auch nicht viel anfangen.

Von der kleinen Musiksession abgesehen, langweile ich mich die nächsten Tage brutal. Es hat 43 Grad, und ich liege im Bett. Dann merke ich, dass mein Körper mit roten Punk-

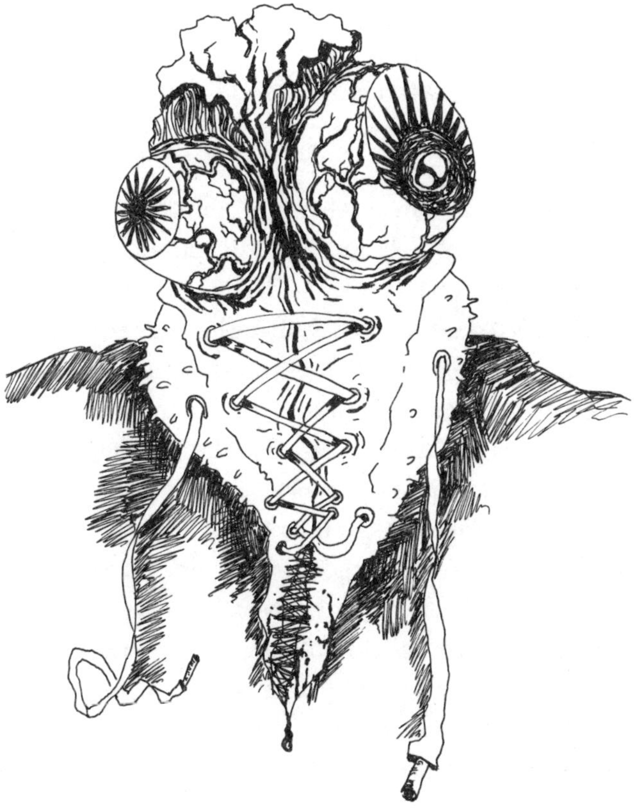

ten übersät ist. Vielleicht habe ich eine Stauballergie? Überall in meinem Zimmer hängen meterlange Spinnweben, die sich, wenn der Ventilator kurz mal funktioniert, wie geisterhafte Arme nach meiner jungen Seele ausstrecken. Aus der Toilette höre ich nachts, wenn ich wach liege, immer Geräusche und finde am nächsten Morgen Hinterlassenschaften, die darauf hindeuten, dass eine Rattenfamily meine Kakerlakenfreunde vernichtet hat.

Einen Vorteil hat Langeweile. Sie wirkt sich positiv auf das kreative Schaffen aus. Ich zeichne einen Comic nach dem anderen. Dafür muss die Langeweile aber lange genug und extrem genug sein. Ohne Input kommt mehr Output.

Am nächsten Tag fahre ich mit einem der Jungen in die Stadt, um ihm seine Schuluniform zu kaufen, weil sein Vater sie sich nicht leisten kann. Im Laden gibt es ein Buch mit den ganzen Schnittmustern und Stoffproben der Schulen aus der Umgebung. Der Junge wird vermessen, der richtige Stoff herausgesucht, dann kann die Uniform genäht werden. Er kriegt auch seine ersten festen Schuhe und einen Batman-Gürtel. Trotzdem sieht der Junge nicht gerade glücklich aus. Ich glaube, die ganze Aktion ist ihm zutiefst unangenehm. Also fühle ich mich auch scheiße, vor allem, als der Fahrer den Jungen dazu bringt, sich drei Mal bei mir zu bedanken. Warum die Kinder Schuluniformen tragen müssen, wo sie schon kaum Geld für die Bücher haben, ist mir ein Rätsel. Ein noch größeres Rätsel ist für mich, warum die Schuluniformen ausgerechnet pink sein müssen. Na ja.

Eines Tages überbringt mir die Lehrerin eine Botschaft der Schüler. Sie hätten jetzt jeden Tag bei mir malen müssen, meint die Lehrerin, jetzt wollten sie nicht mehr. Was für merkwürdige Kinder. Ich habe als Kind 24/7 gemalt. Ich brauchte nur einen riesigen Vorrat an weißem Papier, einen guten Spitzer, einen Radierer, meine Blei- und Buntstifte, und ich war beschäftigt und happy. Rot und Schwarz waren immer zuerst alle. Das größte Drama aber war, wenn ich kein weißes Papier mehr fand. Dann war was los, ich durchsuchte das ganze Haus systematisch nach jedem noch so kleinen Fitzel. Na ja, vielleicht war ich auch kein normales Kind. Schließlich durfte ich kein Fernsehen gucken und hatte weder einen Gameboy, geschweige denn eine Wii.

Aber gut, ich will ja versuchen, auf die Kinder hier einzugehen. Die Lehrerin meint, dass sie Kung-Fu machen wollten, das könne ich doch. Kung-Fu, denke ich, das können sie gerne haben. Wenn ich mit denen fertig bin, wollen die nie wieder Kung-Fu machen. Das größte Problem ist, dass die Jungs nur eine Sache cool finden, und zwar kämpfen. Hauptsache, wild drauflosschlagen.

Ich, der ich gerade von einer elitären Kung-Fu-Schule komme, wo alles um Präzision, Ausführung und vor allem Geduld geht, soll nun auf ihr Level herabsinken. Unmöglich.

Ich schreibe ein vierzigseitiges Dokument über die Philosophie des Kung-Fu. Das will aber keine der Lehrerinnen auf Tamil übersetzen. Also muss ich es so hinkriegen. Drei Jungen hüpfen aufgeregt um mich herum und schreien: »Kung-Fu Fighting!« Ich weiß nicht, ob die Kinder je Sport gemacht haben, dafür tun sie mir auch echt leid. Obwohl, bei den Temperaturen hier ist es vielleicht auch sicherer so. Die Jungs ballen ihre Fäuste, lachen und gucken mich erwartungsvoll an. Das lässt sich ändern. Die Mädchen kommen in ihren bunten Kleidern und Schmuck dazu und wollen auch mitmachen.

Nach einer Minute Aufwärmen, Armkreisen, nichts Kompliziertes, hören alle Mädchen auf, der erste Junge steigt nach fünf Minuten beim Dehnen aus. Er guckt mich den Rest des Trainings verstört an und sagt dann: »Das ist kein Kung-Fu!« (Er muss es ja wissen.) Die anderen Jungs halten länger durch, heulen aber jedes Mal rum, wenn Liegestütze oder Kniebeugen dran sind. Schon bald habe ich mein Ziel erreicht, Kung-Fu allen madig zu machen.

Ein wenig verwirrt bin ich darüber trotzdem. Ich hatte gedacht, dass Kinder gerne Sport machen. Dass es ihnen Spaß macht, sich zu verausgaben. Dass sie neugierig sind auf etwas Neues. Die Kids hier scheinen leider alles, was ungewohnt ist, scheiße zu finden. Es wäre interessant, die Kung-Fu-Kinder aus China mit den Kindern aus Indien zu konfrontieren. Ich glaube, die chinesischen Kids würden die indischen zu Hackfleisch verarbeiten, während Letztere schreien und rumheulen würden: »This boy beating!!«

Die nächsten Tage in der Schule ziehen sich wie eine halbe Ewigkeit. Nachts wache ich auf und kann wegen der Hitze nicht wieder einschlafen. Der Ventilator geht nicht, vor allem nachts gibt es nur selten Strom, das nervt. Ich laufe in der Dunkelheit in meiner Zelle auf und ab, während die Ratten an der Tür zur Toilette kratzen. Ich fühle mich langsam wie ein Gefangener, zumal ich auch tagsüber nicht über den Schulhof hinauskomme. Geh nicht ins Dorf, das ist zu gefährlich. Am Tor steht sogar ein Wachmann, der aufpasst.

Ich habe nicht einmal mehr Freude daran, zu fotografieren. Die Affen, die manchmal über das Gelände toben, kommen mir mittlerweile so normal vor wie die Tauben in Berlin. Einmal zücke ich dann aber doch noch das Handy und fotografiere ein paar Affenmamas. Die Kleinen krallen sich an den Bäuchen der Mütter fest und werden so durch die Gegend getragen. Als ich einem der Jungen, der mich interessiert dabei beobachtet, erkläre, dass es in Deutschland keine Affen gibt, klappt ihm die Kinnlade runter.

Nachdem er seine Sprachlosigkeit überwunden hat, fragt er: »Auch nicht einen einzigen Affen?«

Ich: »Nein.« (abgesehen vom Zoo, aber das zählt wohl kaum)

Er darauf: »Und Hunde???!!«

Ich: »Ja, die gibt's!«

Er: »Vögel!!???«

Ich: »Ja, die auch.«

Er: »Ok.« (geht sehr nachdenklich seines Weges)

Zurück in Nellore habe ich das Gefühl, dass ich der Familie einfach nur noch lästig bin. Das dauernde Rumgenörgel, die missgünstigen, abschätzigen Kommentare führen dazu, dass ich mich irgendwann einfach wie ein Haufen Scheiße fühle. Ich quäle mich durch jeden Tag. Und irgendwann habe ich genug:

Pro bleiben: Es gibt Essen, ein Bett und WLAN.

Contra bleiben: Ich fühle mich einsam und habe das Gefühl, hier überhaupt nichts Sinnvolles mehr ausrichten zu können. Und ich vermisse meine Familie.

Die Entscheidung fällt, als ich mir eines Abends Erdnüsse rösten will, um danach gemütlich *Mission Impossible 4* zu gucken. Da meint die Oma plötzlich, ich solle aufhören, dauernd zu essen, davon würde mein Bauch krank werden. Die Putzhilfe sei gestern nach mir auf der Toilette gewesen und hätte sich übergeben müssen wegen des üblen Geruchs. Als könne ich etwas dafür, dass mir die indische Küche hin und wieder Probleme bereitet. Dass die Oma das auch noch vor ihrer Tochter sagt, finde ich voll daneben.

Statt meinen Film zu gucken, telefoniere ich mit meinen Eltern. Ich erkläre ihnen die Situation und wie ich mich gerade fühle, woraufhin sie sagen, ich solle einfach nach Hause kommen, ich sei schon lange genug weg gewesen. Mehr braucht es nicht, um mich zu überzeugen. Nach dem Telefonat buche ich meinen Rückflug. Es ist wie eine Erlösung, als hätte ich nur von irgendjemandem die Erlaubnis gebraucht, um die Esc-Taste zu drücken.

Am Abend vor der Abreise kann ich nicht schlafen. Ich bin extrem aufgeregt, aber auch ein wenig traurig, dass mein kleines Abenteuer zu Ende geht. Es war nicht immer einfach, aber gerade dafür bin ich dankbar. Etwas anderes als Dankbarkeit kann ich auch gar nicht empfinden, wenn ich durch die Bilder in meinem Handy scrolle. Das Feuerwerk in Hongkong an Neujahr, Muscheln sammeln in China. Mann, ich vermisse China. Die Kung-Fu-Schule war einfach perfekt. Aber auch Indien war gut, auf eine andere Art. Die Kleinen, wie sie mir stolz ihre expressionistischen Elefantenbilder präsentieren zum Beispiel.

Am Morgen kommt Oma schuldbewusst an, während ich mir mein Frühstück mache, und entschuldigt sich. Ich erkläre ihr, dass es nicht ihre Schuld ist, dass ich jetzt gehe. Was auch stimmt. Ich bin nicht so stolz, dass ich wegen einer miesen Bemerkung einknicke und beleidigt abfahre. Deshalb versichere ich ihr, dass ich einfach meine Familie vermisse und meinen Arm in Deutschland noch mal checken lassen will. Ich will meinem Vater wieder beim Chinesisch-Kochen helfen, mit meiner Mutter »Marvel«-Filme gucken und meinen Bruder bei seinem Abitur unterstützen und bei allem, was er sonst so machen will. Man hängt als Familie immer auf zu kleinem Raum herum und nervt sich, aber wenn man wegfährt, wird einem klar, dass dieser Haufen von wahnsinnigen Chaoten das Wichtigste auf der ganzen Welt ist. Und du kriegst nur diesen einen Haufen, den kann man nicht umtauschen oder ändern. Der bleibt.

Es wird extrem merkwürdig, morgen in Berlin zu sein, keine Frage. Aber es war an der Zeit, eine Entscheidung zu treffen, und ich bin wahnsinnig erleichtert, eine getroffen zu haben. Was mir die Zeit weg von zu Hause alles gebracht hat, kann ich so jetzt noch nicht sagen. Die ersten Dinge, die mir direkt einfallen: neue Perspektiven. Und eine große Portion Dankbarkeit. Die letzten Stunden meines letzten Tages in Indien brechen an. Ich gehe ein letztes Mal ins Fitnessstudio, kaufe Souvenirs für Freunde und meine Familie. Ich kann zum ersten Mal den Verkehr und die Hitze genießen, weil ich weiß, dass ich morgen wieder zu Hause bin. In meiner Gastfamilie hängt der Haussegen schief. Alle schieben sich gegenseitig die Schuld für meine plötzliche Abreise zu und meckern sich an. Oma gibt mir zwei riesige Nusspakete und Gewürzmischungen für meine Mutter mit. Für meinen Vater hat sie eine alte verstaubte Glasvase mit einer Rose drauf aus irgendeinem Regal gezogen.

Mein Flug geht um halb vier Uhr morgens. Aber die Familie meint, ich solle mir schon um 23 Uhr ein Taxi nehmen, falls Stau ist. Mir ist das nur recht. Das Abschiednehmen geht kurz und schmerzlos. Ich muss der Oma hoch und heilig versprechen, die Kinder nicht zu vergessen. Der Opa meint, ich könne jederzeit wieder zurückkommen. Schade finde ich, dass Rahul nicht da ist.

Am Flughafen habe ich Zeit, zu rekapitulieren. Als ich eine Gruppe chinesischer Stewardessen sehe, die sich auf Mandarin unterhalten, kriege ich Sehnsucht nach China. Und als ich den Aufruf für einen Flug nach Hongkong höre, erscheint mir alles so unwirklich. In diesen neun Monaten sind so viele Dinge passiert, die ich mir nie hätte erträumen können. Das Einzige, was mich traurig macht, ist, dass ich alle diese Erlebnisse nie so ganz mit jemandem teilen kann, nicht wirklich erklären kann, was sie mir bedeuten.

33

Boxenstopp

Als ich aus dem Gate herauskomme und meine Eltern sehe, ist alles wieder gut. Dass es zwei Menschen gibt, die sich so sehr freuen mich zu sehen und mich so akzeptieren, wie ich bin, ist toll. Ich bin einfach wahnsinnig erleichtert, alle Anspannung fällt von mir ab. Als wir das Flughafengebäude verlassen und zum Auto laufen, steht überall noch Wasser auf dem Boden. Es hat gerade geregnet, und es riecht verdammt noch mal genau so, wie es riechen muss. Jetzt ist der Himmel klar, einzelne kleine Wolken liegen weit verstreut. Die Strecke nach Hause über die Autobahn ist angenehm vertraut.

Als wir das Auto vor der Tür parken und aussteigen, will ich gerade nach Oscar fragen. Und dann sind plötzlich alle da. Oscar, meine Freunde aus der Schule, ein paar Freunde meines Bruders. Einer nach dem anderen kommt, um mich zu begrüßen. Ich bin komplett überfordert und komme mir vor wie in einem merkwürdigen Traum. Später stehen wir im Garten und grillen. Das Essen ist so wunderbar wie früher, Couscous mit Lamm und Tomatensalat, Harissa, Köfte ... Ich versuche zu verstehen, wo ich gerade bin. Erst im Laufe des Abends verfliegt meine Verwirrung, und ich versuche, mit jedem zu reden. Zum Glück reichen nach Indien zwei Bier vollkommen aus, um mich zu entspannen.

Als ich später in meinem Bett liege, fühle ich mich seltsam verloren und wache mehrmals mit dem Gedanken auf, ganz woanders zu sein: in meinem Bretterbett in der Kung-Fu-Schule, im Wohnzimmer in Indien, wo die fette Tante gleich den Fernseher aufdrehen wird. Ich kriege nur sehr wenig Schlaf.

Am nächsten Tag packe ich den Monsterkoffer aus und verteile meine Mitbringsel. Heidrun kriegt ayurvedische Kosmetika, Oscar ein Buch mit dem Titel *Guide for the Adolescent Youth,* auf dem ein alter Inder mit Sonnenbrille und grauen längeren Haaren abgebildet ist. Jeder kriegt einen Schlüsselanhänger mit einem schnauzbärtigen Bollywood-Star mit buschigen Augenbrauen. Ich zeige stolz meine coole Drachenjacke aus China und anderen Kram, der sich angesammelt und den Koffer so schwer gemacht hat: ein chinesisches Exemplar von *Tim und Struppi,* Filmbroschüren und Plakate aus Hongkong, raubkopierte Playstation-2-Spiele aus Indien, meine Kung-Fu-Schuluniform, Muscheln vom Strand, Röntgenbilder von meinem Arm ... fast ein kleines Museum meiner Reise. Wir sehen uns gemeinsam meine Fotos an, und später gehen Oscar und ich in die Stadt, um einen neuen Vollkorndöner auszuprobieren, von dem Heidrun uns erzählt hat. Der Berliner Alltag trifft mich mit voller Wucht, ich gleite merkwürdig zwischen zwei Welten. Über die Straße renne ich immer noch genauso wie in Indien, als würde ich um mein Leben laufen. Ich habe vergessen Socken anzuziehen, es ist Frühsommer in Berlin, und ich friere.

Ich bin nicht der Einzige, der sich verändert hat. In unserem Haus wurde die Küche umgebaut. Das mag nach einer Nebensächlichkeit klingen, aber ich hasse Veränderung, wenn es um mein Zuhause geht. Ich reiße dauernd die falsche Schublade auf und finde nichts. Andere Dinge sind gleich geblieben: In der Dusche ist der Duschkopf immer noch schief, und die Hälfte des Wassers geht immer noch daneben, egal wie man ihn dreht und wie man sich verrenkt. Meine Zimmertür ist immer noch die einzige, die verdammt laut quietscht, und die Dielen davor geben auch immer noch das gleiche Seufzen von sich. Im Regal in meinem Zimmer stehen immer noch der Millennium-Falke aus Lego, die Superhelden-Comics und die Fantasy-Bücher.

Ich dachte erst, ich würde die ganzen Kisten mit den Legosteinen ausschütten und irgendetwas bauen, alle »Harry Potter«-Bücher wieder lesen und im Wald Schwerter schnitzen und gegen eingebildete Orks kämpfen. Aber irgendwie fühlt es sich einfach nicht mehr wie früher an. Ich war sogar in meinem alten Comicladen und habe mir ein paar Hefte besorgt und am Kiosk ein paar »Harry Potter«-Sticker geholt, doch all das wirkt, als wolle ich damit einen Moment nachstellen, um bestimmte Emotionen hervorzurufen. Das klappt natürlich nicht. Leider. Es kommt mir vor, als sei etwas verloren gegangen, etwas, das ich früher als selbstverständlich angesehen habe. Mit jedem weiteren Tag, den ich in meinem Zimmer aufwache, weiß ich mit größerer Sicherheit, dass ich ausziehen will, wenn ich vom dritten Teil meiner Reise wiederkomme. Ich werde dieses Jahr zwanzig. Toll.

Viele meiner Freunde haben jetzt eine Freundin. Auch wenn die meisten als Teil eines Paares wirklich glücklich aussehen, bin ich irgendwie froh, dass mir das nicht passiert ist, bevor ich weggefahren bin. Dass ich erst mal rausgekommen bin, bevor der ganze Wahnsinn losgeht.

Franz hat sich gerade von einer Verletzung erholt und kann in der nächsten Saison weiter Rugby spielen. Er hatte sein Knie ganz blöd verdreht und war für ein Jahr komplett außer Gefecht gesetzt. Die lange Zeit ohne Rugby war ziemlich scheiße für ihn. Das kann ich nachvollziehen, nachdem das mit meinem Arm passiert ist.

Maurice arbeitet in einer Blindenschule, wir können uns gut über den nervigen Schulalltag und über die Probleme des Lehrer-Daseins austauschen. Eigentlich würde er auch noch gerne verreisen. Ich zeige ihm meine Zeichnungen und die Geschichten, die ich mir während der Reise überlegt habe, und wir spinnen zusammen rum.

Herbert studiert Medizin und hat eine Freundin. Von ihm hat man seitdem eher weniger gehört. Genauso wenig wie von Mattheus, ebenfalls mit Freundin, der studiert jetzt Business.

Max ist mit seiner Freundin gerade in Australien, danach wollen sie zusammenziehen.

Anton ist noch mit einer Organisation in Chile unterwegs und unterrichtet dort Deutsch. Bevor er weggefahren ist, hat er mit Maurice ein Rap-Album rausgebracht. Ich freue mich riesig, wenn er wieder zurückkommt, ihn vermisse ich wirklich.

Und Claire? Die ist immer noch unterwegs in Asien. Berlin ohne sie ist irgendwie merkwürdig.

Oscar ist viel mit seinen Freunden unterwegs, und ich sehe ihn eher wenig. Er ist ein bisschen genervt, seinen Posten als Einzelkind wieder aufgeben zu müssen, hat sich sonst aber nicht groß verändert. Er findet immer noch, dass Haftbefehl ein missverstandenes Genie ist, und investiert immer noch sehr viel Geld in Sportschuhe.

Man kann seine Erfahrungen nicht mit jedem gleich gut teilen, aber meistens gibt es einen Punkt, an dem man sich verstanden fühlt in dem, was man erlebt hat. Jeder hat die Zeit anders verbracht. Jeder hat andere Erfahrungen gemacht. Die Zeit, in der wir alle jeden Tag das Gleiche getan haben und immer über das Gleiche reden konnten, ist vorbei. Aber vielleicht gab es diesen Gleichklang damals schon nicht so wirklich. Schließlich hatte man ja noch ein Leben neben der Schule. Auch wenn das nur winzig war. Jetzt passiert genau das: Wir bauen unser eigenes Leben auf. Bei manchen geht es schneller, bei anderen dauert es länger. Trotzdem fühlt man zu manchen Freunden noch eine tiefere Verbundenheit, mit anderen dagegen kann man nichts mehr anfangen.

Zu meiner alten Schule trau ich mich noch nicht. Ich schreibe weiter E-Mails mit Bankdaten für den Schullauf hier, um Spenden für die Dorfschule in Indien zu sammeln. Aber persönlich dort aufzutauchen wäre mir sehr unangenehm. Das Ganze ist mir noch zu nah. Dass ich so viel Zeit in diesen Gängen und Klassenzimmern verbracht habe, ist irgendwie gruselig. Ich glaube, wenn ich in die Schule reingehen würde, dann würde ich auch mental in die Schulzeit zurückfallen. Ich würde wieder die Angst vor den Matheklausuren riechen, und alte Wunden würden wieder aufreißen. Wenn ich die richtige Distanz gefunden habe, werde ich mich mal wieder blicken lassen. Vielleicht zum Abi-Ball meines Bruders nächstes Jahr.

Heidrun hilft mir, einen Termin im Krankenhaus zu kriegen, wo wieder mal ein Röntgenbild gemacht wird und ich die ganze Story erzählen darf. Der entsetzte Blick des Docs ist nicht besonders ermutigend. Aber Entwarnung, der Knochen ist geheilt, und für meine Hand bekomme ich noch ein paar Ergotherapie-Termine. Für die darf ich morgens um acht Uhr einmal von links unten nach rechts oben mit der Ringbahn fahren. Ich kann mich entweder in die Bahn setzen, die links rumfährt, oder in die, die rechts rumfährt, und es dauert gleich lang. Ich bin unfassbar erleichtert. Es ist einfach gut zu wissen, dass alles wieder ganz ist.

Nach zehn Tagen Berlin packe ich wieder meine Sachen. Es kommt mir komisch vor, wieder aufzubrechen, wo ich noch nicht mal Zeit hatte, anzukommen. Aber wäre ich länger in Berlin gewesen, hätte ich mich vielleicht nicht mehr aufraffen können. Ich will weiter. Nach Schottland. Mich noch einmal herausfordern, selbstständiger werden, neue Dinge lernen, und zwar solche, die wirklich neu für mich sind. Schließlich habe ich auf meinen beiden letzten Abenteuern Dinge gemacht, die mir liegen (jedenfalls dachte ich das, bevor ich mich tatsächlich als Lehrer versucht habe). In Schottland will ich der Gehilfe eines Farmers und Handwerkers sein. Körperlich arbeiten. Drechseln lernen. Sachen tun, die extrem weit von dem entfernt sind, was ich von zu Hause kenne.

Zwei Tage bevor ich zu meinem nächsten Ziel aufbreche, kriege ich einen Brief von meiner Bank. Sie hat seltsame Abbuchungen aus Indien festgestellt. Irgendein Wichser hat sich großzügig von meinem Konto bedient. Nachdem wir die Bank angerufen haben, wissen wir zumindest, dass die Kreditkarte nicht gehackt wurde. Die Person muss also physisch Zugang zu meiner Karte und der PIN gehabt haben. Die Abbuchungen fanden immer dann statt, wenn ich in Nellore war. Alles deutet darauf hin, dass Rahul mir Geld gestohlen hat. Er war der Einzige, mit dem ich mehr geredet und Zeit verbracht habe. Und ich erinnere mich, dass er mich auch zweimal nach meiner Karte ausgefragt hat. Wie das so läuft in Deutschland, was ein Konto kostet, wie viel Stellen die PIN hat, so Zeug eben. Und an meinem letzten Tag hat er sich auch nicht von mir verabschiedet.

Ich bin verwirrt und wütend. Mir wird schlecht, wenn ich mir das T-Shirt angucke, das ich mit ihm zusammen in einem Laden gekauft habe: rot, mit einem Tiger und dem Schriftzug »Athletic« drauf. Was für mich bis dahin eine gute Erinnerung war, kommt mir jetzt schmutzig und schäbig vor.

Ich schicke eine E-Mail an die Familie, weil ich nur zu 99,98 Prozent sicher bin, dass Rahul es war, und ich ihm die Chance geben will, es selbst zuzugeben:

Dear Nancy,

it's Paul, I have arrived safely in Berlin. I have started organizing a school run where the students of my old school would be able to donate money to the village school. Sadly I have received a letter from my bank, informing me about irregularities in the withdrawals from my credit card during my stay with your family. I have all the addresses of the shops, dates and times and they don't add up. Some shops I hadn't even visited. And it's not a small amount. It's a lot of money that has been stolen from me. I have a difficult decision to make now but as it is currently unclear who has used my card and betrayed my trust. As it stands I don't think that any donations will reach the village because I can't be sure that they will actually reach the kids.

I feel very sorry for the kids who truly deserve the support I was willing to give. I will send you the names of the companies and times where my card was used without my approval and without my knowledge. My bank is investigating the matter and they are taking this matter very seriously as do I. I would appreciate it if you could help me clearing up the problem. I don't want to throw around any accusations or blame anyone. I just want to know who took my money and I want it back as fast as possible. I am a student and in Germany money doesn't grow on trees. It would be great if you could assist me in clearing this up.

Es ist komisch, wenn man irgendwo hinfährt, um zu helfen, und dann verarscht wird. Ich kann auch gar nicht nachvollziehen, wie jemand denkt, der so etwas macht. Denkt er, dass wir in Deutschland alle Millionäre sind? Vor allem aber ist es nicht so, dass Rahul es nötig hätte: Er hat ein iPhone, eine Apple Watch, einen Mac ... alles. Ich versuche, mich davon nicht zu sehr runterziehen zu lassen. Auch macht die Distanz alles unwirklich, so als wäre es in einer anderen Welt einem anderen Paul passiert. Wenn ich aber länger drüber nachdenke, merke ich, dass ich richtig schlecht draufkomme.

Aus Indien höre ich erst mal nichts. Erst als meine Mutter noch mal eine Mail nachschiebt, kommt eine Antwort: Das sei eine total freche Unterstellung. Und dass sie mir immer gesagt hätten, ich solle auf mein Zeug aufpassen. Außerdem sei ich ja hier der Lügner, denn ich hätte behauptet, dass mein Arm gebrochen sei. Daraufhin ist Heidrun komplett ausgeflippt und hat eine 24-Stunden-Deadline gesetzt. Danach würden wir zur deutschen Polizei gehen und die indische Botschaft benachrichtigen. Noch am selben Abend gesteht

Rahul über Messenger. Sein Vater würde sich mit meiner Mutter in Verbindung setzen und alles klären. Ich solle aber bitte die Kinder nicht mit reinziehen, er wolle nicht, dass andere wegen ihm leiden müssen. Ich meine, dass ich erst mal einfach nur mein Geld zurückwill, weil ich nicht reich bin.

Darauf schreibt er: »I am so sorry, please forgive me.«

Vielleicht sollte ich in Zukunft wirklich vorsichtiger sein. Klar, ich will jetzt nicht zu so einem 19-jährigen Scrooge mutieren, aber vielleicht muss ich einfach besser aufpassen, wem ich was erzähle. Natürlich hatte ich ein ziemlich ungutes Gefühl, als Rahul mir andauernd bescheuerte Fragen zu meiner Karte stellte. Kann sein, dass meine Naivität dazu geführt hat, dass es überhaupt so weit kommen konnte. In Zukunft wird alles, was Geld betrifft, niemanden außer mir etwas angehen. Punkt. Und damit genug von der Geschichte, schließlich naht mein erstes Europaabenteuer!

Dafür haben Heidrun und ich gerade noch eine elektrische Zahnbürste und ein Kilo Socken gekauft. Außerdem hat sie mir eine riesige Box mit Shampoos und irgendwelchem Zeug aufgedrückt, die mein halbes Gepäck ausfüllt.

Wir fahren zu zweit zum Flughafen, mein Vater muss arbeiten. Ich fühle mich ein bisschen blöd, sie schon wieder zurückzulassen. Sie haben mich gerade erst zurück, da hau ich auch schon wieder ab. Ich habe wirklich Respekt vor meinen Eltern, und ich bin wahnsinnig dankbar, dass sie mir keine Hindernisse in den Weg stellen und mich bei der Reise immer unterstützen. Egal was schiefläuft, ich weiß, dass ich mit ihnen immer ein Ass im Ärmel habe. Einen mächtigen Freund in der Regierung, der mich rausboxt, was immer ich auch angestellt haben mag.

34

Lehrling

Ein Bus bringt mich von Edinburgh in das Dorf, in dem ich die nächsten Monate verbringen will. Die Wolken sind grau und hängen tief. Die ganze Atmosphäre ist irgendwie bedrückend. Die Aktion, nach Schottland aufs Land zu fahren, zu irgendeinem Typen, den ich im Internet gefunden habe, kommt mir viel verrückter vor als alles, was ich bisher gemacht habe.

Fergus, meinen Gastgeber, habe ich auf WWOOF, World Wide Opportunities on Organic Farms, aufgetan. Vor zwei Monaten habe ich ihm und zehn anderen Leuten aus Indien eine E-Mail geschrieben. Zu Fergus wollte ich am liebsten, weil er mit Holz arbeitet und selbst schlachtet. Außerdem hatte er noch nicht so viele Bewertungen, woraus ich schloss, dass er das noch nicht so lange macht und jede Hilfe zu schätzen wissen würde. Fergus lebt relativ abgeschieden allein *in the middle of nowhere*. Er drechselt Tierfiguren und macht abstrakte Kunstwerke aus Holz, die er verkauft. Er hat einen großen Garten und will, wie er schreibt, irgendwann so weit sein, dass er sich komplett selbst versorgen kann. Ich soll ihm bei allem helfen, was so anfällt.

Im Bus sitzen die Leute alle so weit wie möglich voneinander weg. Jeder ist leise und bei sich. Voll der Kontrast zu

Indien. Wir fahren durch winzige Dörfer mit immer kleiner werdenden grauen Häusern mit altmodischen Schornsteinen, hier und da steht eine moosbewachsene Kirche. Auf den Straßen ist kaum jemand zu sehen. Auf einen Kilometer Weg kommt vielleicht ein einzelner Mensch. Die Landschaft ist offen und weit, als hätte man sie auseinandergezogen, und die Fußpfade über die Wiesen sehen aus, als würden sie ins Nirgendwo führen.

Als plötzlich mehrere Bars, ein Supermarkt und ein Chinese-Fast-Food-Shop nacheinander auftauchen, muss ich umsteigen. An der Haltestelle frage ich einen Mann nach dem nächsten Bus zu dem Dorf, in dem Fergus lebt. Der Mann ist zufälligerweise der Busfahrer und holt mich wenig später mit seinem Linienbus ab. Und schon geht es weiter durch die grüne, hügelige Landschaft. Das Auf und Ab macht mich schläfrig, ich habe Angst, dass ich die Stelle verpasse, an der ich aussteigen muss. Aber der Busfahrer weiß ja Bescheid, wo ich hinwill. Während ich langsam wegdämmere, denke ich darüber nach, warum ich mich ausgerechnet für Schottland entschieden habe. Nach Indien erschien mir ein Land, in dem es regnet, windig und kalt ist, wie das Paradies. Außerdem sind England und Schottland die Wiegen vieler magischer Dinge, Legenden, Mythen und Sagen. Alles, was ich mag, kommt von hier. *Harry Potter, Game of Thrones, Broadchurch, Sherlock Holmes* …

Das Bremsen des Busses reißt mich aus meinen Gedanken. An einem frei stehenden Haus sehe ich ein Schild mit dem Namen meines Gastgebers und seiner Holzkunst-Galerie. Ich schnappe meine Sachen, steige aus und gehe zu dem Gebäude. Die Tür steht offen. Ich frage kurz »Hallo?« und werde sofort zum Abendessen reingewunken. Fergus und sein kleiner Sohn James haben schon auf mich gewartet. James ist ein wenig aufgeregt, er ist acht Jahre alt und steht, wie er mir sofort erzählt, auf Lego und Nerf Guns. Ich kriege eine großzügige Portion karamellisierten Zwiebelkuchen aufgetischt, dazu gibt es Salat aus dem Garten und selbst gebackenes Brot. Später trinken Fergus und ich noch ein Bier und unterhalten uns. Er ist sehr ehrlich, erzählt von sich und meinen Volunteer-Vorgängern.

»Lass dir Zeit mit dem Ankommen. Ich werde dir ein paar kleine Aufgaben geben, damit ich verstehe, wie du denkst und arbeitest. Ich hatte schon Woofers, mit denen ich nichts anfangen konnte. Ich sag dir, wenn es mit dir auch so ist. Und auch wenn wir klarkommen, wird es Zeiten geben, in denen wir uns missverstehen. Nimm's einfach nicht persönlich.«

»Ok.«

»Wie lange willst du eigentlich bleiben?«

»So drei Monate hatte ich mir vorgestellt, damit ich mich richtig einarbeiten und dir auch wirklich helfen kann.«

»Super. Dann kannst du mir beim Drechseln helfen und Sachen, die ich vorgearbeitet habe, fertig machen. Willst du noch ein Bier? Das wird es übrigens nicht so häufig geben, ich kann es mir nicht leisten, dich immer abzufüllen.«

»Das ist nett, aber nein, danke. Ich habe leider meine Alkoholtoleranz in Indien verloren.«

»Das wird schon wieder. Hast du so was in der Art schon mal gemacht?«

»Ich habe einmal in den Sommerferien in einer Metallwerkstatt gearbeitet. Aber ich bin jetzt niemand, der besonders praktisch veranlagt ist. Mein Vater hat mir solche Dinge nie gezeigt, deshalb dachte ich, ich könnte es hier lernen.«

»Auch gut. Ich hatte schon ein Mädchen hier, die noch nie irgendwas gebaut hat, die hat mir mit den Zäunen geholfen, und die Gemüsebeete hat sie ganz allein angelegt. Ich hätte das in einem Viertel der Zeit hingekriegt, aber sie hat es auch irgendwie geschafft. Das wird schon.«

Es überrascht mich, wie cool er wirkt. Vollkommen entspannt und relaxt. So als wäre es kein großes Ding, dass ein Fremder für eine längere Zeit bei ihm wohnen wird. Ziemlich professionell, der Typ, denke ich. Im Gegensatz zu ihm bin ich wahnsinnig aufgeregt und hoffe wirklich, dass alles so wird, wie ich mir das ausgemalt habe.

Nach dem Bier machen wir einen Rundgang. Es gibt eine Galerie, in der die Holzarbeiten ausgestellt und verkauft werden. Eine Werkstatt, in der die fertigen Stücke mit Öl eingerieben und zum Trocknen aufgestellt werden. Und den Dachboden. Das ist mein Reich. Eine Holztreppe führt dorthin. Ich fand Dachböden schon immer cool, vor allem, weil wir zu Hause nie einen hatten. Ich habe ein riesiges Bett, ein Sofa, eine Lampe, einen Spiegel, einen Abstelltisch und sogar einen Schrank für meine Klamotten. Das hier ist echt extremer Luxus. Das WLAN reicht zwar nicht bis hier herauf, aber das finde ich eigentlich ganz gut. Dann schlafe ich früher ein und beginne meinen Tag nicht gleich mit Internet.

Am nächsten Morgen bekomme ich meine erste kleine Aufgabe: einen Wassertank schrubben und einen gammeligen Kühlschrank sauber machen. Fergus meint, es tue ihm leid, dass ich mit so einem Scheißjob anfangen müsse. Ich habe damit kein Problem und mache mich emsig an die

Arbeit, um mich zu beweisen, während er James zur Schule fährt.

Als er wieder da ist, gibt es pfannkuchenartige Teile mit viel Butter und Marmelade und Earl Grey. Fergus erzählt mir von seinen Beziehungen und dass er immer mit wahnsinnigen Frauen zusammen ist, und von den französischen Mädchen, die bei ihm waren, mit denen er aber nichts hatte. Ich versuche zwischendrin auch ein paar Sachen von mir zu erzählen, wie krass Indien war, aber dafür hat Fergus gar kein Ohr. Ich merke, dass ihm der Austausch fehlt, er redet und redet. Er kommt eigentlich aus einem Fischerdorf an der Küste. Seine Frau ist nach der Trennung in dieses Nest gezogen, er irgendwann hinterher, um näher bei seinem Sohn zu sein. Der ist jetzt im Wechsel bei ihm und bei seiner Ex. Fergus meint, er habe viele Freunde zurückgelassen und sich hier immer noch nicht richtig eingelebt. Das tut mir leid.

Dann erzählt er mir, was in den nächsten Wochen unsere Mission sein wird. Er will neben seinem Haus, wo zuvor ein Schuppen stand, eine überdachte Terrasse bauen. Dort soll dann ein großer Grill hin, ein Pizzaofen, ein Kühlschrank, ein Waschbecken und eine Arbeitsfläche, auf der er schlachten kann. Das Holzgerüst und das Dach sind schon fertig. Nur der Boden ist noch von einer fünfzig Zentimeter dicken Betonschicht überzogen, dem Fundament des alten Schuppens. Das müsse weg. Außerdem müssten die alten Steine, die hier überall im Boden stecken, ausgegraben und gestapelt werden. Fergus will die Bruchsteine zum Bauen verwenden. Im Garten liegt schon ein kleiner Haufen. Und unter dem Haufen liegt angeblich der letzte Woofer, haha.

Ich kriege Handschuhe, und Fergus holt Spaten, Schaufel,

Spitzhacke, Brecheisen und eine riesige, schwere Metallstange. Die ersten Steine lassen sich recht einfach mit dem Brecheisen herausstemmen, und wir laden die Schubkarre voll, die ich dann einen Hügel hoch zum Haufen im Garten schieben darf. Es ist extrem harte Arbeit, vor allem, weil es sehr heiß ist. Von wegen Regen und kalt. Fergus wuchtet immer die größten Steine allein rum und akzeptiert dabei keine Hilfe. Er amüsiert sich darüber, wie ich mich abmühe, die schwer beladene Schubkarre den Hügel hochzuschieben, ohne dass sie umkippt. Ich gebe aber nicht auf und mache meinen Job. Ich will mich unbedingt beweisen, keine Ahnung, warum. Irgendwie hält mich dieser Gedanke fokussiert. Und als mir die Schubkarre letztlich doch noch umkippt, rolle ich einen besonders schweren Stein einfach den Hügel hinauf, weil ich ihn allein nicht zurück in die Schubkarre kriege.

Danach sortieren wir schwere Steinplatten, die wir zu zweit auf- und wieder abladen müssen. Mein Rücken ist mittlerweile komplett fertig, und ich kämpfe nur noch. Während Fergus ein paar Säcke Zement mit dem Auto wegfährt, arbeite ich allein weiter, weil ich denke, er will sehen, ob ich auch allein vorankomme. Das mache ich offenbar gut genug. Fergus meint: »Gute Arbeit, Mann. Übernimm dich nicht, es bringt mir nichts, wenn du jetzt schon stirbst.«

Abends gibt es Burger mit Wildhack und einen Thai-Salat, der wirklich scharf und authentisch schmeckt, dazu Cider mit Eiswürfeln. Ich glaube, das Essen ist ein guter Indikator dafür, wie zufrieden Fergus mit meiner Arbeit ist. Mal gucken, wie lange das anhält.

Am nächsten Tag ist es wieder richtig heiß. Wir tragen

gemeinsam das Fundament der alten Scheune ab. Fergus bearbeitet die dicke Betonschicht wie ein Wahnsinniger mit einem Vorschlaghammer, wobei er immerzu »Fuck!« schreit. Als ich randarf, merke ich, dass hinter dem Umgang mit einem Vorschlaghammer mehr als nur rohe Kraft steckt. Wenn ich es versuche, kriege ich zwar Risse in den Beton, aber im Gegensatz zu Fergus schaffe ich es nicht, ganze Teile rauszuhauen. Fergus ist zwar größer und kräftiger als ich und will vielleicht auch den aufgestauten Frust auf seine Ex-Freundinnen loswerden, aber daran liegt es nicht. Sondern an der Technik. Erst schlägt Fergus mit dem Hammerkopf in kleinen Abständen einen Halbkreis in den Beton. Zwischen den Treffern bilden sich feine Risse. In den einen der Risse halte ich nun einen Metallmeißel, auf den Fergus wieder mit dem Hammer haut, sodass der Riss tiefer und breiter wird, bis ein großes Stück frei wird, das er mit einer Eisenstange heraushebelt. Fergus meint, ich müsse beim Arbeiten meinen Kopf benutzen. Es gehe nicht darum, Energie zu verschwenden und den Beton zu Staub zu hauen, sondern effizient und einfallsreich die zur Verfügung stehenden Werkzeuge zu nutzen. Einmal haut mir Fergus auf den Finger, während ich den Meißel halte. Er erschrickt sich ziemlich, aber zum Glück ist alles ok.

Später erzählt er mir eine Geschichte über die alten Steinbrücken, die es hier in der Gegend gibt. Um die zu bauen, brauchte man Jungs, die klein und wendig waren und in jeden Winkel kamen. Beim Bau der Brücken starben zwanzig Jungs. An einer dieser Brücken, sagt Fergus, steht ein Denkmal für die Toten. Keine Ahnung, ob das stimmt, ich glaube, er will mir damit eher sagen, dass ich mich mit meinem Finger nicht so haben soll.

Als ich 17 war, habe ich schon einmal in den Sommerferien körperlich gearbeitet, bei einem Typen, der riesige Stahlkunstwerke herstellt. Von daher weiß ich, dass man sich bei körperlicher Arbeit wehtun kann. Das gehört dazu, genauso wie die Müdigkeit am Abend. Trotzdem bin ich erstaunt, wie fertig ich bin. Ich falle um neun Uhr ins Bett und schlafe sofort tief ein. Morgens will ich nicht aufstehen. Ich will einfach nie mehr aufstehen. Ich bin so platt, als hätte jemand den Stecker gezogen. Aber draußen warten schon Fergus und eine fünfzig Zentimeter dicke Betonschicht auf mich.

35

Deadliest Catch

Zum Mittagessen gibt es zwei Scheiben von Fergus' selbst gebackenem Brot mit pochiertem Ei. Dazu noch zwei Scheiben *Black Pudding*, das ist die typische Blutwurst, die man überall hier auf der Insel bekommt. Es schmeckt großartig. Ich frage Fergus nach weiteren Spezialitäten. Vom schottischen Nationalgericht *Haggis* – das ist irgendetwas Pastetenmäßiges aus Innereien – hält er nicht viel. Offenbar musste er als Junge zu viel davon essen. Er erzählt mir, dass seine Mutter nicht gut kochen konnte, weshalb er früh selbst mit dem Kochen angefangen habe. Mit 19 hat ihn dann ein Kochbuch über vegetarische indische Küche so richtig begeistert, weshalb er später dann als Koch gearbeitet hat. Fergus holt das Buch aus dem Regal: ein dicker Wälzer mit gezeichneten Bildern. Durch die Kolonialzeit, sagt Fergus, ist die indische Küche auch Teil der schottischen geworden. Deshalb ist Curry heute auch ein typisch schottisches Gericht. Als er einmal eines kocht, finde ich sein Curry wirklich mindestens genauso gut wie das von Oma in Indien.

Draußen beginnt es zu regnen, und Fergus fragt, ob ich schwimmen will. Ich bin für solche Aktionen immer zu haben. Als wir mit dem Auto zum Fluss fahren, kann ich gar nicht mehr aufhören, aus dem Fenster zu gucken. Alles ist so fucking grün, es gibt alle Töne von Grün, und überall sind Schafe. Die ganze Szenerie ist so friedlich, aber auf eine so übertriebene Weise, dass es mir vorkommt, als könne man, wenn man zu lange auf die Hügel, Wälder und Felder hinausschaut, wahnsinnig werden. Der Kontrast zum Süden von Indien ist beinahe pervers. Während hier alles im Übermaß gedeiht und wächst, verdorrt dort fast alles.

Als wir bei dem wunderschönen klaren Fluss ankommen, regnet es nicht mehr so stark. Ich renne übermotiviert rein und schwimme gegen die Strömung. Das eiskalte Wasser nimmt mir die Müdigkeit und die Schmerzen. Ich liebe Wasser, vor allem kaltes und fließendes. »Don't die«, ruft Fergus. Ich hoffe, ich kann mit dem Fahrrad öfter mal hierherkommen. Ich fühle mich, als hätte ich alles richtig gemacht. Schottland, die Natur, mein kleines Reich auf dem Dachboden, schöner hätte ich es mir in meinen Träumen nicht ausmalen können.

Auf dem Weg zurück zeigt Fergus mir ein Haus, das von Mauern und Hecken umgeben ist. Angeblich hat es J. K. Rowling gekauft, die Frau, die »Harry Potter« erfunden hat, einen der Helden und Begleiter meiner Kindheit. Fergus weiß nicht, ob sie das Haus jemals betreten hat. Ein wenig enttäuscht bin ich schon, dass J. K. Rowling nicht lässig in einer Hängematte im Garten liegt und an einem neuen Buch schreibt.

Dann fahren wir an einem Schloss vorbei. Es gehört der Adelsfamilie, die auch Fergus' Haus besitzt. Das Schloss ist einfach nur gigantisch und fett, etwa so wie man es aus *Downton Abbey* kennt. In Schottland, erklärt Fergus, hatte das Feudalsystem viel länger Bestand als im Rest Europas. Erst 1999 sorgte das erste gewählte schottische Parlament in Edinburgh dafür, dass der Adel entmachtet wurde, aber nur theoretisch. Denn das Land wird noch immer innerhalb dieser Familien weitervererbt. Früher, im 18. und 19. Jahrhundert, waren viele der ansässigen Bauern von ihren Lehnsherren von ihrem Land verjagt worden, weil die Nutzung des Landes durch Schafe lukrativer war, als es zu verpachten. Die Bauern mussten sich an der unfruchtbaren Küste ansiedeln, in den Fabriken der Städte arbeiten oder nach Amerika auswandern. Deshalb sind die Highlands heute auch so dünn besiedelt. 2003 gab es eine erste Landreform, seitdem versuchen Bürgerinitiativen, Land von den Adligen zurückzukaufen. Fergus sagt, dass er theoretisch immer aus seinem Haus rausgeworfen werden kann. Als ich ihn frage, ob ihn das nicht stört, meint er nur, dass sich die Politik für Leute wie ihn sowieso nicht interessiert.

Als wir wieder zu Hause sind, sucht Fergus im Internet nach einem zweiten Woofer. Er meint, er wolle mal sehen, ob er nicht ein französisches Mädchen für mich findet, aber nur wenn ich dann nicht anfange anzugeben und rumzuposen. Ich sage, dass ich es komisch finde, wenn er seinen Helfer nach meinem Geschmack aussucht. Er soll mich einfach überraschen. Darauf er: »Ok, dann werde ich eine fünfzigjährige Schrulle einstellen, die es auf junge Kerle wie dich abgesehen hat.« Wir müssen beide sehr lachen.

Später am Abend gucken wir eine Folge von »The Deadliest Catch«, eine Reality-TV-Show. Es geht um Fischer, die vor Alaska nach Königskrabben fischen. Das Meer ist so kalt, dass man nach dreißig Sekunden erfriert, und es gibt riesige Wellen und üble Stürme. Ich gucke eigentlich nie Reality-TV, aber ich will mehr Zeit mit Fergus verbringen und verstehen, was ihn daran fasziniert. Er erzählt, dass es in dem Fischerdorf, wo er aufgewachsen ist, auch Männer gab, die über Bord gegangen sind und nie wieder nach Hause zurückkehrten. Vielleicht mag er die Sendung deshalb so gerne, weil sie ihn an sein Zuhause erinnert. Ich habe ihn mal gefragt, ob er *Game of Thrones* mag, aber er meinte, Fantasy ist kompletter Scheiß, damit wischt er sich den Arsch ab. Er lebt lieber in der echten Welt. Das sei geil genug.

Irgendwann verschwinde ich auf meinen Dachboden. Von unten höre ich laute Musik, wahrscheinlich arbeitet Fergus an den Beats für die Party am Wochenende mit seinen Kumpels. Er meint, er wird Freitag anfangen zu trinken, und das so lange machen, bis er Montagabend wiederkommt. Unter der Woche versucht er, drei Tage nichts zu trinken. Ich sage dazu nichts. Ich finde es beeindruckend, aber auch ein wenig beängstigend, wie viel er verträgt.

Den Rest der Woche verbringe ich damit, die Fläche, wo wir das Fundament rausgerissen haben, einzuebnen. Was leichter gesagt ist als getan. Ich schippe Sand, sortiere kleine und große Steine aus und versuche, alles gerade zu bekommen, damit wir bald den Holzboden verlegen können. Es ist echt eine Schinderei. Beim Essen zittern meine Hände, wenn ich die Gabel oder das Messer hebe. Die Kapseln und Sehnen in meinen Fingern beschweren sich, mein Rücken ist fertig, und ich kriege langsam Hornhaut an den Fingern. Meine Hände fühlen sich immer mehr an wie grobes Sandpapier.

36

Holzzwiebeln

In der zweiten Woche kriege ich abends meine erste Drechselstunde. Fergus erzählt, dass er sich vor ein paar Wochen beinahe den Finger abgedrechselt hat. Er mache das jetzt schon seit 21 Jahren, und so was sei ihm noch nie passiert. Auch wenn er dabei grinst, bin ich beunruhigt. Ich habe einen Heidenrespekt vor Maschinen, egal ob es sich um eine Drechselbank oder einen elektrischen Rasierer handelt. Das liegt auch daran, dass weder in der Schule noch bei mir zu Hause viel Wert auf praktisches Denken und körperliches Arbeiten gelegt wurde.

Fergus erklärt mir die Drechselmaschine, benennt die Teile, macht alles vor und sagt mir, was ich alles *nicht* machen soll. Zum Beispiel das Holz anfassen, während es von der Maschine gedreht wird. Er zeigt mir die richtige Fußstellung und was meine Arme und Hände machen sollen. Es sieht supereinfach aus. Wie frische Spaghetti ringeln sich die Späne von dem Holz, gegen das Fergus einen scharfen Spatel hält. Rumpf und Füße bewegen sich nicht, nur sein Arm, der eng am Körper anliegt, wandert langsam mit dem Spatel runter und frisst sich durch das Holz.

Zum Ende demonstriert er, was passiert, wenn sich das Holz aus dem Spindelstock löst, weil es nicht richtig festgeschraubt wurde. Er donnert es gegen eine Wand. Ich soll mir einfach vorstellen, was passiert wäre, wenn das mein Kopf gewesen wäre und nicht die Wand.

Dann darf ich endlich ran. Und mache dabei natürlich alles falsch, was man falsch machen kann. Fergus versucht, mich zu korrigieren, aber meine Arme tun das absolute Gegenteil von dem, was er sagt. Vielleicht liegt es daran, dass er mir seine Beobachtungen zu meinen Fehlern mit der Feinfühligkeit eines US-Marine-Marschalls mitteilt. Er wird sofort persönlich und laut. Ich bin voll frustriert, und es wird auch nicht besser, als Fergus mir Fotos von den Ergebnissen seiner Musterschülerin zeigt. Natürlich eine Französin, die an ihrem ersten Tag gleich vier perfekt runde Kugeln gedrechselt hat. Meine Endprodukte hingegen sind eher komische Kreisel. Ich solle sie meiner Mutter schenken, sagt Fergus in einem etwas freundlicheren Tonfall, mir die Dinger vor dem Schlafen noch mal anschauen und nachdenken über das, was ich besser machen könnte (mahnend).

Zum Abendessen gibt es japanische Ramen-Suppe, die Fergus liebevoll mit ein paar Stücken Schweinebauch obendrauf dekoriert. Er scheint ein schlechtes Gewissen zu haben, weil er so rau gewesen ist. Er erklärt mir, dass er eben nicht aus seiner Haut könne, das sei halt seine Art. Mit der habe ich auch gar kein Problem. Ich bin gerade einfach nur von mir selbst enttäuscht. Das letzte Mal, dass ich so lange gebraucht habe, etwas zu verstehen, war, als ich versucht habe, die erste Kung-Fu-Form von Yoda zu lernen. Wenn etwas auf Anhieb nicht klappt, bin ich erst mal ziemlich durcheinander. Ich kann das nicht auf die leichte Schulter nehmen und mir sagen, na dann eben nicht oder morgen wird's bestimmt besser.

Ich bin dann so: Hä? Warum klappt das nicht? Komisch ... Ich versuche doch alles und trotzdem geht es nicht. Was hab ich falsch gemacht? Ich will das doch hinkriegen, waaaaarum geht das nicht! Warum? Was habe ich dir je getan, du dummes Stück Holz, dass du mir nicht gehorchst! Fuck, ich kann nichts, mein Leben macht keinen Sinn.

Das Essen gibt mir neue Lebensenergie. Wahrscheinlich war ich einfach nur unterzuckert. Fergus' Sohn, der mal wieder da ist, tut sein Bestes, um das grandiose Essen nicht wertzuschätzen. Er steht dauernd auf, um sich Limo oder sonst irgendwas zu holen, und isst lieber trockenes Brot als die Suppe, die er stehen lässt. Ich war wahrscheinlich früher genauso schlimm, obwohl, nein, Essen war mir immer wichtig. Immer. Punkt. So bin ich halt aufgewachsen, in einem Haushalt des Essens und Malens, Zeichnens, Bastelns, Lesens und später Filme- und Serien-Guckens.

Nach dem Essen fühlt sich mein Bauch an wie ein Heißluftballon voller Ramen. Guter Dinge, aber nicht in der Lage zu fliegen.

Am nächsten Tag läuft es besser. Die Lektion vom Vortag habe ich jetzt halbwegs drauf, ich kriege etwas komisches Ovales hin. Also eine Kugel, die aussieht wie eine flache Zwiebel. Fergus macht währenddessen Modelle für seine Tierskulpturen, die dann in einem Ofen aushärten. Ich finde es cool, dass er sich alles irgendwie selbst beigebracht hat. Und es gefällt mir, wie selbstbestimmt er arbeitet. Er kann voll durchziehen, oder einfach aufhören, weil das Wetter zu gut ist oder er keine Lust hat. Es hat natürlich dicke Vorteile, wenn man nicht jeden Tag zur selben fucking Arbeit fährt, mit demselben nervigen Boss, der irgendwas von einem will, worauf man selber überhaupt keine Lust hat. Mein eigener Herr sein, das will ich schon irgendwie auch.

Andererseits weiß ich nicht, ob ich später dieselben Sorgen wie Fergus haben will. Ob ich für den nächsten Monat noch genug Geld habe und ob die Leute meine Sachen gut finden und kaufen wollen. Und ich frage mich auch, wovon er sich ablenken will, wenn er einen Pizzaofen bauen will oder eine Sauna, wie er letztens meinte. All diese kleinen Projekte, die er im Kopf hat, mit denen er den Garten und das Haus optimieren will. Macht er das nur, weil es ihm Spaß macht? Oder weil ihm sonst langweilig wird und er nichts mit sich anfangen kann?

Ich jedenfalls ertappe mich dabei, dass ich die ganze Zeit versuche, ihm alles recht zu machen. Ohne es gleich zu merken, bin ich in das alte Schüler-Meister-Verhältnis gerutscht, das mich in der Kung-Fu-Schule schon genervt hat. Man richtet sich anders aus, in der Hoffnung, dass man was Neues lernt. Dabei verliert man ein bisschen von sich selbst. Wenn man dann im Fachgebiet des Meisters keine Bestätigung bekommt, wird man extrem unzufrieden mit sich. Man definiert sich nur noch über die Dinge, die der Meister anerkennt, macht die Reaktion eines anderen Menschen für sein Selbstwertgefühl verantwortlich und wundert sich dann, dass man ausgenutzt oder enttäuscht wird.

Ich weiß nicht, warum ich für so etwas so empfänglich bin. In der Schule lernt man ja früh, sein Selbstwertgefühl an gute Noten zu koppeln. Ich habe eine gute Note geschrieben, juhuuh, was für ein toller Tag, ich bin unbesiegbar. Ich habe eine Sechs, was für ein Scheißtag, ich bin so schlecht in allem, ich kann gar nichts. Ich falle gerade ganz automatisch in dieses alte Muster und vergesse, dass man sich nie über nur eine Disziplin oder ein Attribut definieren sollte. Denn wenn einem das weggenommen wird oder eine Fähigkeit gerade mal nicht abrufbar ist, fällt man plötzlich in ein tiefes Loch oder steht vor einer unüberwindbaren Wand.

Am Freitag verschwindet Fergus zu seiner Party. Ich soll so lange auf das Haus aufpassen. Morgens die Pflanzen gießen, Holz hacken, das Haus nicht abbrennen und Sachen in der Galerie verkaufen. Ich bin erst mal komplett erleichtert, dass mir niemand mehr über die Schulter guckt, mich kontrolliert und kommentiert. Ich schnappe mir meinen Laptop und tauche ab. War ich davor eine fleißige Arbeitsdrohne, bin ich jetzt eine Made. Ich gucke bis tief in die Nacht Serien und Filme. Mein spätes Frühstück dehnt sich aus in die Unendlichkeit. Ich denke die ganze Zeit, dass es regnen könnte, und nehme das als Ausrede, um das Haus nicht verlassen zu müssen.

Bevor ich komplett verwahrlose, schleppe ich mich irgendwann doch raus und hacke Holz. Aber weil das mehr Spaß macht, als mich um den Garten zu kümmern, höre ich schnell wieder damit auf. Ich brauche ja noch ein Highlight für die nächsten Tage. Zum Kochen kann ich mich nicht wirklich aufraffen. Außerdem fühlt es sich komisch an, sich im Garten einfach so zu bedienen. Schließlich habe ich zum Gedeihen der Pflanzen reichlich wenig beigetragen. Ein Gerüst für die Bohnen habe ich zwar gebaut und mich gefreut, dass sie so schön wachsen. Aber sie jetzt einfach abzupulen und zu essen kommt mir fast wie ein Verbrechen vor. Voll komisch. Außerdem komme ich mit meinen Kochkünsten sowieso nicht an Fergus ran. Er macht oft Ofengemüse und Braten mit frischem Salat. Das Dressing für den Salat ändert er immer wieder, und es gelingt mir nie, die geheime Zutat zu erraten, die diesmal den Unterschied macht. Mal ist es Miso-Paste, mal Ketchup, dann Sesamöl, Knoblauch, Senf, Olivenöl oder Zitrone. Als ich dann aus Versehen beim Rösten von Erdnüssen in der Pfanne auch noch den Feueralarm auslöse, mache ich einen Bogen um die Küche, bis Fergus zurückkommt.

Er ist noch ein wenig angeschlagen, aber scheint mit der Tatsache, dass ich das Haus nicht abgefackelt habe, zufrieden zu sein. Es ist super, nicht mehr allein da draußen im Nirgendwo zu sein. Ich hatte schon befürchtet, dass Fergus sich einfach vom Acker macht und ich hier allein versauern muss.

37

Father and Son

Zweieinhalb Wochen bin ich jetzt in Schottland und mittlerweile echt von Fergus genervt. Seine permanenten Lektionen sind auf Dauer zermürbend. Er redet und erzählt gerne von sich, aber wenn ich im Gegenzug was von mir erzähle, dann interessiert ihn das null Prozent. Das lässt er mich auch spüren. Er hat eine sehr hohe Meinung von sich (er ist der Tollste, Schlaueste, Stärkste und vor allem Männlichste). Und er ist voll launisch. Er äfft mich dauernd nach und macht sich darüber lustig, dass ich morgens zehn Minuten meinen Porridge rühre. Er hat mir vorgerechnet, dass ich pro Jahr fünf Tage damit verbringe, im Porridge zu rühren, und dass ich mein Leben verschwende. Danke, Fergus! Ich liebe es zu hören, wie ich mein Leben zu leben habe. Und ich frage mich, ob ich wirklich drei Monate meines Lebens bei einem Typen verschwenden will, der nur an mir rummeckert. Wie ich meine Wäsche aufhänge, wo ich den Teekessel auf den Tisch stelle, wie ich Löcher buddele – alles wird kommentiert. Es wäre halb so schlimm, wenn ich jemanden hätte, mit dem ich über Fergus abkotzen könnte, aber diesen Jemand habe ich nicht. Ich muss gucken, ob ich wirklich etwas von ihm lernen kann, das die dauernde Demütigung wert ist. Ich meine, ich arbeite jeden Tag ziemlich hart für ihn, da will ich nicht die ganze Zeit hören, wie scheiße ich bin. Wenn ich mich beschwere, sagt er immer, er mache doch nur Witze. Aber entweder haben wir Deutschen wirklich keinen Humor (wie er sagt) oder es ist nicht lustig.

Oder er kommt mir wieder damit, dass er nun mal nicht aus seiner Haut könne. Um das zu untermauern, erzählt er mir dann, wie hart sein Lebensweg war. Er sagt, in meinem Alter hat er angefangen, in einer Küche zu arbeiten. Später hat er überall auf der Welt auf Baustellen gearbeitet und in einem Winter auch fünf Tage gehungert und trotzdem weiterarbeiten müssen. Daher kommt seine Faszination für den Garten und das Einmachen von Sachen, das denkt er zumindest. Danach ist er zurück in sein Heimatdorf, wo er dann drei Jahre extrem hart auf Booten geschuftet hat. Schließlich hat er sich das Drechseln beigebracht, und damit verdient er seitdem sein Geld. Zwischendurch war er sogar mal obdachlos, aber wenn ich da genauer nachfrage, geht er nicht so richtig darauf ein, und ich will ihn auch nicht nerven.

Klar hat er 'ne harte Zeit gehabt, aber das gibt ihm nicht das Recht, so auf mir rumzutrampeln und seine Launen an mir auszulassen. Ich fühle mich auch ein bisschen ausgenutzt. Gedrechselt habe ich jetzt schon acht Tage nicht mehr, dafür schleppe ich Steine und Sandsäcke wie ein Idiot und bin jeden Abend gerädert.

Ich bin froh, dass ich in ein paar Tagen zurück nach Berlin fliege – auch wenn es nur eine kurze Pause von Fergus sein wird. Ich hatte mich von Indien aus für ein Kunststudium beworben, jetzt muss ich dort persönlich antanzen und ein paar Tests machen.

Ich bin gespannt, ob sich die Situation zwischen mir und Fergus durch den kurzen Cut etwas entschärft hat. Es sieht ganz danach aus, jedenfalls lässt mich Fergus gleich an den Holzboden für die Terrasse ran. Er hat viele unterschiedlich große Holzklötze besorgt, aus denen der Boden wie ein großes Mosaik zusammengebastelt werden soll. Auf die Fläche, die ich mühsam eingeebnet habe, kommt erst eine Zement-Sand-Mischung, dann geht es mit den Holzklötzen weiter.

Ich fange motiviert an, suche mir unterschiedliche Teile zusammen und versuche interessante Muster zu legen. Doch Fergus schüttelt nur verzweifelt den Kopf.

Fergus: »So wird das nichts.«

Ich: »Ich dachte, dass ich sie vielleicht erst in den Zement drücke, wenn ich weiß, wie sie zusammenpassen ...«

F: »Ach so, na klar, wenn du denkst, du weißt es besser, weil du es ja schon so lange machst, dann mach doch einfach weiter so.«

I: »Ich dachte nur ...«

F (schreit jetzt): »Du denkst überhaupt nichts, du Goldfisch! Aber mach ruhig weiter! Ist ja nur mein Boden, den du ruinierst.«

I: »Es tut mir leid, ich wollte nicht ...«

F: (guckt mich genervt und frustriert an)

Ich schaue zu ihm hoch: »Könntest du mir dann vielleicht zeigen, wie es richtig geht?«

F: »Nein, du weißt es doch eh besser! Jetzt musst du sehen, wie du weiterkommst.«

Ich will mich entschuldigen, aber er ist auf 180, flucht wild rum und unterbricht mich sofort.

F: »Was glaubst du eigentlich wer du bist? Du hörst nie zu, wenn man dir etwas sagt! In der echten Welt würdest du keine Sekunde überleben, guck dich doch mal an! (Macht mich nach, wie ich versuche die Holzstücke zu verlegen.) Geh mal in einem Restaurant arbeiten oder auf einem Boot, dann siehst du, was im echten Leben abgeht. Oder geh zum Militär und guck, was die mit Typen wie dir machen. Guck mal, wie weit du im Leben kommst mit so einer Einstellung!«

Das bricht so plötzlich über mich herein, dass ich gar nicht weiß, wie ich reagieren soll. Ich erlebe es selten, dass Leute mit mir ein Problem haben. Ich gehe Konflikten normalerweise aus dem Weg und versuche, es allen recht zu machen. Aber dass ich jemanden mit meiner bloßen Anwesenheit und Existenz so auf die Nerven gehe, ist mir noch nicht passiert. Außerdem ist es immer uncool, wenn Leute einem sagen, dass man es zu nichts bringen wird. Ich fand es in der Schule schon immer gemein, wenn ein Lehrer das zu jemandem gesagt hat. Mich nimmt die ganze Sache irgendwie ziemlich mit. Zumal ich mich ja gar nicht streiten will.

Fergus macht keine Anstalten, mir zu erklären, was genau ich falsch gemacht habe oder wie ich es richtig machen könnte. Er verlegt seinen Teil des Bodens weiter und guckt mich zwischendurch immer wieder verächtlich an. Ich entferne die Holzblöcke, die ich gelegt habe, und versuche, neu anzufangen. Als er sieht, dass ich nicht vorankomme und immer verzweifelter werde, zeigt er mir endlich, wie es geht: »Wenn du ein paar Blöcke gelegt hast, musst du an mindestens drei Stellen prüfen, ob sie richtig liegen. Das kannst du mit einem geraden Stück Holz und der Wasserwaage machen.«

Ich versuche, alles genau so zu machen, wie er es gesagt hat, brauche dafür aber viel länger als er. Eine Zeit lang arbeiten wir schweigend nebeneinander her. Dann richtet er wieder das Wort an mich: »So. Ich habe jetzt das ganze Stück verlegt (zeigt stolz auf seinen Teil), und was hat mir deine Hilfe gebracht? Nichts. Kannst dir den Rest des Tages freinehmen und die Werkzeuge abwaschen und drüber nachdenken, was du falsch gemacht hast.«

Bevor ich abziehe, will ich mich noch einmal bei ihm entschuldigen, weil ich die Anspannung nicht ertrage.

Ich: »Fergus, Mann, es tut mir total leid, dass ich dich so aufgehalten habe, das war echt blöd ...«

Fergus: »Und ob das blöd war! Du Idiot!«

Dann sage ich, was ich die ganze Zeit schon denke, aber noch nicht ausgesprochen habe.

I: »Du musst schon sagen, wenn du mich nicht hierhaben willst. Ich arbeite echt gerne für dich, weil ich das Gefühl habe, dass ich von dir was lernen kann. Wenn das aber von deiner Seite nicht geht, dann kann ich auch gehen. Also, wenn du ein Problem damit hast, wie ich arbeite.«

F: »Fuck! Ich denke gerade wirklich darüber nach, ob ich mir nicht einen anderen Woofer hole! Dabei arbeitest du ziemlich gut, um ehrlich zu sein, hatte ich noch nie jemanden, der so gut gearbeitet hat. Aber du hörst einfach nicht zu. (Alter, du erklärst ja auch nichts!) Und das ist einfach frustrierend. Du kostest mich nur Zeit im Moment.«

I: »Ok, also ich versuche es wirklich. Es fällt mir einfach nicht so leicht, es genau so umzusetzen. Ich habe das mit dem praktischen Arbeiten halt nie richtig gelernt.«

F (lächelnd): »Du bist ein Cunt! Fick dich! Ich sag dir schon, wenn ich dich nicht mehr brauche, keine Sorge! Du bist gut, aber wie gesagt ...«

Fergus kommt für mich aus einer anderen Welt. Genau wie ich für ihn aus einer anderen Welt komme. Meine Unfähigkeit oder Unerfahrenheit in praktischen Dingen wirkt auf ihn wie eine echte Behinderung. Wenn ich abends aus einem alten Handschuh und Zweigen etwas bastele, wenn ich die Blüten einer Mohnblüte trockne und fotografiere oder wenn ich komische Dinge male, dann ist das für ihn nur Kinderkram. Und wenn ich versuche ihm zu erklären, dass ich mein Geld später gerne mal damit verdienen möchte, Charaktere und Geschichten zu entwickeln, zuckt er nur mit den Schultern, so als wollte er sagen: Wenn dich das glücklich macht, dann viel Spaß dabei, aber lass mich bitte damit in Ruhe. Er gibt mir das Gefühl, als Zeichner oder Autor in seiner echten Welt nichts verloren zu haben. Oder als wäre ich jemand, der all das verkörpert, was er verachtet. Als wäre ich der Inbegriff all dessen, was falsch läuft mit der Menschheit.

Am Abend will er noch mal über unseren Konflikt reden.

Fergus: »Gut, dass wir uns nicht geschlagen haben, was?«

Ich: »Wir uns geschlagen? Du hättest mich doch als Boxsack benutzt!« (Das sage ich absichtlich, denn über seine Stärke redet er am liebsten.)

F: »Vielleicht sollten wir noch mal klären, was du machen willst und warum du eigentlich zu mir kommen wolltest.«

I: »Na ja, ich habe halt gesehen, dass du mit Holz arbeitest, und ich wollte Drechseln lernen. Ich habe nicht damit gerechnet, dass ich so richtige Bauarbeiten machen soll. Nicht, dass mir das keinen Spaß macht, aber ...«

F: »Das ist doch schon mal gut zu wissen. Weil: viel gedrechselt hast du bei mir noch nicht, und das ist ja blöd, wenn du deswegen hierhergekommen bist.«

I: »Schon, aber es ist ja nicht so, dass mir das mit dem Bauen nicht auch weiterhilft.«

F: »Du bist beim Drechseln halt kein Naturtalent.«

I: »Das habe ich gemerkt.«

F: »Ich habe im Moment einfach keine Zeit, dich zu unterrichten, und ich weiß auch gar nicht, wie ich das machen soll. Der Sinn von Woofing ist es, sich weiterzuentwickeln, und das machst du nicht. Du arbeitest gegen dich selbst!«

Nach so einer Ansprache will ich am liebsten einfach nur meine Sachen packen und verschwinden. Dann kann er mal sehen, wie er allein klarkommt. Ich will aber auch nicht aufgeben. Das wäre zu einfach. Außerdem hätte er dann gewonnen. Am nächsten Abend ist James mal wieder da. Wir gucken zu dritt *Deadliest Catch*.

Fergus: »Du würdest keine Sekunde auf dem Boot überleben.«

Ich: »Nein, wahrscheinlich nicht.«

James: »Du würdest keine Sekunde überleben, aber ich würde 26 Tage schaffen.« James geht mir auf die Nerven, aber er kann ja auch nichts dafür, dass Fergus sein Papa ist.

Ich versuche auf ein erfreulicheres Thema zu kommen. »Das Essen war verdammt gut heute!«

J: »Alles, was mein Papa kocht, ist super.«

F: »Ja, das Essen ist immer spitze! Hattest du etwa einen Tag bei mir, wo es nicht unglaublich geil und perfekt war? Ich bin eine häusliche Göttin! Ich bin so geil! Was bin ich? Unglaublich geil!« (James nickt begeistert.)

I: »Das mit dem Kochen hast du auf jeden Fall raus! Das muss man dir lassen. Danke, dass du immer so toll kochst!«

F: »Ich mach das nicht für dich, ok? Ich habe schon ein, zwei Mal überlegt, dich zu töten.«

I: »Ok ... wow.«

J: »Mein Vater würde dich vernichten!« (Ja, du kleines Arschloch, er arbeitet schon daran.)

Ich bin jetzt knapp vier Wochen da. Ich wollte Drechseln lernen. Stattdessen lerne ich, mich zu ducken. Und ich kriege ein dickeres Fell gegen Kritik und Beleidigungen. Häufig meint Fergus es nicht so. Er ist einfach sehr impulsiv. Eine schwitzige Umarmung und ein »fuck you« sind seine Art, sich zu entschuldigen. Und ein Bier am Abend ist seine Art, Zuneigung auszudrücken. Wenn ich es schaffe, hier noch zwei Monate auszuhalten, dann kann mir danach so schnell keiner was. Und wer weiß, vielleicht mache ich am Schluss noch eine megageile Tierfigur als Andenken. Im Moment bin ich davon weit entfernt. Aber wenn ich fleißig weiterarbeite, wer weiß.

38

Der rostrote Gipfel

In den nächsten Tagen findet Fergus immer wieder neue Jobs für mich, die mit Drechseln nichts zu tun haben. Zum Beispiel soll ich das Dach des Schuppens anmalen. Es ist allerdings kein kleiner Schuppen, sondern ein riesiges Ding mit einem Wellblechdach. Das soll ich in Rostrot anmalen. Im Nachhinein war das vielleicht ein Zeichen, dass er wirklich nicht mehr wusste, was er mit mir anfangen sollte.

Fergus: »Hier hast du einen Eimer, da ist der Pinsel. Nimm nicht zu viel Farbe, sonst reicht es morgen nicht für die zweite Farbschicht. Der erste Anstrich muss auch nicht sooo gründlich sein. Ich muss dir ja nicht erklären, wie man malt, oder?«

Allein die Art, wie er nachfragt, schüchtert mich schon voll ein. Klar habe ich noch nie ein Dach gestrichen.

Fergus: »Schaffst du das auch wirklich?«

Ich: »Ich versuche es. Wird schon klappen, oder?«

Er macht sich kopfschüttelnd davon. Und ich werde mal wieder versuchen, mein Bestes zu geben, was vermutlich auch dieses Mal wieder nicht genug für ihn sein wird.

Ich muss eine Leiter hoch, die an einer wackeligen Regenrinne aus Kunststoff lehnt. Von da aus muss ich mich mit einem Bein nach oben auf eine zweite Leiter hangeln, die am Dachfirst eingehakt ist. Dabei muss ich noch den Pinsel und den Eimer mit Farbe balancieren. Von der einen Leiter auf die andere zu wechseln erweist sich als ziemlich tricky, zumal ich mich auf drei Metern Höhe befinde. Und das fühlt sich viel höher an, als es ist, aber die Aussicht von dort oben ist super, ich kann das ganze Tal überblicken. Ich male erst rechts neben der Leiter, dann links davon und schließlich zwischen den Sprossen. Ich benutze die Farbe extrem sparsam, weil ich Angst habe, dass sie ausgeht. Da, wo die Leiter aufliegt, komme ich natürlich nicht hin. Fergus meint, ich hätte mich mal wieder total bescheuert angestellt, aber für so einen ersten Anstrich hätte ich ganz gute Arbeit geleistet. Außerdem ist er beeindruckt, dass mein weißes T-Shirt weiß geblieben ist. Das hatte ich mit Absicht angezogen, um ihm zu zeigen, dass ich sauber arbeiten kann. Dafür ist meine Jeans bekleckert. Mein rechter Arm tut weh vom Streichen, außerdem bin ich von der Sonne komplett geröstet und habe einen Sonnenbrand. Trotzdem fühle ich mich so, als hätte ich endlich mal was geschafft, mit dem Fergus zufrieden ist. Morgen noch der zweite Anstrich, dann sei ich fertig.

Am nächsten Morgen komme ich zum Frühstück und bin guter Dinge, weil ich eine Aufgabe vor mir habe, die ich bewältigen kann. Ich esse gerade meinen Porridge, als Fergus reinkommt.

Fergus: »Sag mal, muss ich dir wirklich erklären, wie man malt?«

Ich: »Äh, sorry, ist irgendwas passiert?«

Fergus: »Was hast du eigentlich gestern den ganzen Tag gemacht? So unfähig kann man doch gar nicht sein! Da ist ja kaum Farbe auf dem Dach, du musst jetzt noch zwei Schichten auftragen! Ich glaub 's einfach nicht. Du hattest einen Job zu erledigen!«

Anscheinend hat er seine Meinung über Nacht geändert. Er meint, ich soll das Scheißdach jetzt verdammt noch mal richtig anmalen. Aber was er mit richtig meint, weiß ich nicht. Als ich ihn danach frage, guckt er mich mit einem übertriebenen Lächeln an, als wolle er mich erwürgen. Ich sehe zu, dass ich Land gewinne, und mache mich an die Arbeit.

Irgendwann merke ich, dass ich beobachtet werde. Es ist Fergus' Nachbar, der nach einer Weile rüberkommt und die Leiter zu mir hochklettert: »Du musst mehr Farbe nehmen. Gib mal her, das geht doch so nicht!«

Ich gebe ihm den Pinsel, und er zeigt mir, wie ich die Farbe richtig verteile. Es muss schön gleichmäßig sein, sonst fängt es zu rosten an, erklärt er mir. Als Fergus sieht, dass ich Hilfe bekommen habe, schüttelt er nur den Kopf. Ich glaube nicht, dass seine Wut wirklich mir gilt, aber ich werde sie trotzdem wieder abkriegen. Nach der Einweisung des Nachbarn gehe ich das Malen methodischer an: Ich male immer nur links von der Leiter, und wenn ich mit einem Stück fertig bin, rutsche ich vorsichtig mit der Leiter nach rechts. Sodass ich auch wirklich nichts auslasse und mir die dritte Schicht hoffentlich erspart bleibt.

In der Mittagspause bleibe ich im Haus, während Fergus draußen die Sonne genießt. Wahrscheinlich ist er deshalb so mies drauf, weil er mit einigen Auftragsarbeiten hinterherhängt und bei dem schönen Wetter in der stickigen Werkstatt stehen muss. Ich jedenfalls habe erst einmal genug von der Hitze und auch von ihm. Nach zwei Tagen Streichen fühle ich mich nicht nur wie ein Zombie, ich sehe auch wie einer aus. Mein T-Shirt ist ziemlich voll mit Farbe, und meine Hose hat auch noch ein paar Schmierer mehr abbekommen. Mein Gehirn ist leer, und irgendwie funktioniert alles nur ganz langsam. So als hätte ich nur noch zwei Prozent Akku und wäre im Energiesparmodus. Mit dem Ergebnis bin ich diesmal sehr zufrieden, aber zu meinem Frust hält Fergus an der dritten Schicht fest.

An Tag drei meines Malerdaseins komme ich eine halbe Stunde später als sonst zum Frühstück. Dafür kriege ich gleich ein »Hey Faultier!« an den Kopf geworfen. Auch habe ich gestern wohl meinen Pinsel in der Sonne liegen gelassen.

Fergus: »Wo bist du eigentlich mit deinem Kopf? Weil, hier bist du nicht!«

Ich: »Mein Fehler. Ich hab wahrscheinlich zu viel Sonne abgekriegt. Ich kann den Pinsel ja noch mal auswaschen, hast du Terpentin oder so was? Kann man den damit vielleicht retten?«

F: »Nein! Ich muss jetzt losfahren und einen neuen kaufen. Solange ich weg bin, kannst du Holz hacken oder die Paletten klein machen.«

I: »Ok.«

Ich bin eigentlich niemand, der sich alles gefallen lässt, aber in dieser Situation bringt Widerspruch gar nichts. Wenn ich einfach alles mache und mich nicht wehre, habe ich das Gefühl, dass ich wenigstens keine Energie verschwende. Außerdem denke ich, dass Fergus will, dass ich mich beschwere oder ihm widerspreche. Indem ich das nicht tue, entziehe ich mich dem Spiel, das er als mein Gastgeber und Arbeitgeber sowieso nur gewinnen kann.

Kaum ist er mit dem neuen Pinsel zurück, geht es weiter. Fergus schimpft, dass ich von der falschen Seite anfangen würde zu streichen: von links nach rechts anstatt von rechts nach links. Jetzt mache ich doch den Mund auf, um mich zu rechtfertigen, vielleicht bin ich durch den Sonnenstich und die Erschöpfung lebensmüde geworden. Natürlich flippt er völlig aus. Zu meiner Überraschung lässt er seine Wut dieses Mal nicht an mir aus, sondern verschwindet zeternd im Haus. Ich höre, wie drinnen irgendetwas immer wieder gegen irgendetwas anderes kracht, und bin sehr froh, oben auf dem Dach in Sicherheit zu sein.

Der nette Nachbar kommt vorbei und fragt verwundert, ob das jetzt die zweite Schicht ist, und als ich sage, dass es die dritte ist, schüttelt er nur mitleidig den Kopf. Meine Knie und Schienbeine schmerzen vom ewigen Auf-der-Leiter-Hocken, ganz zu schweigen von den Sehnen in meinem Arm. Körperliche Arbeit kann wirklich destruktiv sein, das lerne ich gerade. Ich habe ein Scheißgefühl im Bauch. Ich bin verdammt müde, und alles geht viel langsamer als an den Tagen zuvor. Einmal passe ich nicht auf, der Eimer kippt seitlich weg und Farbe schwappt über das Dach.

Irgendwann will ich von der Leiter auf dem Dach auf die an der Regenrinne wechseln, um unten neue Farbe für meinen Eimer zu holen. Dabei gibt die Regenrinne nach, ich stürze in die Tiefe und lande verdattert auf meinem Arsch. Meine Hose ist ein einziger rostroter Fleck. Ich bleibe kurz sitzen, um zu checken, ob alles heil geblieben ist und ob jemand den Stunt gesehen hat. Das hätte gerade noch gefehlt.

Einmal hat Fergus mich sogar dabei gefilmt, wie ich eine alte Latte, die vom Dach hängt, nicht herunterbekomme. Er ist richtig wütend geworden und hat mir die Leiter aus der Hand gerissen, als ich versucht habe, sie besser zu positionieren. Ihm wäre noch nie jemand untergekommen, der so unfähig ist wie ich. Ich wollte ihm erklären, dass ich mir nicht sicher gewesen sei, wie fest ich an der Latte ziehen könne, schließlich hätte ich sein Dach ja nicht kaputt machen wollen. Da hat er mich angesehen, als sei ich bekloppt. Das Video würde er auf YouTube stellen, damit die Leute sehen könnten, was für Idioten es gibt. Das wäre bestimmt ein Hit. Ich wusste, dass er das sowieso nicht machen würde. So blöd ist er leider nicht. Würde er das Video online stellen, käme er selbst dabei auch nicht gut weg. Guckt mal, der Typ hier hilft mir aus, und ich bin so nett, keinen Finger zu rühren, aber dann alles auf YouTube zu posten. Das ist schon schiefgegangen, als er auf Facebook darüber gelästert hat, dass ich fünf Tage im Jahr mit Porrigde-Rühren verschwenden würde. Da haben die Leute ihm geantwortet, dass ein guter Porridge Gold wert ist und dass andere jeden Morgen eine halbe Stunde meditieren. Das hat ihm nicht gefallen.

Diesmal wenigstens scheint er nichts mitbekommen zu haben. Ich versuche trotzdem, alles so schnell wie möglich sauber zu machen, den Eimer wieder aufzufüllen und zurück aufs Dach zu kommen. Dort komme ich jetzt noch langsamer voran, denn das Dach, was davor mein sonniger Arbeitsplatz auf dem Gipfel der Welt war, verwandelt sich in ein Ungeheuer, auf dessen schuppigem Wellblechkörper ich jetzt unsicher balanciere. Jeder Tritt wird dreimal getestet, bevor ich ihn mache. Wenn man klettert, ist man häufig mit dem Fallen konfrontiert, ich bin beim Bouldern schon oft mit den Füßen weggerutscht. Aber darunter ist dann wenigstens eine Matte ... Meine Beine zittern jedes Mal, wenn ich vom Dach runtersteige.

Fergus kriegt irgendwann mit, dass ich nur noch im Schneckentempo arbeite. Er gibt mir den Rest des Tages frei, ich solle ihn nutzen, mir zu überlegen, warum ich immer so langsam bin. Ich fühle mich wie ein geprügelter Hund. Es war irgendwie cool da oben auf dem Dach, und jetzt habe ich mir das selbst verkackt. Ich setze mich in die Küche und kühle meinen Finger in Eiswasser. Erst jetzt habe ich gemerkt, dass ich mir den Finger bei meinem Sturz irgendwie gestaucht haben muss. Das macht meine Laune nicht besser.

In zwei Wochen fährt Fergus nach Japan, um dort mit anderen Holzkünstlern an einem Workshop teilzunehmen. Dann werde ich allein hier sein. Ich habe ihn gefragt, ob ich Leute einladen darf, wenn er weg ist. Einmal waren ein paar Freunde von ihm hier, die waren alle echt abgefahren und sehr nett. Es wurde ziemlich viel getrunken, und am nächsten Morgen gab es ein fettes Hangover-Frühstück mit Bacon und Rührei. Da habe ich mich lange mit einer Finnin unterhalten, die mal in San Francisco gewohnt hat, aber jetzt seit zwanzig Jahren in Schottland lebt und einen Sohn in meinem Alter hat. Im Gespräch mit ihr habe ich gemerkt, wie sehr es mir gefehlt hat, mich mit Leuten zu unterhalten. Also gute Gespräche zu führen, nicht so wie mit Fergus. Vielleicht hätte sie ja Lust, mal mit ihrem Sohn vorbeizukommen, wenn mein Gastgeber weg ist?

Fergus meint, Leute einladen sei kein Problem, solange ich mit meinen Aufgaben noch hinterherkommen und, klar, sein

Haus nicht abfackeln würde. Die Werkstatt dürfte ich aber schon abbrennen lassen, dann habe er wenigstens eine Ausrede, nicht mehr arbeiten zu müssen. Die Tage meinte er, dass ich vor seiner Abreise doch noch eine Schale drechseln könnte. Aber gerade ist es wegen der Hitze nicht gut, er will mich mit zu trockenem Holz nicht arbeiten lassen, wegen dem Staub. Es ist wirklich heftig, die Luft in der Werkstatt ist dann voller winziger Holzstaubpartikel. Als ich das letzte Mal die Späne zusammengefegt habe, tränten meine Augen wie verrückt, obwohl ich eine Schutzmaske aufhatte. Noch zwei Tage später hatte ich eine Holzschleimnase.

Weil ich sonst nichts zu tun habe, fahre ich gegen Abend mit dem Rad zum Fluss und gehe schwimmen, das ist schön. Danach entschuldige ich mich noch einmal bei Fergus für mein Gemurkse auf dem Dach. Auch jetzt kann er das nicht so stehen lassen, sondern fängt wieder damit an, dass er als Host nichts Vernünftiges von mir zurückkriegen würde. Zum Glück rufen mich später meine Eltern und mein Bruder über Skype an. Die drei waren gerade auf Korsika, sind braun gebrannt und sitzen gut gelaunt auf dem Sofa. Mein Bruder wedelt mit einem Briefumschlag herum. Als er das Kuvert öffnet, macht er bewusst einen auf gelangweilt. Er zieht ein Schreiben heraus, das er an Robert weiterreicht. Nun mach schon! Robert liest mir die ersten Zeilen vor: Ich bin an der UdK angenommen!!! Wie geil ist das denn! Meine Eltern schauen stolz, Oscar rollt etwas genervt mit den Augen. Yes, mein Leben geht weiter, bald beginnt ein neues Kapitel.

Ich bin so glücklich, dass ich gleich nach dem Skype-Gespräch in die Küche renne und Fergus davon erzähle. Er nickt kurz und fragt dann sichtlich uninteressiert, wofür ich denn angenommen wurde. Für was Kreatives, sage ich. »Was sonst?«, meint Fergus abschätzig. Nichts aus der echten Welt eben. Aber heute Abend wird mir sein Genöle nicht die Laune verderben. Ich bin super drauf und haue beim Abendessen ziemlich rein: Es gibt mal wieder Steak mit Ofengemüse, das kann er wirklich gut.

Die nächsten Abende bindet mich Fergus beim Kochen ein. Schließlich werden, wenn er weg ist, die meisten Gemüsesorten im Garten reif sein, und dann muss ich das ja alles allein machen. Ich hatte irgendwann mal den Fehler gemacht zuzugeben, dass ich nicht viel mehr draufhabe, als einen Reiskocher zu bedienen. Seitdem hat er Angst, dass das ganze Gemüse verrotten wird, weil ich nicht mal weiß, wie man Kartoffeln oder Bohnen zubereitet. Oder dass ich rohe Kartoffeln essen werde und daran sterbe. Er behandelt mich mal wieder wie einen lebensuntüchtigen Idioten.

39

Entkommen

Während ich diese Zeilen schreibe, bin ich schon in Edinburgh und froh, dieser Hölle entronnen zu sein. Aber von Anfang an. Der Tag hatte eigentlich gut angefangen: Fergus hatte mir einen neuen Job aufgetragen. Ich sollte die Mauer des Schuppens verschönern. Ich sollte den alten losen Mörtel zwischen den Steinen rauskratzen, um dann mit neuem Mörtel, den ich selbst anrühren durfte, die Ritzen wieder aufzufüllen. In einer Hand hielt ich eine große Kelle mit einer Portion Mörtel, in der anderen hatte ich einen kleinen Spachtel, mit dem ich die graue Paste in den Ritzen und Löchern verteilte. Ich kam gut voran und konnte sehen, dass die Mauer immer besser aussah. Es war ziemlich cool zu sehen, wie sich die Spalten zwischen den Steinen wieder füllten, sich kleine graue Flüsse um die Steine legten, die sich wanden, verzweigten und an anderen Stellen wieder zusammenkamen. Ich verlor mich komplett in der Arbeit.

Am Nachmittag hatte ich die Steinmauer fertig verputzt. Fergus hatte mich gelobt, und zwar in den höchsten Tönen. Ich hätte wohl endlich etwas gefunden, was ich gut kann, ich könnte jetzt losgehen und Burgen restaurieren. Nur schade, dass er so lange nicht gewusst habe, dass ich Maurer-Skills hätte.

Etwas später an diesem Tag kippte seine Laune. Er rannte mit einer Machete durch den Garten und schlug wie ein Irrer Äste von den Bäumen. Irgendwas schien ihn zu beschäftigen.

Fergus: »Ich habe gerade gesehen, dass ich für Japan ein Visum brauche.«

Ich: »Oh Mist, wie nervig.«

F: »Ich war schon mal in Japan im Gefängnis. Deswegen glaube ich nicht, dass es klappt.«

I: »Aber du versuchst es doch trotzdem, oder? (Pause. Dann, vorsichtig) Warum warst du denn im Gefängnis?«

F: »Sag ich dir nicht.«

I: »Ok, geht mich auch nichts an.«

F: »Messerstecherei.«

I: »Oha. Wurdest du angegriffen?«

F: »Nein, ich habe jemanden mit 'nem Messer angegriffen.«

I: »Ok. Warum?«

F: »Geht dich nichts an. Ich muss so kleine Pillen nehmen. Sonst werde ich ganz komisch und aggressiv. Du kannst den Rest des Tages freinehmen.«

I: »Ok. Das tut mir voll leid mit dem Visum. Ist bestimmt neu wegen dem ganzen Terrorkram.«

Ich dachte, dass er das mit den Pillen nicht ernst meint. Aber weil ich ja bei ihm wohne, war mir trotzdem nicht wohl dabei. Ich musste an dieses eine Buch aus dem Deutschunterricht denken, wo der eine Typ zwei Brandstifter in sein Haus lässt, die ihm von Anfang an sagen, dass sie es anzünden werden, und als sie es dann wirklich tun, ist er total verwirrt. (*Biedermann und die Brandstifter,* vielen Dank an meinen Deutschlehrer, ein echt hilfreiches Buch!) Andererseits finde ich, man sollte Leute nicht nach ihren Fehlern beurteilen, vor allem nicht, wenn die zwanzig Jahre zurückliegen.

Fergus wütete den ganzen Nachmittag weiter im Garten herum, ich zog mich ins Haus zurück und guckte glücklich meine Serien. Beim Abendessen rastete er dann plötzlich komplett aus.

Fergus: »Was denkst du dir eigentlich dabei, Leute hinter meinem Rücken einzuladen?«

Ich: »Sorry, was?«

F: »Du meintest doch, du lädst Leute ein!«

I: »Ja, weil du gesagt hast, es ist ok.«

F: »Daran ist überhaupt nichts ok! Ich kenne dich nicht, und ganz ehrlich: Ich vertraue dir kein bisschen. Ich weiß nichts über dich, und ich will nicht, dass du zwei Wochen in meinem Haus bist ohne mich!«

I: »Tut mir leid, wenn ich ...«

F: »Raus! Ich will, dass du gehst. Geh mir aus den Augen! Sofort!!«

Oben in meinem Zimmer unter dem Dach merke ich, wie eine enorme Last von meinen Schultern fällt. Auch wenn Fergus alles gegeben hat, er hat es nicht geschafft, mich rauszuekeln, ich bin nicht eingeknickt und weggelaufen. Er musste mir schon explizit sagen, dass ich gehen soll. Das war mein Sieg, den lasse ich mir nicht nehmen. Auch wenn es ein schaler Triumph war.

Am nächsten Morgen hatte er sich wieder eingekriegt und bat mich, zum Abschied doch noch ein paar Zeilen in sein Woofer-Buch zu schreiben. Ich schilderte kurz und knapp, wie toll er ist und was für einen schlauen Sohn er hat. Dann packte ich meine Sachen und buchte ein Bett in einem Hostel in Edinburgh. Es war aufregend. Endlich würde ich hier wegkommen. Trotzdem war das alles ziemlich schnell und unerwartet gegangen. Jetzt heißt es nach Hause kommen.

Vor der Reise war ich mir nicht sicher, ob ich studieren will. Aber jetzt will ich es unbedingt. Nach der Erfahrung mit Fergus weiß ich, dass ich mein Geld nicht auf Baustellen verdienen werde. Es hat einen Grund, dass ich schreibe und zeichne. Das ist es, was mir liegt und was ich gerne mache. Nach der Zusage von der Uni war ich mir ein wenig vorgekommen, als würde ich meine Reise künstlich verlängern. Als würde ich mich selbst in ein Exil zwingen, das mich von meinem richtigen Leben abhält. Ich habe mich genug hinterfragt und bin nun endlich bereit, zurückzukehren und mich dem Leben zu stellen. Zu studieren, eine Wohnung zu suchen, neue Leute kennenzulernen und alte Freunde wiederzusehen.

Meine Reise war ein richtiges Abenteuer. Aber jetzt kommt die glorreiche Heimkehr des Odysseus, nur bitte etwas schneller. Wie sehr ich mich auf den nächsten Abschnitt in meinem Leben freue, habe ich gemerkt, als ich allein an der Bushaltestelle stand, um nach Edinburgh zu fahren. Ich war nur noch müde und erschöpft. Die Einsamkeit, die mich schon in Indien erfasst hatte, die Anstrengung, sich immer wieder auf neue Leute einzulassen, all das traf mich plötzlich mit voller Wucht. Ich fühlte mich wie ein Pinball, der hin und her geschossen wird. Der sich voranbewegt, manchmal ein Hindernis rammt, in eine andere Richtung rollt bis zum nächsten Hindernis. Ich hatte irgendwann das Gefühl, dass ich selbst nicht mehr weiß, warum ich das alles mache. Wahrscheinlich, um überhaupt an den jetzigen Punkt kommen zu können. Ich will wieder Leute um mich haben, die ich kenne und die mich mögen und die nicht finden, dass ich alles falsch mache. Ich freue mich sogar auf unsere Katze, na ja, so weit ist es dann doch noch nicht.

40

Back to Berlin

Keine 24 Stunden später laufe ich mit einem Sixpack Bier in der Hand über das Tempelhofer Feld, das einmal ein Flugplatz war und heute eine riesige Freifläche ist. Ich bin mit Maurice und Franz verabredet, meinen Freunden, die ich seit der fünften Klasse kenne. Menschen jeder Altersgruppe kommen mir entgegen, verrückte Radfahrer rasen aneinander vorbei, dazwischen eine Frau mit vier Hunden und eine türkische Familie. Alles fühlt sich irgendwie vertraut an, trotzdem bin ich in dieser Welt noch nicht wieder angekommen. Ich fühle mich etwas haltlos, so, als könnten nur die bekannten Gesichter meiner Freunde mich wieder normal werden lassen. Ich finde sie erst nicht und muss sie anrufen. Maurice hat noch zwei Schüler aus der Blindenschule dabei, in der er als Betreuer arbeitet.

Zuerst braucht es ein wenig, aber dann ist es wieder so vertraut wie immer. Ich berichte kurz von Schottland, Franz und Maurice erzählen von Berlin, was gerade so abgeht. Und langsam kann ich mich wirklich entspannen. Die Schüler lassen laut Bushido laufen, wir trinken Bier und genießen den Sonnenuntergang und lachen viel, vor allem als Franz berichtet, dass er als kleines Kind Grillanzünder gegessen hat.

Als ich von meinem Studienplatz erzähle, freuen sich die

beiden für mich. Ich muss ihnen versprechen, sie auf die eine oder andere Party mitzunehmen. Maurice meint, er würde sich sogar eine Latzhose anziehen und eine coole Brille aufsetzen. Er hat noch eine Woche an der Blindenschule, dann will er erst mal Urlaub machen. Er hat sich vor Kurzem für ein Musikstudium beworben. Es ist beruhigend zu sehen, wie sich alles langsam fügt.

Nach der Schule hatte ich ohne die Struktur häufig dieses Gefühl von Panik und Verzweiflung: Milliarden von Optionen und absolut keinen Schimmer, was ich tun wollte. Jetzt, knapp ein Jahr später, habe ich das Gefühl, dass ich langsam eine Idee bekomme von dem, was ich tun möchte. Wobei: Keinen Schimmer zu haben ist im Nachhinein eigentlich eine Lüge. Jeder weiß tief in sich drin, was er gerne machen würde, vielleicht ist es nur eine Ahnung, und man hat noch nicht den Mut, es in Worte zu fassen und auszusprechen. Was sich vorher nur schemenhaft angedeutet hat, bekommt plötzlich immer klarere Konturen. Das riesige Durcheinander beginnt sich zu sortieren.

Ich liebe Filme und Serien, und ich liebe es, zu zeichnen und Geschichten zu erzählen. Deshalb würde ich wahnsinnig gerne für Serien schreiben. Das fände ich einfach das Coolste. Die Verantwortung dafür, ob man sich einen Wunsch erfüllt oder ob man seinen Träumen nur hinterherträumt, liegt immer bei einem selbst. Es kann hart sein zu realisieren, dass die Vorstellung schöner war oder dass es vielleicht wirklich nur die Idee war, in die man sich verliebt hat. Aber wenigstens weiß man dann, dass man es versucht hat. Ich will es versuchen.

Und noch etwas ist neu: Egal was die Welt mit mir vorhat

und was sich mir entgegenstellt, ich habe den Wunsch, das Beste daraus zu machen. Ich will mich weiterhin mit Dingen auseinandersetzen, die mir schwerfallen. Ich bin zuversichtlicher geworden und freue mich auf das, was jetzt kommt. So als hätte ich eine Zeit lang alles auf Pause gestellt, bis ich die Spannung nicht mehr aushalten konnte. Jetzt will ich weitergucken und sehen, was in diesem Film meines Lebens als Nächstes passiert. Eines weiß ich schon: Ich möchte als Nächstes von zu Hause ausziehen. Schon nach einer Nacht in meinem Kinderzimmer habe ich mich irgendwie fehl am Platz gefühlt. So als hätte das ganze letzte Jahr nicht stattgefunden, sondern wäre nur ein merkwürdiger Traum gewesen.

Während ich mich verändert habe, ist zu Hause alles fast wie immer. Meine Eltern haben einen neuen, extrem fetten Fernseher gekauft, für die Fußball-WM. Das passiert, wenn ich nicht da bin und nicht gegen Oscars schlechten Konsumeinfluss ankämpfen kann. Heidrun hat wie immer das Ausstellungsstück genommen, weil das viel billiger ist. Ich finde das neue Teil megagruselig, es geht nämlich automatisch durch einen Bewegungssensor an, wenn man das Wohnzimmer betritt. Heidrun ist immer noch davon fasziniert, vor allem weil man das Ding auch als elektronischen Bilderrahmen verwenden kann. Dann hängt da nicht so 'n totes schwarzes Rechteck an der Wand, meint sie.

Oscar ist gerade aus London zurück, wo er für eine Woche ein Praktikum gemacht und sich mit neuer Kleidung eingedeckt hat. Vornehmlich teure Schuhe und T-Shirts. Um sich die leisten zu können, hat er vorher in Berlin in einem Biergarten gejobbt. Er redet immer noch davon, wie hart er körperlich gearbeitet hat, und wenn er das erzählt, klingt es, als sei er der Auserwählte, der das gesamte Leiden der Menschheit auf sich genommen hat.

Abends ist alles so wie früher. In Vorbereitung auf einen gemütlichen Filmabend arbeitet Robert mit höchster Präzision an einer Pizza in der Küche, während Heidrun völlig verloren durch das Netflix-Menü scrollt und sich nicht entscheiden kann. Ich mache Vorschläge, werde aber von Oscar geblockt. Seine Stimme ist am wichtigsten, er geht nämlich sonst hoch. Genauso wie Heidrun hochgeht, wenn Robert nicht auf sie eingeht. Oder ich normalerweise hochgehe, wenn Oscar den Film aussucht. Hochgehen ist in meinem Fall wörtlich zu verstehen, ich ziehe mich dann in mein Zimmer zurück, wo ich *Black Mirror* oder anderes Zeug sehe, das ich nicht mit meiner Familie gucken kann.

Es ist komisch, wie wenig sich doch die Mechanismen in unserer Familie verändert haben. Für eine kurze Zeit sind wir alle geduldig miteinander, dann ist alles wieder wie immer. Jeder bleibt in seiner Rolle, und ich lasse mir schon wieder viel zu viel von meinen Eltern abnehmen. Auf meiner Reise ist mir erst bewusst geworden, wie viel meine Eltern für mich getan haben und immer noch tun, und ich wollte sie eigentlich entlasten, wenn ich wieder zurück bin. Im Moment habe ich das Gefühl, dass mir das gar nicht gelingt und ich alles nur durcheinanderbringe. Auch deshalb ist es höchste Zeit, dass ich mir eine eigene Wohnung suche.

Lucy, die dicke Katze, wird sich darüber sicher freuen. Sie hat meine Abwesenheit genutzt, um in der Hierarchie weiter aufzusteigen. Heidrun gibt ihr inzwischen sogar schon was vom Tisch ab. Aber wenn ich dann erst mal ausgezogen bin, werde ich wahrscheinlich sogar dieses träge Vieh vermissen.

Mir ist auf meiner Reise so viel Shit passiert, und ich war so froh, dass ich immer zu Hause anrufen und mir Hilfe und Rat holen konnte. Ohne meine Familie wäre das, glaube ich, wirklich nichts geworden. Überhaupt ist mir meine Familie durch die Reise viel wichtiger geworden. Ich habe gemerkt, was es heißt, dass es Leute gibt, die immer für dich da sind. Egal wie es dir geht und wo du bist, da ist jemand, den es interessiert, was mit dir los ist. Und es gibt so viele Sachen, die einen verbinden. Klar sind das Highlights wie die tolle Urlaubsreise. Auf den sechsstündigen Stau bis dorthin hätten wir alle gut verzichten können. Aber vielleicht sind es solche nervigen Erfahrungen, die einen besonders zusammenschweißen. Wie letztens, als mich Heidrun zu einer Tanzperformance mitgeschleppt hat. Da lief ein Typ mit einem orangen Kittel mit aufgedruckten schwarzen Palmen rückwärts im Kreis über die Bühne. Irgendwann sehe ich etwas zwischen seinen Beinen baumeln. Fuck! Der hat vergessen, 'ne Unterhose anzuziehen. Plötzlich geht das Licht aus. Als es wieder angeht, kniet der Typ auf einem Rolltisch, den nackten Arsch und alles, was man sonst nicht sehen wollte, zum Publikum gereckt. Dabei redet er wirres Zeug. Heidrun sieht mich entschuldigend an. Nach Hause fahren wir in dem Gefühl, die einzigen Überlebenden einer Schlacht zu sein. Wir haben diesen Scheiß gemeinsam überstanden.

In einem Anflug von Nostalgie überlege ich, ob wir nicht alle als Großfamilie in einem Haus leben sollten. Dass meine Großeltern in ein Altersheim mussten, fand ich nicht so cool.

Weil sie ihr Zuhause verloren haben, in dem sie so lange gelebt hatten und in dem mein Opa seine ganzen Bücher und Briefmarken hatte, die er so gerne gesammelt hat. Für Robert und Heidrun will ich das später nicht. Aber jetzt muss ich erst mal mein eigenes Leben anfangen.

41

Retrospektivisches Gedankenknäuel

Ich sitze draußen in unserem kleinen Garten, die Sonne scheint, und die Kiefern leuchten orange. Meine Gedanken schwirren wild durcheinander. Zu Beginn der Reise habe ich mir viele Fragen gestellt. Es waren keine Fragen, auf die ich schnelle Antworten erwartet habe, sondern Fragen, die mich zu diesem Zeitpunkt am meisten beschäftigt haben. Und es erstaunt mich, dass ein Jahr später dieselben Fragen immer noch ganz oben stehen:

Warum bin ich hier?

Weiß ich nicht.

Was will ich mit meinem Leben anfangen?

Das Beste draus machen.

Was macht mich glücklich?

Sinn macht mich glücklich.

Was macht für mich in meinem Leben Sinn?

Bei manchen Fragen ist die Antwort einfach: glücklich sein. Aber man kann ja nicht immer glücklich sein, so funktioniert dieses Spiel dann doch nicht. Man hat gute und schlechte Zeiten. Andere wollen erfolgreich sein. Verliebt sein, geliebt werden. Aber das sind ja alles nur Zustände, die einen gewissen Zeitraum ausfüllen und dann wieder verschwinden. Erfolg kann zu Bequemlichkeit verleiten oder zu Arroganz führen. Liebe zu Langeweile werden, zu Routine. Die Frage ist bloß, wann. Aber vielleicht ist genau das eine dumme Frage. Vielleicht geht es darum, die flüchtigen Momente des Glücks, des Erfolgs, der Liebe zu hundert Prozent zu fühlen und wahrzunehmen. Und ebenso die Momente der Trauer, der Angst und des Schmerzes. Keine Ahnung.

Wahrscheinlich geht es einfach darum, seinen eigenen Weg zu gehen, egal wie er aussieht. Vielleicht hier und da mal eine Pause machen, sich auf eine Bank setzen, genießen, wie weit man schon gekommen ist, und neugierig auf das, was noch vor einem liegt. Dann stellt sich vielleicht auch kurz und leise die Frage nach dem Warum. Aber diesmal lächelst du nur kurz bei dem Gedanken an die Zeiten, in denen dieses Warum dich gelähmt hat, in denen du Angst hattest, in die falsche Richtung zu gehen und dir das falsche Ziel gesetzt zu haben. Deine Ziele haben sich immer wieder geändert, das weißt du jetzt, doch dein Weg ist immer derselbe geblieben. Niemand kann deinen Weg für dich gehen, denn er ist dein Weg, und es gibt ihn nur einmal.

Das Einzige, was du tun kannst, ist weiterzugehen. Nicht schnell, nicht langsam, aber stetig. Du lässt dich von deinen Wünschen und Hoffnungen ziehen und schöpfst aus ihnen Kraft. Es gibt Menschen, die dir helfen, Menschen, deren eigene Wege deinen erst ermöglicht haben. Deine Familie. Und es gibt Menschen, deren Wege den deinen gestützt und verteidigt haben. Deine Freunde. Es wird einen Menschen geben, dessen Weg parallel zu deinem verlaufen wird. Dein Partner.

Natürlich gibt es viele Möglichkeiten, sich zu verirren, durcheinanderzukommen, und manchmal muss man erst vom Weg abkommen, um wieder zu sich zurückzufinden. Genau das habe ich auf der Reise gemerkt: War ich in der Kung-Fu-Schule noch bei mir selbst, fing ich in Indien an mich aufzulösen, und in Schottland habe ich mich selbst nicht mehr wiedererkannt. Das waren heftige Erfahrungen, und trotzdem habe ich nach jeder Etappe das Ende der Reise gefürchtet. Ich durfte nicht nach Hause kommen, es hätte sich angefühlt wie eine Niederlage. Weil ich dachte, ich müsste vorher den Sinn meines Lebens finden.

Es gibt einen Spruch, der sagt: Wer sein ganzes Leben nach dem Sinn des Lebens sucht, hat nie gelebt. Das finde ich erstens gemein, und zweitens stimmt das doch gar nicht. Jemand anderes sucht vielleicht sein ganzes Leben nach einem perfekten Partner, einem geilen Job, Erfolg, Glück – was ist daran denn sinnvoller? Ein Forscher, der sein ganzes Leben nach Aliens sucht, hat der sein Leben verschwendet? Vielleicht gibt ihm genau diese Suche Sinn. Ist eine Suche sinnlos, nur weil sie keinen Erfolg garantiert? Kein Happy End auf dich wartet? Klar: Man kann sagen, das Leben selbst ist Sinn genug. Würden dann demjenigen, der trotzdem nach dem Sinn fragt, der Respekt und die Dankbarkeit für das Leben fehlen?

Genug des Unsinns. Was ich sagen will, ist, dass das Wort

Sinn vielleicht der Ursprung der ganzen Verwirrung ist. Sinn liegt komplett im Auge des Betrachters, es gibt keine allgemein gültige Definition. Vielleicht ist Sinn etwas, das dir Bestätigung gibt in dem, wie du bist. Etwas, das dir die Möglichkeit gibt, in dir zu ruhen und bei dir zu sein. Etwas, das Bestand hat durch alle Phasen hinweg.

Auf meiner Reise habe ich erlebt, was es heißt, einsam zu sein. Und wie sich Begegnungen mit anderen Menschen auf einen selbst auswirken. Wir existieren im Austausch mit anderen. Das Leben kann nicht nur ein Nehmen sein, es funktioniert nur dadurch, dass man etwas zurückgibt. Und dass man umgekehrt etwas zurückbekommt. Vor der Reise wollte ich auf keinen Fall später mal Kinder haben, aber mittlerweile sehe ich das anders. Ich glaube, dass Kinder das ultimative Opfer und Geschenk an das Leben sind. Sie sind das Einzige auf der Welt, was bleibt.

Und noch etwas ist mir bewusst geworden: dass es gut ist, seinen Träumen Gehör zu schenken. Sie nicht auszulachen oder kleinzureden. Schließlich ist niemand für dein Leben und dein Glück verantwortlich, außer du selbst.

42

Der Anfang

Weil Claire bald für ein Jahr wegfährt, habe ich ihr angeboten, ihre Abschiedsparty auf dem Grundstück meiner Großeltern zu feiern. Es liegt an einem brandenburgischen See, und es gibt dort eine kleine Datsche, die wir benutzen dürfen.

Es sind meine letzten Tage mit Claire, und deswegen versuche ich, sie häufiger zu sehen. Ich kann mir das noch gar nicht vorstellen: Berlin ohne meine beste Freundin. Sie macht ein freiwilliges soziales Jahr in Israel, wo sie sich um behinderte Menschen kümmern wird. Seit einem Monat besucht sie einen Sprachkurs und kann schon »Ich habe Hunger« auf Hebräisch sagen und seit Neuestem auch: »Wo ist die Party?«

Am Tag vor der Party gehen wir einkaufen. Wir besorgen Lichterketten, Teelichter, Holz, einen Grill, Absperrband und ganz viel Essen. Dann holen wir noch zwei riesige Musikboxen bei einem Kumpel ab. Später spielen Claire und ich noch das Computerspiel, das wir in der Grundschule immer zusammen gespielt haben. Es heißt *Heroes of Might and Magic*, und man kommandiert seine eigene Festung und baut eine Fantasy-Armee auf. Dabei wechselt man sich wie bei einem Brettspiel ab. Claire nimmt wie immer die bescheuerte

Waldburg mit Elfen und Feen. Ich dagegen bleibe bei meiner tapferen Zwergenburg. Es ist extrem beruhigend, wieder in unsere alte Welt einzutauchen, so als hätte sich nichts verändert. Das tut gut, denn in Wahrheit verschwindet mit Claire gerade ein Teil meines alten Lebens, das sich immer weiter in kleine Bruchstücke zerteilt und Platz für das noch Ungewisse, Neue macht. Was genauso aufregend wie unheimlich ist.

Am nächsten Tag fahre ich mit Robert raus zum Grundstück in Brandenburg. Claire hat einen riesigen Bottich Nudelsalat gemacht und ein paar Kilo Hummus. Wir tragen Stühle raus, richten Sitzecken mit Tüchern und Kissen ein. Die Lichterketten werden installiert, und ich kämpfe damit, den Grill aufzubauen. (Zum Glück kann Fergus das nicht sehen.) Karla, mit der wir zur Schule gegangen sind, bastelt wie verrückt Schilder »Zur Party? Zur Party!!!« oder »Save the dolphins and eat shrimps«. Wobei Letzteres meine Idee war.

Dann kommen Franz und Jana, seine Freundin, dazu, und wir bauen noch ein riesiges Zelt zum Schlafen auf. Auf dem wackeligen Steg zum See, den die Enten vollgeschissen haben, machen wir auf einer Bank am Ende noch ein kleines Vor-der-Party-Foto-Shooting. Es gibt Sekt aus verstaubten Gläsern, die wir in der Datsche gefunden haben.

Nach und nach treffen unsere Freunde ein. Viele fahren jetzt schon selber Auto, das macht mir ein schlechtes Gewissen, weil ich auch einen Führerschein habe, aber seit der Prüfung nicht gefahren bin. Und es irgendwie auch nicht wirklich vorhabe. Am Ende sind es vierzig Leute. Wir sitzen draußen, unterhalten uns. Um zehn haben wir unser erstes Bierballspiel auf der Straße, wir tanzen zu Liedern, die wir früher gehört haben, und Franz und Tobias machen einen auf Barkeeper und reichen durch das Fenster des Häuschens Getränke raus.

Es fällt mir schwer, mich auf die ganze Gruppe einzulassen. Am Anfang spiele ich noch begeistert Bierball mit und erkläre einem Kellner, der eine Hochzeitsgesellschaft nebenan betreut, während seiner Rauchpause die Regeln. Ich tanze, und als die Musik kurz auf Pause geht, setze ich mich ans Lagerfeuer. Ich versuche zuzuhören, zu verstehen, worüber geredet wird, aber irgendwann fällt mir auf, dass mir eine kleinere Runde lieber ist. Es ist einfach ruhiger und geht nicht so wild durcheinander.

Irgendwann haben alle so viel getrunken, dass ich keine Lust mehr habe und mich hinlege. Auch Claire hat sich schon zurückgezogen. Am nächsten Morgen bin ich mit den Ersten wach und mache eine verkaterte Aufräumrunde. Nur wenige helfen mit, viele hauen einfach so schnell wie möglich ab. Wer mal selbst die Reste einer Party weggeräumt hat, weiß, was ich meine, wenn ich sage, dass der Platz völlig entweiht war. Halb volle Plastikbecher und Bierflaschen, ein zur Hälfte gegessener Geburtstagskuchen liegen zusammen mit einem großen Klecks Frischkäse und Karottenstücken auf einer Decke. Über allem hängt der Gestank von altem Bier.

Mit ein paar Leuten beseitige ich die Überreste und baue das Zelt ab. Dann sind auch die weg, und Anton und ich gehen auf den Steg und setzen uns auf die Bank. Es ist extrem windig und grau, das Wasser schwappt gegen das Ufer. Wir reden ein wenig über unsere Reisen und unsere Pläne für die Zukunft.

Ich: »Boah, bin ich alle.«

Anton: »Ja, ich auch, aber war geil. Ist gut, alle wiederzusehen.«

I: »Könnte man eigentlich im Sommer hier öfter machen, müssen ja auch nicht immer so viele Leute sein.«

A: »Ja, das wäre entspannt.«

I: »Was machst du jetzt in Berlin?«

A: »Erst mal chillen. Bin eigentlich nicht so sicher, warum Berlin, wahrscheinlich wegen den Bands und der Musik.«

I: »Ja stimmt, du und Maurice, ihr wollt ja noch weitermachen, sehr geil.«

A: »Und du?«

I: »Ich studiere hier. Ich habe zwei Aufnahmeprüfungen für das Studium gemacht, und jetzt bin ich drin. Will aber gerne noch mal ein Auslandssemester machen.«

A: »Ja, ich will auch gerne noch mal woanders hin. Aber für Musik ist Berlin wirklich gut.«

I: »Wie war eigentlich Chile? Geil, oder?«

A: »Ja, war schon eine geile Zeit.«

I: »Gibt's da geiles Essen??!«

A: »Na ja, es gibt so drei verschiedene Fleischbrote, die alle anders heißen. Die feiern halt Avocado extrem. Aber Graubrot gibt's da gar nicht. Mein Bauch kommt gerade auch gar nicht klar.«

I: »War bei mir in Indien auch so. Ein Tag Verstopfung, ein Tag Dünnschiss, immer im Wechsel.«

A: »Fuuuuck. Ich weiß, was du meinst.«

I: »Generell war ich am Ende echt fertig. Auch einfach durch das Allein-Reisen. Irgendwann vereinsamst du einfach so extrem. Hab ich voll unterschätzt.«

A: »Du hast dir doch auch den Arm gebrochen, oder?«

I: »Ja, dann sogar in Hongkong noch mal. Als der Arm gerade aus dem Gips raus war, ist mir der Koffer draufgefallen.«

A: »Shit!«

I: »Voll Respekt vor dir, als du dir dein Bein in der Schule gebrochen hast. Mich hat das voll fertiggemacht, nicht zu funktionieren.«

A: »Ja, das ist schon eklig.«

I: »Aber jetzt ist alles wieder ok. Irgendwie sind nicht alle Sachen so rund gelaufen, aber trotzdem ... irgendwie wird alles schon. Weißt du, was ich meine?«

A: »Ja, ich glaub auch.«

Dann geht auch Anton, und ich bleibe noch eine Zeit lang sitzen und denke an das, was alles passiert ist. China war mein Traum, den ich mir erfüllt habe. Kung-Fu mag mich nicht zu Batman gemacht haben, aber das ist ok. Ich war das erste Mal länger von zu Hause weg und habe ein neues Zuhause gefunden. Und Menschen, die mir geholfen haben und mit denen ich Zeit verbringen konnte. Es waren nicht immer alles Blumen und Feenfürze, aber es war meine verdammte Zeit für mich selbst. Zeit, die ich sinnvoll nutzen konnte und in der ich mehr darüber erfahren habe, wie unterschiedlich Menschen leben. Ich glaube, das Wichtigste ist, dass ich verstanden habe, dass nicht jeder von derselben Startposition anfängt, aber trotzdem die Chance hat, seinen Platz in der Welt zu finden. Shifu, der aus einer Bauernfamilie seinen Weg in den Tempel gefunden hat. Kareem, der ohne einen Vater aufgewachsen ist, sich um seine kranke Mutter kümmert und eine Bienenfarm aufmachen will. Peter, der in meinem Alter das erste Mal aus Hamburg nach China kam und jetzt Chinesisch spricht und der eigentlich nur reisen will und mit seinem Leben, so wie es ist, einfach zufrieden ist.

China hat mir gezeigt, dass es manchmal gut ist, sich auf etwas komplett Neues einzulassen. Ich habe mich in die Welt geworfen und geguckt, was passiert. Ich habe einfach etwas gemacht, einen aktiven Sprung ins Leben hinein gewagt. Und irgendwie hat es funktioniert. Wie abgefahren ist das denn?

Wenn ich an China denke, fühle ich mich immer noch wie ein Junge in einem bunten, verwinkelten Zauberladen, der immer neue Schubladen bereithält, die ich noch nicht erkundet habe und deren Inhalte ich auch nie alle kennen werde.

In Indien hat mich am meisten das Zusammenleben einer großen Familie auf engstem Raum beeindruckt. Klar streitet man sich untereinander, aber dass die Großeltern, Söhne, Töchter, Enkel alle zusammenleben und sich unterstützen, fand ich toll. Und dann die Mutter, die morgens um sechs Uhr in der Küche steht und zwei Stunden für alle kocht. Und das jeden Tag! Die Gastfreundschaft in Asien ist generell unglaublich. Die Hingabe zur Religion war für mich dagegen etwas sehr Fremdes, wobei sie häufig ein Ausdruck für Dankbarkeit und Hoffnung zu sein schien. Und das ist für mich nicht so crazy wie die ganze Gott-Geschichte.

Und auch, wie manche der Schüler mit ihren Familien in Lehmhütten mit einer Feuerstelle wohnten, zusammen mit ihren Kühen und Hühnern, flößte mir Respekt ein. Gleichzeitig fing die Reise an, an mir zu zehren, und ich konnte nicht mehr alles so wertschätzen, wie ich es in China getan hatte.

Sich immer wieder auf eine komplett andere Welt einzulassen kann wirklich anstrengend sein.

In Schottland habe ich gelernt, dass man den Kontinent nicht verlassen muss, um Menschen zu treffen, für die man ein Außerirdischer ist. Und dass wir vielleicht alle ein bisschen speziell sind und man versuchen sollte, jeden so zu respektieren, wie er ist. Jeder hat Stärken und Schwächen. Und auch wie hart es ist, für seinen Lebensunterhalt körperlich zu arbeiten.

Gleichzeitig wurde mir klar, dass ich lange genug gereist war und dass es Zeit war, nach Hause zu kommen. Zeit, um nachzudenken, sich zu erholen und Menschen wiederzusehen, die ich nicht erst kennenlernen muss und sie mich.

Als ich später an dem Tag wieder zu Hause bin, schreiben alle per WhatsApp, wie toll die Party war. Irgendwie ist es schon schön, Leute zusammenzubringen. Ich mache mir ein mega Revival-Rührei mit allem drin, nehme ein Latschenkieferbad mit viel Schaum und höre mir ein Horror-Hörspiel an. Danach fühle ich mich zwar immer noch nicht wie ein Mensch, aber trotzdem besser. Dann fällt mir ein, dass Claire ja morgen fährt. Ich packe ihr ein kleines Geschenk ein, einen Comic zum Hebräischlernen, und mache mich auf den Weg zu ihr. An der Tür umarme ich sie und sage ihr, dass sie auf sich aufpassen soll und dass ich sie besuchen komme.

Auf dem Heimweg beginne ich plötzlich zu rennen, und es kommt mir vor, als würde sich das Rad der Zeit zu schnell drehen, und ich kann nichts machen, als hinterherzustolpern und aufzupassen, dass ich nicht hinfalle.

Danksagung

Jetzt ist es wieder passiert. Und dass es so weit kommen konnte, verdanke ich sehr, sehr vielen wunderbaren Menschen, ohne die dieses Buch nie entstanden wäre. Mein Dank geht zu allererst an meine Mentorin Heike Faller, die mir half, die Idee für dieses Buch zu entwickeln. Sie begleitete mich bis zum letzten Satz und zauberte aus meinem Geschreibsel ohne Punkt, Komma oder Rechtschreibung ein Buch mit richtigen Kapiteln und Anfang und Ende. Ich danke auch Bettina Eltner, meiner Lektorin, die mich ebenfalls sehr unterstützt hat.

Isi, dir danke ich, dass du die Kung-Fu-Schule in China ausfindig gemacht und auch den Kontakt zur Schule in Indien hergestellt hast. Ohne dich wäre das eine sehr kurze Reise geworden. Danke auch für ausartende Karaoke-Sessions und Krankenhausbesuche mit Whisky-Beigeschmack!

Mein Dank gilt auch Peter und Olaf, die mich, als ich mir den Arm gebrochen hatte, von Deutschland aus betreut haben – ohne euch hätte ich die Reise wahrscheinlich nach China abgebrochen! Vielen Dank, dass ihr meine hysterischen Telefonate ertragen habt.

Zu guter Letzt: Dank an meine Familie, die mir von zu Hause aus den Rücken gestärkt hat und mir die Freiheit gab, mein eigenes Abenteuer zu erleben. Und natürlich Dank an meine Freunde in Berlin. Dafür, dass sie, als ich wieder gekommen bin, immer noch dieselben waren. Danke, dass es euch gibt.